| 제4판 |

2019 개정 누리과정 및
2024 개정 표준보육과정을 반영한

영유아교수방법론

박찬옥 · 최현정 · 노희연 · 김성숙 공저

TEACHING METHODS IN EARLY CHILDHOOD EDUCATION

양성원

머리말

갓 태어난 아이를 기쁘게 맞이하면서 부모는 '잘 가르쳐야지!' 다짐을 하곤 합니다. 그리고는 아이의 방을 다양한 놀잇감과 책들로 가득 채우고자 노력합니다. 우리 아이가 뭘 좋아하는지, 하고 싶어 하는지, 할 수 있는지 알아보기도 전에 말이지요. 점차 부모의 예상이나 기대와 다른 아이의 행동을 보며 애타는 마음으로, 어린이집이나 유치원 교사에게 "잘 가르쳐 달라"고 요청합니다. 따라서 교사는 아이들을 잘 가르쳐야 하는 역할을 하게 됩니다.

미국에 본부를 두고 있는 영유아교육협회 NAEYC에서는 '가르친다는 것은 아이가 자발적으로 드러내는 호기심을 발견하는 데서부터 시작한다'고 봅니다. 말하자면, 아이가 지금 뭘 보고 있는지, 뭘 하고 있는지, 무엇을 묻고 있는지 등을 잘 관찰한다면, 교사가 아이와 마음을 주고받는 상호작용을 할 수 있게 된다는 것입니다. 가르침이 나가기 전에 배움의 동기가 먼저 있어야 한다고 보는 것이지요. 이와 같은 맥락에서, 2019 개정 누리과정과 2024 개정 표준보육과정에서는 놀이를 통한 배움과 교사의 지원으로 교수학습을 설명하고 있습니다. 말하자면 놀이가 동기가 되어 배움이 일어나고, 이 배움을 확장하도록 교사가 지원하는 행동이 가르침의 본질이라고 할까요?

영유아교수방법론은 전형적인 초 · 중등 학교급의 교수방법론과 인식의 차이가 있습니다. 초 · 중등학교 시기는 사회적 구성원으로서 필요한 도구적 역량을 쌓아야만 하는 과제가 있어 교사의 예정된 교수 계획이 중요할 것입니다. 반면에 영유아기는 타고난 잠재력의 발현시기가 저마다 달라, 개별적 특성을 반영한 교사의 융통성 있는 교수 계획이 중요하게 됩니다. 영유아 교사의 교수는 대체로 놀이자료, 놀이상황을 매개로 한 영유아와 교사 간의 상호작용 방식으로 실행됩니다.

영유아교수방법론은 교실에서 교사가 "어떻게 하면 아이들이 건강하고 즐겁게 하루를 보낼 수 있을까?"를 염두에 두고, 구체적으로 하루 일과에서 영유아들이 경험하는 일상생활과 놀이와 활동들을 계획하고 지원하며 평가하는 작은 교육과정이라고 할 수 있습니다.

영유아교수방법론은 국가수준의 교육과정 지침에 근거하여 계획하고 실행하게 됩니다. 2019년에 개정된 누리과정과 이 누리과정에 연계한 2024 개정 표준보육과정은 영유아중심 · 놀이중심 교육과정임을 천명하고 있습니다. 영유아는 자발적 · 주도적으로 놀이를 선택하여 자기자신에게 적합한 방식으로 놀이를 실행하면서 배움이 일어나는 유능한 존재라고 보고 있습니다. 영아의 배움이 더 큰 배움으로 이어지고 국가가 추구하는 인간상으로 성장하기 위해서는 교사의 전문성과 지원적 역할이 매우 중요한 것은 더 말할 것도 없습니다.

이에 본 책은 영유아중심 · 놀이중심 성격의 국가수준 교육과정 지침과 영유아 발달특성에 적합한 교수학습의 개념과 교수학습방법은 무엇인가? 교수학습의 실체인 교사와 영유아의 상호작용은 어떻게 이루어져야 하는가? 구체적으로 영아와 유아를 위한 교수학습활동은 어떻게 계획하고 실행하며 평가해야 할까? 등을 이해하기 쉽게 풀어 보았습니다. 그리고 이들의 이해를 바탕으로 영유아 교수학습활동의 실제들을 예시해 보았습니다.

또한 2023년 6월부터 만 나이 도입에 따라 본 책에 표기된 영유아의 연령은 모두 만 나이로 제시하였습니다.

이 책이 영유아 교육 · 보육을 전공하는 학생들에게 전문도서로서 도움이 되길 바라며, 영 · 유아 교실 현장에서 아이들과 상호작용하는 교사들에게도 유용한 자료가 되길 바랍니다.

2018년 2월에 초판이 나온 후로, 새로운 교육과정고시에 따라 개정판을 출간하고, 이어서 3판과 4판을 출간하게 되었습니다. 지속적인 관심을 가지고 묵묵히 책을 펴 주신 양성원 여러분께 깊은 감사를 드립니다.

2025년 9월

저자 일동

차례

PART Ⅲ 영아 교수학습의 계획 및 운영

PART Ⅳ 유아 교수학습의 계획 및 운영

PART V 영유아 교수학습활동의 실제

PART

I

영유아 교수학습방법의 이해

교수학습(teaching & learning)은 가르치며 배우는 것이다. 가르치며 배운다고 할 때 우리는 흔히 가르치는 사람을 교사로, 배우는 사람을 아동으로 떠올린다. 그것은 학교교육이 성립된 이래로, 교실에서 볼 수 있는 교사와 아동 간의 전형적인 교수학습의 모습이기 때문이다. 그렇다면 아동은 교사가 계획하여 가르쳐 주어야 배우는 사람일까? 특히, 인생 초기의 영유아들이야 말로 교사가 가르쳐 주는 것에 따라 수동적으로 배우는 것일까?

제1부에서는 영유아발달특성을 기초로 한 교수학습의 의미를 고찰해 보고, 다양한 교수학습이론과 영유아기에 적합한 교수학습방법에 대하여 알아보기로 한다.

학습목표

- 영유아 교수학습의 원리를 이해하고, 예를 들어 설명할 수 있다.
- 다양한 교수학습이론들을 열거하고 비교할 수 있다.
- 영유아기에 적합한 교수학습방법을 선정하여 그 과정을 예시할 수 있다.

학습내용

지식	기술	태도
• 교수 • 학습 • 좋은 수업 • 영유아발달특성 • 자발성의 원리 • 개별화의 원리 • 다양성 및 융통성의 원리 • 구체성의 원리 • 탐색의 원리 • 통합의 원리	• 영유아 교수학습의 원리를 기초로 영유아 교수학습실행의 시사점을 도출하는 능력 • 영유아발달에 적합한 교사-영유아 상호작용방법을 예시하는 능력	• 영유아의 자발적 동기에 대한 민감성 • 영유아 중심 교수학습에 대한 신념 및 태도

주요용어

- 교수학습
- 변화
- 환경조건
- 유의미한 학습
- 수업
- 교육적 감각
- 통찰력
- 역동적 상호작용
- 상상놀이
- 자기주장
- 사회적 자아개념
- 주도성
- 심리적 기제
- 행동주의이론
- 정보처리이론
- 구성주의이론
- 관찰학습
- 지식의 표상방식
- 선행조직자
- 개념형성
- 발견의 기쁨
- 교육적 만남

chapter

01

영유아발달과 교수학습

생각하는 존재인 인간은 생각할 수 있어 배우고, 더 생각할 수 있도록 가르치게 된다. 이는 태어날 때부터 인간이 가진 탁월한 속성이라고 할 수 있다. 본 장에서는 교수학습이란 무엇이며, 학습자인 영유아가 발달해 가는 과정에서 발달에 적합한 교수학습은 어떻게 이루어져야 하는지에 대해 알아보고자 한다.

1 교수학습의 이해

인간이 동물과 구분되는 것 중의 하나는 생각하는 능력을 타고났다는 것이다. 그러나 생각하는 능력을 타고났다고 하더라도 생각하도록 유발하는 요인이 없다면 생각이 자라기 어려울 것이다. 예를 들어, 신생아가 배고파 울면 엄마는 젖을 준다. 본능적으로 배고파 울어서 젖을 먹게 되더라도, 이런 경험이 반복되면 신생아는 '울면 젖 준다'라는 정보를 갖게 되고, 이를 바탕으로 '배고픈데 울어야겠구나'라는 생각을 하게 된다. 그런가 하면, 3~4세 된 유아가 크리스마스 자선냄비에 기부하는 어린이가 주위 어른들로부터 칭찬받는 TV장면을 보고는 '나도 기부해야지. 그럼 칭찬받겠지!'라는 생각이 들 수도 있다. 일찍이 철학자 데카르트가 "나는 생각한다. 고로 존재한다"라고 말했듯이, 우리의 일과는 생각에서 시작되고 생각으로 마무리한다고도 할 수 있다. 이 생각이 논리적이고 합리적인 사고일 수도 있고, 때로는 공상, 망상, 환상, 백일몽 수준의 상상활동일 수도 있을 것이다. 그러나 로버트 루트번스타인과 미셸 루트 번스타인(Root Bernstein, R & Root Bernstein, M, 2007)은 『생각의 탄생』에서 가상적 상상과 현실적 사고를 넘나드는 생각들을 모두 가치 있게 강조하고 있다. 그렇다고 해서 사회에 해를 끼치거나 위험을 초래하는 잘못된 생각까지 의미를 둔 것은 아니다.

교육학자 이돈희 박사(1987)는 생각을 잘하는 인간교육의 필요성을 역설하면서 다음과 같은 공자의 교훈을 소개한 바 있다.

> 배우고 생각하지 아니하면 어둡고
> 생각하고 배우지 아니하면 위태로우리라.

여기서 생각과 연계된 '배움', 즉 학습의 중요성이 제기된다. 배운다는 것은 결국 생각할 소재와 자료를 얻기 위한 것이기 때문이다.

1) 학습의 의미

학습(learning)은 언제 어디서든 일어난다. 영유아는 바깥놀이를 하면서 하늘의 먹구름이 밀려오면 비가 온다는 것을 경험적으로 배운다. 엄마가 아플 때마다 머리끈을 매는 것을 보면서 머리끈은 아프다는 것을 알려 주는 신호라는 것을 배운다.

학습을 어떻게 정의할 수 있을까?

- 힐가드(Hilgard, 1956)는 학습이란 주어진 사태에 반응함으로써 어떤 행동이 발생하거나 변화되는 과정을 말한다고 하였다.
- 모르간과 킹(Morgan & King, 1966)은 학습이란 경험이나 연습의 결과로 발생되는 비교적 지속적인 변화라고 말하였다.

이들의 의견을 기초로 교육학자 김호권(1989)은 학습의 핵심적인 개념은 환경과의 접촉으로 말미암아 개인에게 발생하는 어떤 변화라고 하면서, 그 변화가 학습이 되기 위해서는 일시적 변화, 성숙에 의한 변화, 생득적 반응경향 등은 제외해야 한다고 강조하였다. 즉, L=A−(B+C+D)이다(L=학습, A=개인에게 일어나는 모든 변화, B=일시적 변화, C=성숙에 의한 변화, D=생득적 반응 경향에 의한 변화).

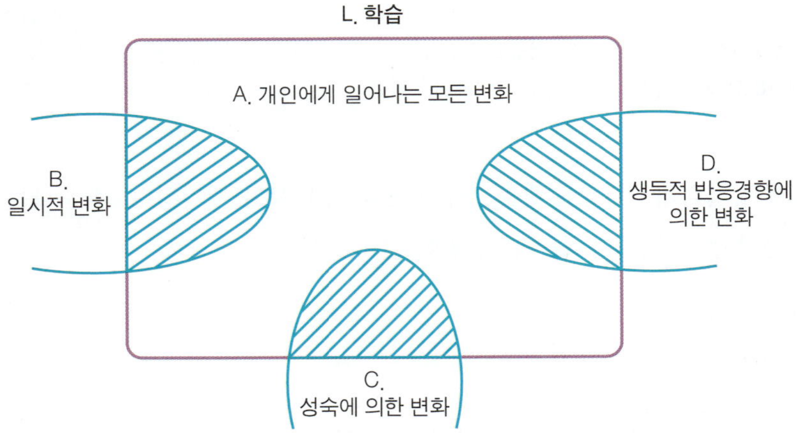

[그림 1-1] **학습의 정의**

출처: 김호권(1989).

학습
환경과 개인의 상호작용적 경험을 통하여 개인에게 일어나는 변화

그렇다면 학습은 어떻게 일어날까?

일반적으로 학습은 학습이 일어날 수 있는 환경적 조건이 있어야 하며, 이 환경조건에 대해 개인이 경험하는 과정을 통해 이 경험의 결과로 개인에게 변화가 일어나는 경우, 이를 학습이라고 말한다.

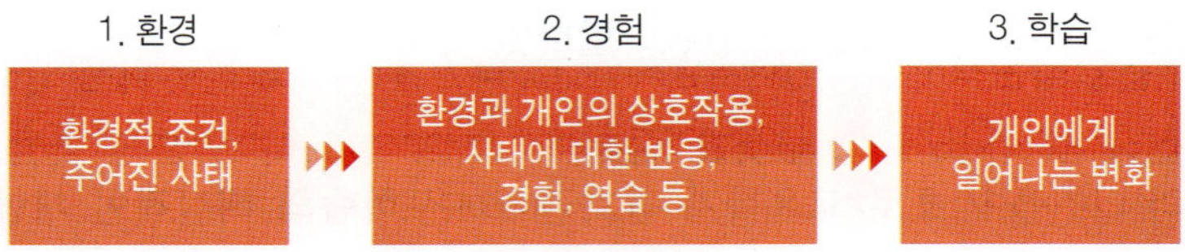

[그림 1-2] **학습이 일어나는 과정**

그러나 우리가 많이 주목하였듯이, 동일한 환경조건이라도 모든 개인이 동일한 경험을 하게 되는 것은 아니다. 말하자면 풍부한 환경이라고 해서 반드시 개인에게 긍정적으로 학습효과를 주는 것은 아니며, 열악한 환경이라고 해서 모든 개인에게 부정적 학습효과를 준다고 할 수 없다. 그 환경조건을 개인이 어떻게 인식하고 활용하고 대처하는 경험을 하느냐에 따라 개인에게 일어나는

학습의 질과 양은 다르다.

그렇다면 개인에게 좀 더 의미 있는 학습이 되도록 어떻게 도울 수 있을까?

2) 교수의 의미

학습이 이루어지도록 돕는 누군가가 있다면, 우리는 대표적으로 교사를 연상한다. 교사가 하는 행동을 '가르친다' 곧 '교수(teaching)'라고 한다. 코레이(Corey, 1971)는 교수에 대해 다음과 같이 정의하고 있다.

> 교수란, 개인으로 하여금 특정한 조건하에서 또는 특정한 상황에 대한 반응으로서 특정한 행동을 나타내도록 학습하게 하거나, 또는 그 특정행동에 참여할 수 있도록, 개인을 둘러싼 환경을 계획적으로 조작하는 과정이다.

이 정의에서 코레이는 교수가 "특정학습을 성취하게 할 목적으로 환경을 계획적으로 조작한다."는 점을 명료히 기술하고 있다. 예를 들어, 1세반 영아교사가 14개월 된 영아의 다리 근육의 힘을 키우고자 놀잇감 자동차 상자의 끈을 끌고 다니게 한다든지, 5세반 유아교사가 한글날을 맞이하여 한글에 대한 유아들의 관심을 높이고자 한글의 자음과 모음으로 디자인 된 티셔츠를 벽면에 게시하는 것 등을 들 수 있다. 물론 가정에서 14개월 영아가 우연히 방에 있는 상자를 보고 인형을 태워 돌아다닐 수 있으며, 5세 유아가 옷장에 있는 한글무늬 티셔츠를 입으려고 할 수도 있다. 그러나 이러한 경우 학습이 일어날지라도 교수가 있었다고 할 수는 없다. 영아나 유아의 부모가 교사처럼 가르치려는 의도나 목적을 가지고 환경을 계획한 것은 아니기 때문이다. 따라서 교수는 의도성과 계획성을 필수요건으로 한다.

교수
개인이 특정학습을 성취하도록 교사가 의도적 · 계획적으로 환경을 조작하는 행동의 과정

[그림 1-2]의 학습이 일어나는 과정에서 보았듯이, 학습이라는 결과가 나오려면 환경이라는 전제조건에 경험이 작용해야 한다.

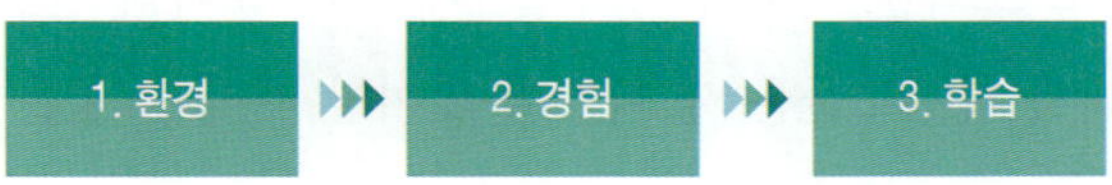

교수를 '환경의 계획적인 조작의 과정'으로 정의할 때, [그림 1-2]에서 환경은 교수의 의도성과 계획성이 작동하는 영역이 된다. 말하자면, 어떤 내용을 가르칠까? 어떤 교재 · 교구를 제공할까? 학습자와 소통이 잘 되려면 어떤 방식으로 가르쳐야 할까? 등에 대하여 교사는 고민하고, 계획안을 작성하며, 계획안에 기초하여 교수과정을 구상한다. 그러나 교사의 의도적이고 계획적인 교수과정이 모두가 만족하는 학습의 효과를 가져오지는 않는다. 학습자들은 개인적으로 자라 온 환경과 발달특성, 학습양식, 흥미분야 등이 다르기 때문이다.

그렇다면 교수와 학습이 분리될 수밖에 없는가? 그러나 교사의 바람은 언제나 성공적인 교수학습결과이다. 즉, 교사가 교수하고자 의도하고 계획한 것이 학습자에게 잘 소통되어 바람직한 변화로 나타나기를 기대하는 것이다. 어떻게 하면 교사의 바람이 이루어질 수 있을까?

3) 교수학습의 의미

교수와 학습, 즉 '가르치는 것'과 '배우는 것'은 그 현상 자체가 독립적으로 존재할 수는 있지만, 교육상황에서는 이를 분리하기가 어렵다(박숙희, 염명숙, 2013). 사실, 교사와 학습자는 상호작용하면서 가르치고 배우는 과정을 경험한다. 학자에 따라서는, 교육상황에서 일어나는 교수학습의 과정을 수업(instruction)이라고 부르기도 한다. 수업은 교수와 혼용해서 사용하기도 한다. 흔히 교수는 교사가 주체가 되어 학습자에게 가르치는 과정이나 행위로 인식해 왔다. 그러나 오늘날에는 학습자가 교사 및 다양한 환경자료들과 역동적으로 상호작용하면서 지식을 능동적으로 구성해 가는 과정에 비중을 두는 경향이다. 이러한 점에서 수업이라는 용어를 사용하기도 한다(박숙희, 염명숙, 2013). 교육학자 아이즈너(Eisner, 1985)는 교사와 학습자의 상호작용이 갖는 의미를 매우 중요시하며 수업을 '교육적 만남(educational encounter)'이라고 부르기도 하였다. 교사의 특성(교육철학, 수업전문성, 인성 등)과 학습자의 다양한 독특성(기질, 양육방식, 가정환경, 능력, 흥미 등)이 어떻게 상호 조절되고 조화를 이루어 나가느냐에 따라 교육적 만남의 수준은 달라질 것이다. 그래서 학부모들은 새 학기를 맞이할 때마다 '좋은 선생님을 만나,

좋은 수업을 받기를' 소망하곤 한다.

김도기(2015)는 교수학습과정인 수업에 대한 관점을 전통적 접근, 이해적 접근, 예술적 접근, 통합적 접근으로 구분하면서 좋은 수업의 예를 설명하고 있다.

(1) 전통적 접근

수업을 기술적인 측면에 집중하여 보는 관점이다.

즉, 교사의 교수행위, 수업의 요소별 측정 및 분석 등과 같이 수업을 과학 또는 기술로 보는 것이다. 예를 들어, 도입-전개-마무리의 3단계 형식을 갖추고, 단계별로 적정시간계획을 하여 관찰 가능한 형태로 활동을 수행하는 것을 좋은 수업으로 본다. 따라서 수업에 대한 평가는 표준화된 요소에 따라 작성된 체크리스트 등을 사용하여 객관적으로 분석한 결과를 내리게 된다. 이렇듯 표준화된 요소에 따라 수업을 판단하는 것은 교사, 학습자, 수업환경, 수업내용, 수업방식 등 다양한 요소가 통합적으로 작용하는 수업의 맥락성을 고려하지 못하는 오류를 범할 수도 있다는 한계가 있다(추갑식, 강현식, 2011을 인용한 김도기, 2015 재인용).

(2) 이해적 접근

수업을 질적인 측면에 집중하여 보는 관점이다.

즉, 수업시간에 일어나는 교사의 교수행위, 교사와 학습자 간의 상호작용, 학습자들 간의 상호작용을 관찰하고 자세히 기록하여 그 현상의 의미를 해석하는 것이다. 예를 들어, 수업 주제와 학습자 발달수준에 적합하게 수업을 진행하는지? 수업자료는 적합한지? 교사와 학습자 간의 상호작용은 활발한지? 학습자들은 자유롭게 표현하며 교사는 경청하는지? 교실 분위기는 긍정적이며 즐거운지? 수업의 과정은 맥락적으로 이어가는지? 등에 관심을 두고 활동을 수행하는 것을 좋은 수업으로 본다.

이러한 접근은 교사가 수업에 대한 자기 평가를 충실히 하거나 제3자가 수업 장면을 관찰하여 교사와 수업에 대한 논의를 활발히 한다면 효과적일 것이다. 그러나 교사의 자기평가에만 국한할 때 자칫 주관적 해석으로 흐를 염려가 있다.

(3) 예술적 접근

수업을 예술작품으로 보는 관점이다.

즉, 수업을 연극과 같은 입장에서, 교사는 배우로, 학습자는 관객으로, 수업 내용은 시나리오로, 교실은 무대로, 교사의 교수활동은 연기로 보며, 이 모든 요소가 종합적으로 고려되어 수업이 하나의 예술작품으로 만들어진다고 보는 것이다.

이때 교사와 학습자가 질 높은 상호작용을 하면서 수업내용을 바탕으로 교사와 학습자가 하나의 예술작품을 만들어 나가는 것을 좋은 수업으로 본다.

중요한 것은 학습자가 수동적 관객이 아니라, 적극적인 참여자가 되어야 한다는 점이다.

(4) 통합적 접근

수업을 기술과 예술의 결합체로 보는 관점이다.

즉, 교사의 기술적 전문성을 바탕으로 교사와 학습자가 함께 만들어 가는 예술적 행위가 수업이라고 보는 것이다. 이때 교사는 교육적 감각과 통찰력으로 학습자의 바람직한 성장을 안내하게 된다. 따라서 통합적 접근에서는 교사의 기술적 전문성과 교육적 감각 및 통찰력이 수업의 기본이 된다. 예를 들어, 교사는 사전에 수업을 계획하고 학습자의 반응을 어느 정도 예상한 상태에서 수업을 진행하지만, 정작 수업의 과정에서 돌발상황이 발생한다는 것을 겪기도 한다. 이때 돌발상황에 효율적으로 대처하는 수업을 진행하는 데, 교사는 학습자의 즉흥적인 반응, 심리상태 등을 이해하고 학습자가 새로운 수업의 흐름에 긍정적으로 참여하도록 진행하는 것을 좋은 수업으로 본다.

이 같은 수업의 관점과 연계하여, 영유아교육현장에서 교사들이 인식한 좋은 수업의 특성을 열거하면 다음과 같다(홍찬의, 2014).

영유아를 위한 좋은 수업의 특성이란?

- 영유아를 수용하고 존중하는 수업
- 즐거운 수업
- 상호작용이 활발한 수업
- 배움이 있는 수업
- 재미와 즐거움이 있는 수업
- 아이들이 만들어 가는 수업
- 새로운 시도, 기발한 아이디어가 더해진 수업
- 전반적인 흐름이 자연스러운 수업
- 교사의 계획하에 융통성 있게 진행되는 수업

이상의 논의를 통해, 이 책에서는 교수학습을 다음과 같이 정의하고자 한다.

교수학습이란 학습자의 바람직한 행동변화를 목표로, 교사와 학습자가 가르치고 배우는 과정에서 일어나는 역동적 상호작용을 의미한다.

2 영유아발달특성과 교수학습

영유아교육(보육) 현장에서 영유아와 교사 간에 역동적 상호작용, 즉 교수학습이 효율적으로 이루어지기 위해서는 영유아의 발달적 이해가 필수적이다. 여기에서는 표준보육과정에서 구분한 영유아기 단계를 기초로, 영유아의 연령별 발달특성과 그에 따른 교수학습에 대해 알아보고자 한다.

1) 0~1세 영아의 발달특성과 교수학습

생후 24개월이 될 때까지의 영아들이 감각운동적 활동을 통하여 세상과 활발히 상호작용을 하는 시기이다. 이 시기를 편의상 4단계로 나누어 발달특성과 관련 교수학습을 요약하면 〈표 1-1〉과 같다.

〈표 1-1〉 0~1세 영아의 발달특성과 교수학습

구분	0~6개월	6~12개월	12~18개월	18~24개월
신체·운동 발달	• 어깨와 허리를 돌려 뒤집는다. • 팔에 힘이 생겨 상체를 세운다. • 도와주면 앉는다. • 벙어리 장갑을 낀 것처럼 물건을 잡는다.	• 가구를 잡고 서고자 한다. • 벽을 잡고 옆으로 걷는다. • 발바닥으로도 촉감을 느낀다. • 검지손가락을 사용한다.	• 가고 싶은 곳으로 활발하게 갈 수 있다. • 두 손과 두 발을 사용하여 계단을 올라간다. • 손가락으로 물건을 옮길 수 있다.	• 종종걸음으로 돌아다닌다. • 춤추기를 즐거워한다. • 난간을 잡고 계단을 오른다. • 블록을 쌓을 수 있다. • 대 · 소변 가리기에 관심을 보인다.
정서 발달	• 행동으로 기분을 표현한다. • 기질이 나타난다. • 좋아하는 것이 생긴다. • 이가 나려고 하여 예민해진다.	• 두려움을 느낀다. • 엄마의 표정을 보고 기분을 읽고 알아낸다. • 어른 앞에서 예쁜 짓을 한다. • 좋고 싫은 것이 분명해진다.	• 친구가 울면 달래준다. • 삐지기도 잘하고 웃기도 잘한다. • 음악이나 노래에 몸으로 즐거움을 표현한다.	• 몸으로 할 수 있다는 것을 느끼고 기뻐한다. • 나 혼자 하려는 것을 방해하면 짜증낸다. • 엄마의 감정표현방법을 따라 한다.
사회성 발달	• 엄마가 없으면 불안해한다. • 돌봐 주는 사람에게 애착을 형성한다. • 세상은 믿을 만한 곳임을 배운다. • 누군가를 내 옆에 있게 하는 방법을 안다.	• 친숙한 사람과 함께 있기를 좋아한다. • 까꿍 놀이를 즐긴다. • 다른 사람에게 관심을 보인다. • 엄마와 분리된 나에 대해 알아 간다.	• 엄마가 한 공간에 있으면 독립적 행동을 보인다. • 또래한테 관심이 생긴다. • 혼자서 노는 것을 좋아한다.	• 친구가 좋으나 잘 놀지는 못한다. • 친구를 좋아하는 마음을 제대로 표현하기 어렵다. • 다른 사람의 관심을 끌려는 행동을 한다.
언어 발달	• 소리의 근원을 알아본다. • 내가 내는 소리를 재미있어 한다. • 물건이 내는 소리에 관심을 갖는다.	• 표정과 억양을 통해 말의 의미를 받아들인다. • 간단한 소리를 따라 하고자 한다. • 소리를 모방한다. • 한 단어로 여러 가지 의미를 표현한다. • 긁적거리기를 한다.	• 간단한 말은 알아듣고 행동한다. • 10개 미만의 단어를 사용한다. • 표현 단어보다 이해하는 단어가 많다. • 사물에 이름 붙이기를 좋아한다.	• 두 단어로 생각을 표현한다. • 운율 있는 동요 · 동시를 좋아한다. • 간단한 이야기를 집중해서 듣는다.

인지 발달	• 궁금한 것을 오감으로 조사한다. • 엄마 얼굴을 구별한다. • 두 가지 행동을 연결한다.	• 친숙한 것과 낯선 것을 구분한다. • 기억력이 부쩍 자란다. • 대상영속성이 생긴다. • 호기심이 많아진다. • 공간감각이 생긴다.	• 관심이 가는 물건은 반드시 만져 본다. • 사물을 탐색한다. • 어떤 사물이 일정한 장소에 있음을 예상한다.	• 지나간 일이나 행동을 기억했다가 따라 한다. • 먼저 생각하고 행동하는 내적 사고 능력을 보인다. • 하나 또는 더 많이 개념을 이해한다.
교수 학습	• 영아 주변에 감각을 자극할 수 있는 장난감이나 물건을 제공한다. • 영아가 내는 소리에 반응한다. • 기저귀를 갈거나, 목욕을 시킬 때 영아행동에 대해 짧은 노래나 이야기를 들려준다. • 신속하고 일관된 태도로 영아를 안심시킨다.	• 걸을 수 있는 환경을 마련해 준다. • 손을 사용할 수 있는 활동(종이 찢기 등)을 한다. • 자유롭게 이동하고 탐색할 수 있도록 주변을 안전하게 해 준다. • 영아와 활동할 때 간단한 이야기를 해 준다. • 다양한 활동을 표정 · 동작 · 행동을 통해 보여 준다.	• 넓은 공간에서 마음껏 뛰고 구르게 해 준다. • 손가락을 쓸 수 있는 도구(크레파스, 블록 등)를 준다. • 스스로 해 볼 기회를 많이 준다. • 영아 말을 완전한 문장으로 되받아 준다. • 정확한 발음으로 천천히 말해 준다. • 감정 표현방법을 알려 준다.	• 공, 낮은 미끄럼틀 등 대근육활동을 많이 하도록 도와준다. • 대소변 가리기는 신체 · 심리적 준비가 될 때 시작한다. • 상상놀이를 많이 하게 한다. • 같은 것끼리 모아 넣을 수 있도록 한다. • 간단한 지시를 내려 준다.

출처: 이원영 · 박찬옥 · 조형숙(2002)와 서울시 여성가족재단(2017)을 참고.

이 시기의 영아들은 가정에서 부모의 양육을 받는 경우가 많으나, 직장모를 둔 영아들은 출생 후 3개월이 지나면 어린이집에 들어가게 된다.

0세인 12개월까지의 영아들은 무엇보다 낯선 환경에 대한 안전감을 형성해야 하므로, 내가 경험하는 것이 기존의 것과 같은가, 다른가(same & different)를 기본으로 감각적 인지작용이 일어난다. 1세가 되는 24개월까지의 영아들은 인류가 직립보행을 하면서 도구를 만드는 문명을 이룩했듯이, 스스로 두 발로 걸으며 공간이동을 하고, 공간에서 만나는 사물과 사람들을 탐색하면서 자신과 타인을 식별하고, 사물의 이름을 알고자 하며, 보고 들은 것을 기억했다가 따라 하는 지연모방을 한다.

따라서 0~1세 영아를 위한 교수학습은 안전하고 일관성 있는 상호작용과 환경 및 분위기 조성이 중요하다. 또한 오감각활동의 기회와 자료 제공 및 실내 · 외를 오가며 안과 밖의 감각적 차이를 경험할 수 있도록 기회를 제공한다.

2) 2세 영아의 발달특성과 교수학습

생후 30개월 전후의 영아들은 여전히 감각운동적 활동이 주로 이루어지나, 이전보다는 각 활동들을 연계하고, 궁금하고 호기심 나는 것을 질문하는 등의 인지적 탐색이 활발한 시기이다. 이 시기를 편의상 2단계로 나누어 발달특성과 관련 교수학습을 요약하면 〈표 1-2〉와 같다.

〈표 1-2〉 2세 영아의 발달특성과 교수학습

구분	25~30개월	30~36개월
신체·운동 발달	• 병뚜껑을 돌려 열 수도 있다. • 화장실 변기를 사용할 수 있다. • 숟가락, 포크를 사용한다. • 달리기를 잘한다. • 바퀴 달린 장난감을 발로 밀어 타는 것을 좋아한다.	• 달리다가 멈출 수 있다. • 이를 닦을 수 있게 된다. • 옷에 팔을 스스로 끼고, 고무줄 바지를 내렸다 올린다. • 혼자서 할 수 있지만 도움이 필요할 때도 있다.
정서 발달	• 감정의 기복이 심해졌다. • 고집이 생겼다. • 떼를 쓰곤 한다. • 혼자서 하고자 한다.	• 친숙한 사람에게는 자신의 감정을 솔직하게 표현한다. • 남에게 잘 보이고 싶어 한다. • 감정을 능숙하게 표현하기 힘들다.
사회성 발달	• 착한 아이라는 말을 듣고 싶어 한다. • 적극적으로 남의 관심을 끌려고 한다.	• 세 살 버릇 여든까지 간다. • 자기중심적인 면이 있다. • 점차 참을 줄 알게 된다.
언어 발달	• 다른 사람과 이야기하는 것을 좋아한다. • 많은 말을 하지만 발음이 불분명하다. • 말하고 싶은 것은 많은데 표현이 잘 안 된다. • 힘을 조절해서 선을 긋는다.	• 어휘력이 풍부해진다. • 혼잣말을 하고, 소꿉놀이를 많이 한다. • 어른의 말과 행동을 모방한다.
인지 발달	• 그 사람이 없어도 흉내 낼 수 있다(가상놀이). • 실제 물건이 없어도 비슷한 물건으로 놀이한다. • 왜? 라는 질문을 많이 한다.	• 자기 나름대로 상황을 해석한다. • 수에 관심이 생긴다. • 집중 시간이 늘어난다.

교수 학습	• 소근육운동과 눈과 손의 협응력 향상을 위한 손유희를 한다. • 시간이 걸려도 혼자 할 수 있는 일은 혼자의 힘으로 하게 한다. • 약병 · 세제 · 모서리 등 안전에 유의한다. • 사물의 이름을 알려 준다. • 변기 사용을 칭찬해 준다. • 상상놀이를 같이한다. • 감정을 표현하는 단어를 자주 들려준다.	• 점토 놀잇감을 제공한다. • 때와 장소에 맞는 행동을 가르친다. • 원인과 결과를 예측하는 활동을 한다(친구를 때리면 아파서 운다) • 수 · 양의 개념(2, 많다 등)을 일상놀이로 알게 한다. • 동화책을 많이 읽어 준다.

출처: 이원영 · 박찬옥 · 조형숙(2002)와 서울시 여성가족재단(2017)을 참고.

이 시기의 영아들은 주변의 사람들을 모방하는 상상놀이를 시작하고 자기주장이 매우 강해진다. 그래서 2세 영아를 가리켜 무시무시한 2세(terrible twos)라고 부르기도 한다. 심리학자 에릭슨(Erikson)은 영아의 자율성이 출현하는 시기라고 주장한다. 따라서 2세 영아를 위한 교수학습은 자유롭게 몸을 움직일 수 있는 넓은 공간에서 안전하게 주변환경을 탐색할 수 있도록 기회를 제공하는 데 중점을 둔다.

3) 3~4세 유아의 발달특징과 교수학습

감각운동적 탐색과 신체조절능력이 원활해진 3세 무렵이 되면 영아에서 벗어나 유아로 들어가는 첫 단계를 맞이하게 된다. 이 시기에 타인으로부터 인정을 받고자 하는 욕구가 강해진다. 따라서 3세 유아를 위한 교수학습은 교사의 관심 · 칭찬 · 격려를 통해 유아가 사회적 자아개념을 잘 형성할 수 있도록 돕는 데 중점을 둔다.

4세는 모든 발달의 전환점이 되는 시기(transitional period)로, 자신의 능력을 향상시키기 위한 노력을 많이 한다. 즉, 달리다가 멈추거나 유연하게 방향을 바꾸는 운동능력을 보이고, 알고 있는 이야기를 바꾸어 보기도 하고, 생각한 것을 제안해 보기도 하며, 새로운 아이디어를 표현해 보고자 시도를 한다. 3~4세 유아들에게 공통적인 것은 자신의 능력이나 의지에 대해 다른 사람이 알아주기를 정서적으로 표현하며, 격려나 반응을 얻으면 더욱 노력하고자 하는 주도성을 발달시켜 나간다는 점이다.

〈표 1-3〉 3~4세 유아의 발달특성과 교수학습

구분	3세 유아	4세 유아
신체·운동 발달	• 세발자전거를 탈 수 있다. • 선을 따라 걸을 수 있다. • 짧은 거리에서 공을 던지고 받기가 가능하다. • 화장실을 혼자 간다.	• 신체 부분들이 서로 어떻게 움직일 수 있는지 이해한다. • 달리기나 뜀뛰기를 좋아한다. • 장애물을 피하며 세발자전거를 탈 수 있다. • 손의 사용이 더 정교해졌다. • 눈과 손의 협응력이 향상되었다.
정서 발달	• 어른의 말에 순종하기도 하지만, 반항하기도 한다. • 낯선 사람이나 환경에 새로운 두려움을 가진다. • 감정조절을 하지만 방해받을 때는 심하게 반발한다. • 타인의 감정을 인식한다.	• 우스갯소리를 좋아한다. • 분노의 감정을 신체적으로 나타낸다. • 공포감이 최고조에 다다른다. • 형제간에 미움과 질투가 생긴다.
사회성 발달	• 사회적 자아가 발달한다. • 기본적인 사회적 관계성을 이해한다. • 집단생활을 통해 친구 사귀기, 규칙 지키기를 배운다. • 함께 놀고 싶은 친구에게 놀자고 하거나 친구를 따돌리는 경우도 생긴다.	• 자신에 관한 것을 남에게 드러내 보이려고 한다. • 자신과 타인의 유사점과 차이점을 이해하기 시작한다. • 우정이 시작되고 갈등을 겪는다. • 연합놀이를 한다. • 형제관계를 인식한다. • 성항상성과 성역할을 이해한다. • 선호도가 분명해진다.
언어 발달	• 말과 글이 기분이나 생각을 나타내는 것을 안다. • 관심과 인정을 받기 위해 질문을 한다. • 3~4단어를 사용하여 문장으로 말한다. • 부사와 형용사를 적절히 사용하게 된다. • 읽어 주는 책 이야기 듣기를 좋아한다.	• 발음이 정확해진다. • 발명철자를 사용한다. • 1,500개 정도의 단어를 사용할 수 있다. • 5~6개 단어를 결합하여 어른과 유사한 수준의 문장으로 말한다. • 이야기를 만들어 말하기를 한다. • 말놀이를 즐긴다. • 친숙한 글자부터 읽기 시작한다.
인지 발달	• 모든 사건의 결과에는 원인이 있음을 이해한다. • 10까지 개수를 셀 수 있다. • 기본 도형을 인식한다. • 한 가지 속성에 따라 분류한다. • 자기중심적 사고를 한다. • 부분과 전체를 이해한다.	• 기억력이 발달한다. • 한 가지 기준에 따라 분류한다. • 3개 이상의 사물을 비교하여 순서짓는다. • 직관적 사고를 한다.

교수 학습	• 바깥놀이 기회를 많이 주어 유아가 신체 조절능력을 마음껏 연습하고 숙달하게 한다. • 시각적 변별, 소리 변별을 도와주는 활동을 한다. • 쓰기 능력을 키워 주는(핑거페인팅, 조각 맞추기) 기초활동을 한다. • 말하고 싶은 편한 분위기를 조성해 준다. • 기초적 사고력 발달을 돕는 활동을 한다(그림자 길이 변화 경험 등).	• 몸의 전체 또는 각 부분들을 움직여 보는 활동을 한다. • 개방형의 질문을 통해 말할 기회를 많이 준다. • 선택적 주의집중활동을 한다. • 읽는 것을 즐기도록 도와준다. • 놀이 후 회상하기 활동을 통해 유아 기억력 향상을 돕는다. • 옳고 그른 행동을 말로 들려준다.

출처: 이원영 · 박찬옥 · 조형숙(2002)와 서울시 여성가족재단(2017)을 참고.

4) 5세 유아의 발달특성과 교수학습

생후 60개월이 지나 5세로 접어들면 의사소통과 문제해결활동이 활발해진다. 5세 유아들은 능동적이고 목표지향적 행동을 하게 되며, 놀이를 할 때에도 규칙을 만들어 보고 놀이에 적용해 보곤 한다. 교사의 기대를 알고 그 기대에 맞게 행동하려는 욕구가 있는가 하면, 자기중심적 성향도 함께 가지고 있다.

따라서 5세 유아를 위한 교수학습은 유아가 놀이 · 활동을 주도할 수 있는 기회를 제공하고, 생각과 감정을 조절하여 표현하며 다른 사람의 말을 경청하는 등의 경험이 이루어지도록 하는 데 중점을 둔다.

〈표 1-4〉 5세 유아의 발달특성과 교수학습

구분	5세 유아		
신체 · 운동 발달	• 키와 몸무게의 성장이 점진적으로 이루어진다. • 출생 시 몸무게의 약 5~7배가 된다. • 규칙 있는 운동놀이에 참여하며 즐긴다. • 곡선 따라 걷기, 60~90cm 거리멀리뛰기, 한 발로 균형 잡기, 호핑, 스키핑을 하게 된다. • 리듬에 맞춰 춤을 추고, 창의적인 춤 표현을 한다. • 필기도구로 쓰기 활동을 한다. • 조형물을 구성한다.	언어 발달	• 간단한 단어의 정의를 내릴 수 있다(6~8개 단어의 문장 사용). • 탐구적 질문이 증가한다. • 글자의 형태가 나타나고 간단한 단어를 쓸 수 있다. • 거리 간판에서 자신이 아는 글자를 읽곤 한다. • 나름대로 책을 읽는다.

정서 발달	• 복합 정서를 이해하고 표현하기 시작한다. • 자신의 감정을 인식하고, 언어로 감정을 표현하며, 그 감정이 타인에게 미칠 영향도 고려할 수 있게 된다. • 동화를 듣고 감정이입한다.	인지 발달	• 단어나 숫자 같은 상징을 머릿속으로 표상할 수 있게 된다. • 생물과 무생물을 구별한다(물활론적 사고가 줄어듦). • 일상경험을 통해 시간의 흐름과 개념을 이해한다. • 측정능력이 발달한다. • 20까지 수를 정확히 셀 수 있다. • 두 수의 관계(많다, 적다)를 이해한다.
사회성 발달	• 함께 놀이하면서 우정이 싹튼다. • 놀이 주도권 싸움이 종종 일어난다. • 폭력이 줄어들고 말로 싸우기, 욕하기 행동이 증가한다. • 주도성이 발달한다. • 행동의 결과를 중심으로 도덕적 판단을 한다. • 성취 동기가 발달한다.	교수 학습	• 자신의 생각을 조리 있게 발표하는 기회를 준다. • 간단한 단어는 쓸 수 있는 경험을 하도록 한다. • 동시를 듣고 스스로 지어 보는 경험을 하도록 한다. • 시간 관련 어휘를 많이 사용한다. • 친구들과의 갈등을 긍정적 방법으로 해결하도록 지도한다. • 도덕적 사고가 발달하도록 돕는다. • 시작한 일은 끝까지 해 나가는 경험을 격려한다. • 감정을 언어로 표현하도록 지도한다.

출처: 이원영 · 박찬옥 · 조형숙(2002)와 서울시 여성가족재단(2017)을 참고.

3 영유아 교수학습의 원리

역동적 상호작용
개체 상호 간에 영향을 주고받으면서, 서로의 변화를 추구하는 관계형성과정

"어떻게 하면 영유아와 교사 간에 역동적 상호작용이 일어날 수 있을까?"는 교수학습의 근본 물음이다. 이 물음에 답하기 위해, 영유아 교수학습에 기본적으로 작용하는 몇 가지 원리를 알아볼 필요가 있다. 여기에서는 자발성의 원리, 개별화의 원리, 다양성 및 융통성의 원리, 구체성의 원리, 탐색의 원리, 통합의 원리를 제시하고자 한다.

1) 자발성의 원리

명령이나 지식에 의하기보다, 영유아가 스스로 선택하고 결정하여 활동할 때 유의미한 학습(meaningful learning)이 잘 이루어진다는 원리이다. 인간의 자발적 의지에 대하여는 일찍이 루소(Rousseau), 페스탈로치(Pestalozzi), 프뢰벨(Fröbel), 듀이(Dewey), 피아제(Piaget) 등 많은 학자들이 언급한 바 있다.

최근에 들어와, 미래학자 다니엘 핑크(Pink, D)도 『드라이브(Drive)』라는 책을 통하여 창조적인 사람들을 움직이는 자발적 동기부여의 힘을 강조하고 있다. 핑크와 같은 맥락에서 브라운과 본(Brown, S & Vaughan, 2010)은 자발적 동기부여의 환경을 놀이(play)라고 힘주어 말하고 있다. 영유아는 자발적으로 놀이에 참여하여 몰입하는 가운데 주변 사물과 사람, 상황에 대한 이해를 확장시킨다(박찬옥 외, 2015). 교사는 영유아의 흥미를 반영한 교육환경을 다양하고 풍부하게 준비하고 영유아가 스스로 놀이를 계획하고 참여할 수 있도록 안내하며, 상황에 따라 영유아와 적절한 상호작용을 하도록 한다.

2) 개별화의 원리

같은 연령이라 하더라도, 영유아에게는 개인차가 있으며, 개별 영유아의 흥미, 이해 정도에 따라 교수학습방법을 적합하게 제공할 때 유의미한 학습이 잘 이루어진다는 원리이다.

개인차는 개인 간 차이와 개인 내 차이로 대별할 수 있다. 개인 간 차이는 성 · 연령 · 가정환경 · 경제수준 · 인종 · 기질 · 능력 · 생활방식 등의 요인들로 인한 차이를 말한다. 예를 들어, 3세 교실에 외국에서 이민 온 유아가 있다면 생활방식 · 언어 등에 차이가 있을 수 있으므로 교사는 개별적 상호작용의 노력을 기울여야 할 것이다.

개인 내 차이는 영유아 개인이 보유한 여러 능력들, 예를 들어 언어, 인지, 사회성, 정서, 신체운동, 창의성 등 능력 간의 차이를 말한다. 또래에 비해 인지능력은 높으나 정서조절이 잘 안 되는 유아가 있는가 하면, 기억은 잘 하나 새로운 아이디어를 내는 게 어려운 유아가 있다. 교사는 영유아의 한 가지 능력을 중심으로 다른 능력들을 일반화해서는 안 되며, 능력을 발휘하는 상황마다 적합한 상호작용을 해야 한다. 또한 영유아기는 잠재된 능력이 환경과의 상호작용을 통해 계발되어 가는 과정에 있으므로, 교사는 각 영유아에게 적합한 교수학습방법을 제공하도록 한다.

3) 다양성 및 융통성의 원리

같은 상황이라도 영유아들은 서로 다른 생각과 느낌을 가질 수 있다고 인식하고 인정하며, 영유아의 개별적 성향을 열린 마음으로 수용하여 교수학습방법을 다르게 제공할 때 유의미한 학습이 잘 이루어진다는 원리이다. 예를 들어, 모딜리아니의 명화「검은 넥타이를 맨 부인」을 보고, 유아들은 "얼굴이 길다, 세모났다, 눈동자가 없다, 넥타이를 맸다" 등에서부터 "슬프다, 외로워 보인다, 무슨 생각을 하는 것 같다" 등에 이르기까지 다양한 생각을 표현할 수 있다. 교사는 명화에 대한 고정된 개념을 허물고 유아들의 다양한 표현에 대하여 긍정적으로 반응하고 유아 각자의 생각을 발전시켜 명화 속 부인의 모습을 어떻게 변화시키고 싶은지를 그림으로 그려 보도록 격려할 수 있을 것이다.

융통성의 원리를 따르는 교사는 사전에 작성한 일일교육계획안을 운영하면서도, 그날의 돌발상황에 따라 계획된 활동을 바꾸어 차질 없이 운영하는 유연함을 보인다. 또한 영유아 개개인의 다양성을 개성으로 존중하며 영유아의 생각과 느낌을 경청하고 그 입장을 배려하는 태도를 보인다. 이러한 교수학습과정에서 영유아는 다양성의 가치를 학습하게 될 것이다.

4) 구체성의 원리

영유아기는 발달적으로 감각운동기 및 전조작기에 속하므로 구체적 사물이나 현상을 오감을 통해 경험할 때 유의미한 학습이 잘 이루어진다는 원리이다. 즉, 영유아가 지금 여기에서(now & here) 일어나는 일들을 직접 경험할 때, 관련된 지식이나 개념이 구체적으로 형성된다고 본다. 구체성은 어떤 사물이나 사실이 뚜렷한 실체를 갖추고 있거나 실체의 내용을 가지고 있는 성질을 뜻한다.

예를 들어, 크기, 색깔, 모양, 질감, 농도, 온도, 무게 등의 물리적 속성이 뚜렷할 때 또는 역사적 사건이나 사실이 시간 · 장소 · 인물 · 상황 등 면에서 명료할 때 우리는 구체성이 있다고 말한다.

교수학습과정에서 교사는 영유아의 이해를 돕기 위해 일상생활 도구, 놀잇감 등 다양한 구체물을 사용하거나, 동영상 · 그림 · 사진 · 도표 등 시청각적 자료를 제시하고, 직접 신체표현 · 동화구연 등 지각적 인상이 강한 방법들을 사용하여 상호작용하도록 한다.

5) 탐색의 원리

영유아가 호기심을 가지고 궁금한 것을 스스로 탐색하는 경험을 할 때 유의미한 학습이 잘 이루어진다는 원리이다. 쉐일레와 브리튼(Chaille & Britain, 1991)은 영유아는 호기심으로 가득 차 있으며, 끊임없이 의문을 제기하고 자신의 생각을 시도해 보면서 세계를 탐색하는 특성을 가지고 있다고 하였다(박찬옥, 2017). 예를 들어, 놀이영역에서 놀잇감을 가지고 놀면서 영유아가 "으응, 이게 뭐지? 어떻게 만들어진거지? 어떻게 끼워야 하는 거지? 어떻게 해야 소리가 나고 움직이지? 거꾸로 하면 어떤 모양이 되지?" 등 콧잔등에 땀이 송글송글 맺히도록 고개를 갸우뚱하며 열중하는 모습을 볼 수 있다. 이 탐색놀이를 하고 나면 이 영유아는 놀잇감의 구조나 놀잇감이 시사하는 원리, 놀잇감을 가지고 놀이하는 방법 등에 대하여 스스로 알게 될 것이다.

이 같은 탐색의 원리는 인간은 본래 인지적 욕구가 있는 존재라는 데에서 출발한다(박찬옥 외, 2017). 그리고 탐색을 통하여 문제해결의 실마리를 얻게 되고, 나아가 지식을 구성하게 된다는 구성주의 시각과 연결된다. 교사는 이전과 다른 놀이자료, 교재 · 교구 및 새로운 교육환경 등을 제공하여 영유아의 탐색활동을 돕도록 한다. 그러나 반드시 이전과 다르고 새로운 환경이어야만 탐색이 일어나는 것이 아니다. 영유아는 익숙한 놀잇감, 상황이라 하더라도 새로운 느낌이 들 수 있으므로 미처 깨닫지 못한 점들을 새롭게 궁금해하며 탐색하도록 교사는 영유아와 상호작용한다.

6) 통합의 원리

영유아의 과거경험과 현재경험이 연결되고, 영유아가 또래 및 교사와 경험을 공유하며, 가정과 영유아교육기관, 지역사회가 서로 협조하고 영유아의 한 발달영역이 타 발달영역에 영향을 미치는 것과 같이 개체들이 상호 연결되어 전체성을 이룰 때 유의미한 학습이 잘 이루어진다는 원리이다.

예를 들어, 영유아가 가정에서 경험한 것이 현재 진행되는 영유아교육기관의 학습경험과 연결성이 높을수록 영유아의 학습에 대한 참여도는 높으며 이해도 잘하게 된다. 또한 쌓기 놀이영역에서 만든 구조물이 역할놀이영역의 내용과 연계성이 높으면 사고의 전이가 잘 이루어진다. 이러한 관점에서 교사는 교수학습방법을 계획할 때 단일경험을 제시하기보다는 다른 영역과 통합하거나, 이전 경험과 통합하는 방법으로 학습경험을 제시하도록 한다. 영유아교육에서 주제를 중심으로 통합적인 경험을 계획하여 운영하는 것은 좋은 예이다.

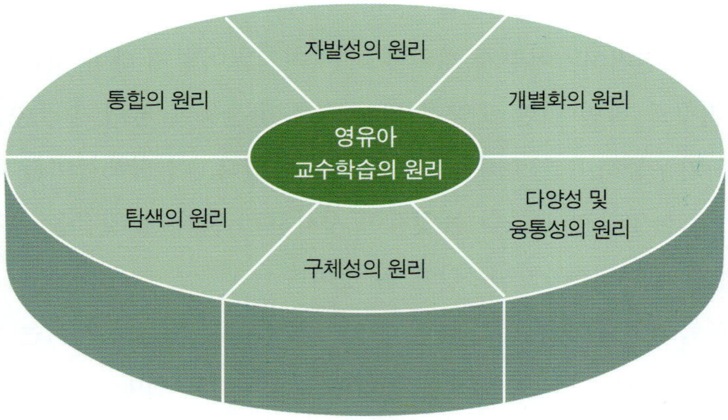

[그림 1-3] 영유아 교수학습의 원리

생각해 보기

영유아발달에 적합한 교수학습이 되려면 어떤 점들을 고려해야 할까?

연습문제

(1–7) 다음 문장을 읽고 옳으면 ○, 그르면 ×로 표시하시오.

1. 학습이란 환경과의 접촉으로 말미암아 개인에게 발생되는 모든 변화이다. ( )
2. 교수란 가르치려는 의도나 목적을 가지고 개인을 둘러싼 환경을 계획적으로 조작하는 과정이다. ( )
3. 아이즈너(Eisner)는 교수를 「교육적 만남」이라고 부른 바 있다. ( )
4. '자신의 생각을 조리 있게 발표하는 연습을 한다'는 4세 유아에게 적합한 교수학습이다. ( )
5. 전통적 접근에서는 수업을 기술적인 측면에 집중하여 보는 경향이 있다. ( )
6. 20개월 영아에게 손 크기에 알맞는 작은 블록들을 풍부하게 제공하는 것이 좋다. ( )
7. 교사는 영유아가 보여 준 한 가지 능력을 중심으로 다른 능력들을 일반화하여 이해해야 한다. ( )

(8–12) 다음 물음에 적합한 답을 쓰시오.

8. 수업을 예술적 접근으로 보았을 때 학습자의 역할은 무엇인가?

9. 영유아에게 좋은 수업의 특성으로는 어떤 것들이 있을까?

10. 30개월경 영아에게 적합한 교수학습활동으로는 무엇이 있을까?

연습문제

11. 영유아들의 개인 간 차이를 가져오는 요인으로는 무엇이 있을까?

12. 영유아 교수학습의 원리 중 구체성의 원리란 무엇인가?

(13–15) 다음 용어들을 간략히 정의하시오.

13. 교수학습

14. 통합적 접근에서의 좋은 수업의 의미

15. 자발성의 원리

chapter

02

교수학습이론과 영유아 교수학습방법

영유아를 비롯한 학습자가 어떻게 학습을 하고, 이를 위해 교사는 어떻게 교수할 것인가?에 대한 연구는 20세기 초반부터 이루어졌다. 먼저 동물을 대상으로 한 실험결과를 기초로 교실현장에 적용하게 된 것은 1950년대부터라고 할 수 있다. 본 장에서는 1950년대 대표적인 행동주의이론과 1970년대 이후 인지심리학이 등장하면서 부각된 정보처리이론, 1990년대 정보화시대 개별화, 다양화, 창의성 등을 배경으로 한 구성주의 학습이론을 중심으로 알아보고자 한다.

1 교수학습이론

심리적 기제
행동에 영향을 주는 심리적 작용원리

영유아가 어떠한 심리적 기제를 통하여 학습하게 되는가를 안다면, 교사는 영유아에게 효과적으로 교수하기가 용이할 것이다.

영유아 교수학습을 체계적으로 연구한 대표적 이론으로 행동주의이론, 정보처리이론, 구성주의이론을 들 수 있다.

1) 행동주의이론

강화
행동의 반응, 빈도, 강도 등을 유발하고 증가시키는 것

변별적 자극
다른 자극과 구별되는 자극
예 종소리는 불빛과 구별되는 자극

행동주의에서는 인간을 환경적 자극에 의해 수동적으로 반응하고 결정되는 존재로 간주한다. 이에 따라 영유아의 교수학습을 자극과 반응의 연합으로 설명하고 있다. 여기서 자극은 교사가 의도하고 계획한 내용을 영유아에게 직접적으로 교수하는 것을 말하며, 반응은 교사의 교수에 의해 영유아가 학습한 행동을 말한다. 영유아가 학습한 행동은 관찰 가능하고 측정할 수 있는 외현적인 행동이어야 한다. 행동주의에서는 객관적으로 관찰할 수 없는 내면적 학습과정에 관심을 두지 않는다. 그 대신 관찰 가능한 자극과 반응, 강화에 주목한다. 행동주의는 학습이 일어나는 심리적 기제로 변별적 자극과 강화를 주장하고 있다.

즉, "왜 학습이 일어나는가?"에 대하여 행동주의는 무엇을 배워야 하는지를 명료하게 제시할 때(변별적 자극), 그리고 행동이 나타날 경우 즉각적인 피드백(강화)이 제공될 때 기대되는 학습된 행동이 발생한다는 것이다(임철일, 2015).

행동주의이론은 파블로프(Pavlov)의 고전적 조건화로 시작하여 스키너(Skinner)의 조작적 조건화에 이르러 완성되는 과정을 거친다.

(1) 파블로프의 고전적 조건화

파블로프의 고전적 조건화는 훈련을 통해 무조건 자극이 없어도 조건자극에 의해 조건반응을 획득한다는 것을 말해 준다. 예를 들어, 배고픈 개에게 먹이(무조건자극)를 주니 개는 침을 흘렸다(무조건반응). 그런데 먹이를 줄 때 종소리를 들려주는 훈련을 했더니 먹이를 주지 않고 종소리(조건자극)만 들려주었는 데, 개는 침을 흘렸다(조건반응). 이 같은 고전적 조건화는 종소리(조건자극)가 먹이(무조건자극)와 반응(침) 간에 이미 짝지어져 있는 자율신경계의 불수의적 반사와 연합되어 일어나는 비교적 단순한 형태의 학습이다. 이러한 고전적 조건화는 학습자(예를 들어, 개)의 의도와는 관계없이 이루어지는 학습이라는(김정희 외, 1999) 점에서 한계가 있다.

〈표 2-1〉 파블로프의 고전적 조건화 절차 예시

구분	자극	반응
훈련 전	먹이(무조건자극) 종소리(조건자극)	침 분비(무조건반응) 부적절한 반응
훈련	종소리(조건자극) + 먹이(무조건자극)	
훈련 후	종소리(조건자극)	침 분비(조건반응)

출처: 김정희 외(1999).

(2) 스키너의 조작적 조건화

조작
바라는 결과를 얻기 위해 행해지는 노력

스키너의 조작적 조건화는 외적 자극(종소리나 먹이)보다는 학습자 내면의 수의적이고 능동적인 노력에 의해 환경에 반응한다는 것을 말해 준다. 예를 들어, 스키너는 자신의 이름을 딴 실험상자 안의 지렛대를 흰 쥐가 건드리면 음식이 나오도록 설계하였다. 배고픈 흰 쥐는 움직이다가 우연히 지렛대를 건드려 음식을 얻을 수 있게 되었다. 몇 번의 시도를 통해, 흰 쥐는 배고플 때면 곧바로 지렛대를 건드렸으며(조작적 행동), 그 결과로 음식을 얻을 수 있다(강화)는 것을 학습하였다. 만약에 계속 지렛대를 건드렸으나 음식을 얻지 못하였다면, 지렛대를 건드리는 행동을 다시 할 확률은 낮아지고 소거되고 말 것이다.

소거
어떤 반응이 점차 감소하여 결국 완전히 일어나지 않게 되는 현상

이러한 조작적 조건화는 학습자가 다양한 환경조건에서 능동적으로 적절한 반응을 함으로써 강화를 받거나 유리하게 적응을 할 수 있게 되는 학습형태이다.

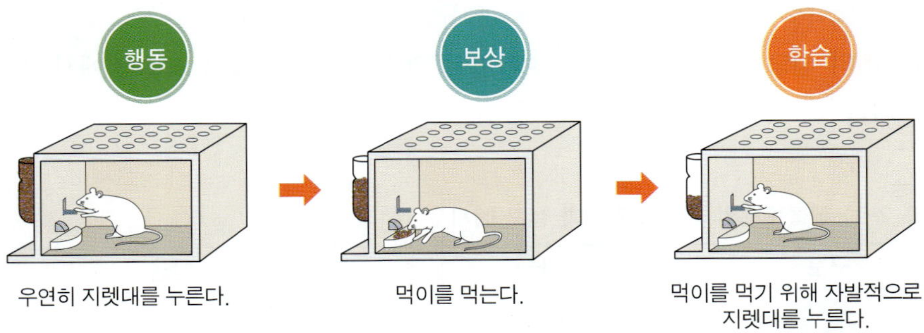

[그림 2-1] **스키너 상자 실험**

(3) 반두라의 관찰학습이론

보보인형실험
반두라가 보보인형에게 모델이 한 공격적 행동, 친사회적 행동, 무관심한 행동 등 3가지 유형을 아동에게 관찰시킨 후 모방행동 여부를 실행한 연구

파블로프나 스키너는 동물실험을 통해 얻어낸 연구결과를 인간행동에 적용했다는 점에서 비판을 받고 있다. 이후 행동주의 학파에 속하면서도 동물이 아닌 인간을 대상으로 연구한 반두라(Bandura)는 관찰학습이론을 제시하였다. 반두라는 보보인형실험을 통하여, 직접적 강화가 없어도 타인의 행동을 관찰하고

모방하는 과정에서 학습이 된다는 것을 입증하였다. 반두라는 새로운 행동이 관찰을 통해 모방되고 학습되는 것은 인지적으로 주의를 기울이고, 기억하며, 재현하고, 동기 유발하는 과정을 거쳤기 때문이라고 강조한다(박찬옥, 2017).

예를 들어, 교사는 유아들이 불우이웃돕기를 이해하고 실천하는 데 목표를 두고, 유아들에게 크리스마스 자선냄비에 성금하는 모델의 동영상을 보여 주는 학습방법을 수행하였다. 유아들은 모델의 행동을 주의 깊게 보고, 기억하며, 이를 실제로 재현하여 자선냄비에 성금하는 활동을 하였다. 교사가 유아들의 성금행동을 칭찬함으로써 유아들은 불우이웃돕기에 대한 동기를 갖는 학습 효과를 가지게 되었다.

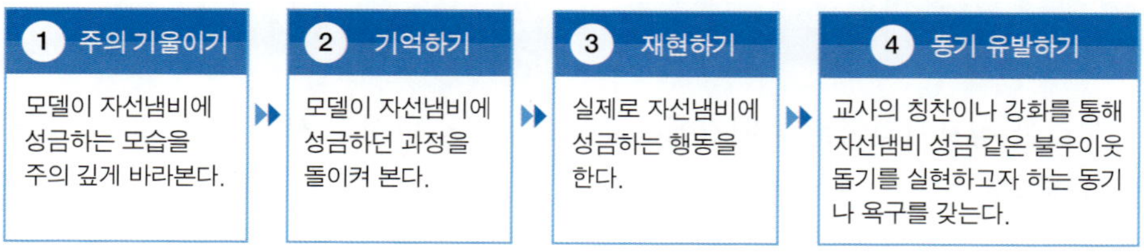

[그림 2-2] 반두라의 관찰학습 인지과정의 예

2) 정보처리이론

정보처리이론은 현대 인지심리학을 대표하는 교수학습이론이다. 행동주의 이론이 경험의 결과로 일어나는 외현적 행동의 변화에 초점을 둔 반면, 정보처리이론은 정신적 과정에 초점을 맞추어 학습을 설명한다.

인지심리학
인간의 뇌에 의해 이루어지는 주의 · 지각 · 기억 · 언어 · 사고 등의 정보처리과정을 탐구하고 그 결과를 응용하는 학문

즉, 정보처리이론은 "인간이 어떻게 사고하는가?"의 인지과정에 중점을 둔다. 정보처리이론가들은 인간의 내적인 인지과정을 컴퓨터의 정보처리과정에 비유하여 설명하고자 하였다. 말하자면 컴퓨터에 정보를 입력하고 저장하며 출력하듯이, 인간의 두뇌도 감각기관을 통해 투입된 일부 정보를 분류하고 부호화하여 체계적으로 저장하며, 필요할 때에 저장된 정보를 인출하여 활용한다고 보았다.

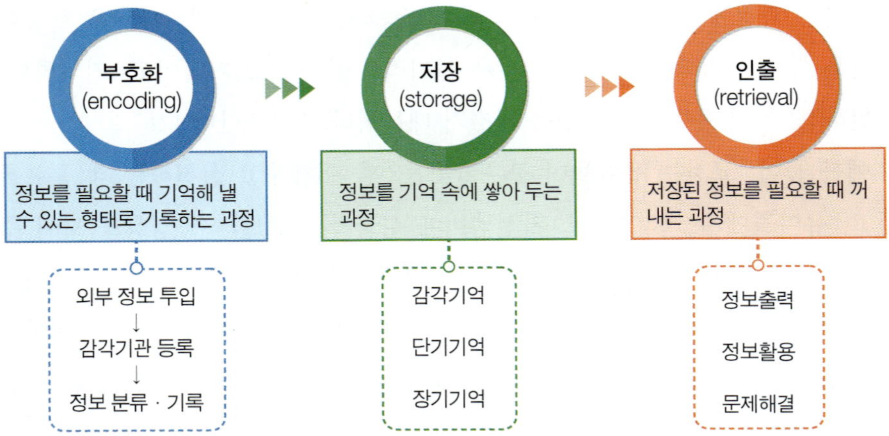

[그림 2-3] 정보처리과정

출처: 박숙희, 염명숙(2013).

반성적 사고
자신의 행위를 내면적으로 분석하고 논리적으로 생각하는 것

이러한 정보처리이론의 배경에는 듀이(Dewey)의 반성적 사고, 브루너(Bruner)의 발견학습이 큰 영향을 미쳤다(박숙희 · 염명숙, 2013).

(1) 듀이

듀이는 반성적 사고에 대하여 "자신의 행위를 내면적으로 분석하고 논리적으로 생각하는 것을 말하며, 사람들이 일상생활에서 부딪히는 여러 가지 문제상황을 인지하고, 다른 상황과의 유사점과 차이점을 인식하면서 문제상황에 반응하고, 구조화하고, 재구조화하며, 실험하고 검증하는 과정을 거치면서 문제를 합리적으로 해결해 나갈 때 사용하는 사고방법"이라고 정의하였다(박찬옥 외, 2015). 그는 반성적 사고의 단계를 제안단계, 지성화단계, 가설형성단계, 추론단계, 가설검증단계의 5단계로 제시하였다. 반성적 사고의 5단계가 반드시 고정된 순서로 진행되는 것은 아니며, 개인마다 그 과정이 다를 수 있고, 특정 단계가 반복되기도 한다.

반성적 사고단계에 따른 유아의 정보처리 교수학습을 예로 들어 본다.

〈표 2-2〉 반성적 사고단계에 따른 유아의 정보처리 교수학습 예시

반성적 사고단계	유아의 사고를 돕는 질문
〈제안(suggestion)단계〉 • 당연하게 받아들여졌던 사실에 대해 의심해 보기 • 즉각적으로 생각나는 아이디어를 말해 보기	• 사람들은 ~를 ~하다고 말하니? • 모두들 ~는 ~하다고 하는 데, 과연 그럴까? • 이것이 확실한 것일까? 사실일까? • 네 말대로 과연 그렇게 될까? 늘? • ○○가 ~이라고 말했는 데, 과연 ~이란 무엇일까? • 어떡하면 좋지? • 어떤 생각이 떠오르니? • '내 생각에는요. ~게 해 봐요.'라고 이야기해 보겠니?
〈지성화(intellectualization) 단계〉 • 문제를 더욱 명확히 정의하기 • 문제의 원인 인식하기 • 문제를 다양한 관점에서 조망해 보기 • 자신의 주장에 대한 논리적인 근거를 대기 • 문제와 관련된 사실과 해결의 단서를 검토하기	• 잘 생각해 보자. 여기서 무엇이 문제일까? 또 무엇이 문제라고 생각하니? • 어떻게 해서 이런 일이 생긴 걸까? • 다르게 생각해 본다면 ~을 어떤 것이라고 생각해 볼 수도 있을까? • 어떻게 해서 ~할 것이라는 생각을 갖게 되었니? • 왜 너는 ~이라고 생각하니? • 넌 그걸 어떻게 알아? • 너는 ~를 어디서 알았는 데?(보았어? 들었어?)
〈가설 형성(hypothesis) 단계〉 • 문제해결에 더 적절한 개연성 있는 가설을 형성하기 • 다양한 문제해결방안을 모색해 보기 • 있을 수 있는 결과를 예측하기	• ~해 보자고 제안했는 데, 그것대로 하면 해결될 수 있을까? • 네가 생각한 대로 ~하면, 어떤 일이 벌어질 것 같니? • 어떤 방법으로도 해결해 볼 수 있을까? 우리가 생각해 볼 수 있는 다른 방법은 무엇이 있을까? • 만약 네가 생각한 대로, ~을 했다면 어떤 일이 벌어질까? • ~하자는 제안대로 할 때, 우리에겐 좋을 수 있으나, 어떤 사람에게는 그렇지 않을 수 있다면?
〈추론(reasoning)단계〉 • 다양한 해결방안들의 장 · 단점 비교해 보기 • 각각의 제안을 심사숙고하여 지성적으로 검증하기	• 여러 해결방법이 나왔는 데, 이 방법으로 해서 더 불편해질 건 없을까? • 여러 해결방법 중에서 가장 낫다고 생각하는 것은 무엇이니? 곰곰히 잘 생각해 보자.
〈가설 검증(testing)단계〉 • 가설을 구체적 행위에 의해 입증하기 • 기대한 바대로 되지 않았다면 다시 행위하기	• 지금 '~일 거예요'라고 여러 생각이 나왔는 데, 어떻게 알아보면 좋을까? • 어떻게 증명할 수 있을까? • 직접 ~해 보니 결국 알아낸 건 무엇이니? • 알게 된 건 무엇이니? • (계획대로 되지 않았다면) 무엇이 잘못된 걸까? 그럼, 어디서부터 다시 해 보면 좋을까?

출처: 박찬옥 외(2015).

(2) 브루너

브루너는 기본 개념, 기본적인 아이디어, 핵심개념과 같은 지식의 구조를 강조한 학자이다. 지식의 구조인 기본 개념은 교사가 학습자에게 주입하는 것이 아니라, 학습자 스스로 탐구의 과정을 통해 '발견의 기쁨'을 경험하는 것이 중요하다.

발견학습

학습자가 스스로 문제를 발견하고 해결해 가면서 탐구적인 사고방식을 배우고, 지식획득의 과정에 주체적으로 참여함으로써 내적인 동기를 유발하는 학습방법

브루너는 발견학습에 대하여 '학습자가 스스로 문제를 발견하고 해결해 가면서 탐구적인 사고방식을 배우고, 지식획득의 과정에 주체적으로 참여함으로써 내적인 동기를 유발하는 학습방법'이라고 정의한다. 이러한 발견학습은 어린 영유아에게 자연스럽게 이루어지곤 한다. 예를 들어, 아직 발로 공차기가 안 되는 2세 영아가 교사에게 공을 차 달라고 한다. 교사가 힘껏 공을 차니 멀리 날라갔고 영아가 달려가서 공을 주워 왔다. 다음에는 교사가 가볍게 공을 차니 가까운 곳에 공이 떨어졌다. 영아는 몇 발짝 안 가서 공을 주워 왔다. 이러기를 몇 번 반복하니, 영아가 교사에게 "공을 뻥~ 차요." (멀리가도 나는 주워 올 수 있어요) 또는 "살살 차요." (힘들어요. 가까운 데로 차 주세요)라고 요구하고 있었다. 이 활동을 통해 영아는 스스로 힘과 거리와의 관계를 발견한 것이다.

발견학습의 단계에 따른 정보처리는 다음과 같다.

브루너의 지식의 표상방식

- **동작적 표상방식(mode of enactive representation)** 감각운동적 활동을 통해 관련된 지식을 이해하고 표현하는 방식
- **영상적 표상방식(mode of iconic representation)** 영상이나 그림을 통하여 관련된 지식을 이해하고 표현하는 방식
- **상징적 표상방식(mode of symbolic representation)** 언어·수·공식 등 상징적이고 추상적인 자료를 통해 관련된 지식을 이해하고 표현하는 방식

- 1단계: 문제의 추출(발견할 과제에 대한 명확한 문제인식)
- 2단계: 문제해결을 위한 가설 설정(자료수집을 통한 문제 가설 설정)
- 3단계: 가설의 검증(가설 증명을 위한 논리적 사고 활동)
- 4단계: 결론(지식 획득, 발견의 기쁨)

브루너는 발견학습을 통해 얻어진 지식을 표현하는 방식으로 3가지를 제시하고 있다. 즉, 동작적 표상방식, 영상적 표상방식, 상징적 표상방식이다. 위의 예에서, 2세 영아는 '힘과 거리의 관계'를 원하는 거리만큼 힘주어 공을 차는 것으로 표현할 것이다(동작적 표상방식). 좀 더 나이 든 유아는 축구경기하는 그림을 그려 힘과 거리관계를 표현할 것이다(영상적 표상방식). 어떤 아동은 "거리는 힘에 비례해요."라고 말로 표현할 것이다(상징적 표상방식).

3) 구성주의이론

구성주의에서는 인간을 '능동적 지식의 구성자'로 간주한다.

구성주의는 앎의 이론(theory of knowing)이다. 이는 구성주의가 지식 자체를 중요시하기보다는(theory of knowledge), 지속적으로 의미를 만들고(how to make meaning) 또는 알아가기(how to come to know)에 관심을 두고 있음을 의미한다(강인애, 2000).

이는 행동주의이론이나 정보처리이론에서 의미하는 지식의 개념과 다르다고 할 수 있다. 이들이 의미하는 지식은 고정되어 있고 규명이 가능한 진리를 가리킨다. 그러나 구성주의에서 의미하는 지식은 "개인이 사회적 경험을 바탕으로 자신의 인지적 작용에 의해 지속적으로 구성, 재구성해 나가는 것"이라는 진행형의 성격을 띤다. 따라서 구성주의에서의 학습은 자기규율적, 자기조직적, 자율적인 학습환경에서 학습자 스스로 지식을 형성해 나가는 것이다(박숙희, 염명숙, 2013). 이때 교사는 학습자의 학습을 도와주는 조언자, 촉매자로서의 역할과 함께, 배움을 같이하는 동료 학습자로서 상호작용하는 것이 요청된다.

구성주의 교수학습과정이 잘 드러나는 예시로 3~5세 유아교실에서 운영하는 자유선택활동을 들 수 있다. 자유선택활동은 유아의 자발적인 흥미영역 선택, 유아의 자기주도적 놀이 수행 및 필요에 따른 교사와의 상호작용, 놀이과정에 대한 회상 및 평가 등을 통해 유아가 능동적으로 지식을 구성해 갈 수 있는 환경과 기회를 제공한다.

구성주의는 크게 인지적 구성주의와 사회문화적 구성주의로 나뉜다. 인지적 구성주의가 지식구성과정에서 개인의 인지적 작용을 중요시한 반면, 사회문화적 구성주의는 사회적 상호관계가 지식구성과정에 중요한 요소가 된다는 점을 강조하고 있다. 인지적 구성주의 입장으로는 피아제(Piaget)가, 사회문화적 구성주의 입장으로는 비고츠키(Vygotsky)가 대표적이다.

(1) 피아제

피아제는 지식이란 생물학적으로 이미 결정된 발달과정의 틀 안에서 동화와 조절이라는 인지적 과정을 통해 구성된다고 본다(Russell, 1993을 인용한 강인애, 2000 재인용). 그는 개인의 인지구조의 변화와 활동에 주된 관심을 두었으며, 상대적으로 사회문화적 요인은 크게 고려하지 않았다. 피아제는 학습을 '인지적 재구성의 과정'이라고 정의하였으며, 이에 따라 교수는 "학습자가 각기 적합한 발달단계에 도달할 때를 기다려서 발달단계에 알맞은 형태와 내용으로 제시되어야 하며, 혹은 그 시기에 좀 더 빨리 도달하도록 도움과 자극을 주거나, 그 시기에서 다음 단계로 발전할 수 있도록 도와주는 역할을 하는 것"이라고 정의하였다(강인애, 2000). 피아제는 인지발달단계를 감각운동기, 전조작기, 구체적 조작기, 형식적 조작기로 구분하였으며, 이들 단계는 연속적으로 발달해 간다고 하였다.

(2) 비고츠키

비고츠키는 지식이란 개인의 인지발달과 함께 사회적 상호작용을 통해 구성된다고 본다. 인간은 어느 특정 사회에서 태어나 자라면서 그 사회의 독특한 문화적 · 행동적 양식을 습득한다. 따라서 한 개인이 성장한다는 것은 그가 속한 사회와 그 구성원과의 상호작용을 반드시 전제로 한다.

비고츠키는 개인의 지적 발달이 사회문화적 영향을 크게 받는다고 본다. 그는 모든 지식이 한 공동체의 누적된 역사적 · 문화적 형태로 존재하므로, 학습자는 교사의 도움을 받아 문화적 산물인 지식을 내면화해야 한다고 강조한다. 이렇게 학습자가 지적으로 성장하는 데 도움을 주는 것을 스캐폴딩(scaffolding, 비계설정)이라고 하는 데, 이는 학습자가 스스로 문제해결을 할 수 있도록 도움을 주는 교사의 지원적 역할을 말한다.

스케폴딩

학습자가 스스로 문제해결할 수 있도록 도움을 주는 교사의 지원적 역할

비고츠키(1978)의 근접발달지대(Zone of Proximal Development) 이론은 사회문화적 구성주의의 핵심 원칙, 즉 "지식은 사회적 상호작용을 통해 구성된다"는 원칙을 잘 설명해 주고 있다.

근접발달지대(ZPD)

학습자의 실제적 발달수준과 잠재적 발달수준과의 차이. 이 차이를 좁혀 가도록 도움을 주는 교사의 역할이 스캐폴딩임

이제까지 살펴본 세 가지 교수학습이론을 비교하면 다음과 같다.

〈표 2-3〉 세 가지 교수학습이론의 비교

구분	행동주의이론	정보처리이론	구성주의이론
전성기	1950~1970년대	1970~1990년대	1990~2020년대 현재
교수학습의 정의	자극과 반응의 연합	정보처리를 통해 저장된 지식의 활용	사회적 경험을 바탕으로 자신의 인지적 작용에 의해 지식의 구성 · 재구성
학습자 역할	단서에 대한 반응	정보를 능동적으로 통합	다양한 정보를 활용하여 스스로 탐색, 지식구성, 협동작업
교사 역할	• 교수목표 진술 • 단서 제공 • 칭찬 · 벌 등의 강화	• 새로운 정보의 조직 • 다양한 주의집중, 부호화, 인출단서 사용 • 다양한 기억전략, 이해전략 사용	• 발달에 적합한 환경 구성, 현실적이고 유의미한 자료 제공 • 또래 간, 교사와의 상호작용 기회 제공

자기주도적 학습이론

2020년대 학습자의 자율적 주도성을 강화한 이론으로, 구성주의와 맥락을 같이 한다. 다만, 유아가 학습목표를 스스로 세우고 진행해나가며, 교사는 그 과정에서 질문을 통해 지원해 주는 방식으로 접근한다. 학습자는 어떻게 스스로 학습을 이끌어 가는가?에 중심을 둔다. 구성주의이론과 자기주도적 학습이론의 융합은 2019 개정 누리과정 및 2024 개정표준보육과정이 지향하는 바와 연결된다고 볼 수 있다.

2 영유아 교수학습방법

교수학습이론을 기초로 실제 영유아 교실에서 사용되는 교수학습방법들은 크게 교사 중심 접근과 영유아 중심 접근으로 구분할 수 있다. 교사 중심 접근으로는 설명법, 개념학습법이 있으며 영유아 중심 접근으로는 탐구학습법, 문제해결학습법, 협동학습법, 토의학습법, 프로젝트접근법 등이 있다.

1) 교사 중심 접근의 영유아 교수학습방법

전통적으로 교사가 중심이 되어 교수학습이 이루어지는 방법이다.

(1) 설명법

교수학습방법 중 가장 오랜 역사를 가지고 있으며 오늘날까지 사용되고 있다. 설명법은 '학습은 새로운 경험이 기존의 지식과 서로 관련이 있을 때 일어난다'는 것을 전제로 하고 있다. 예를 들어, 유아들이 미술박물관이라는 새로운 곳에 견학을 가고자 할 때 작품, 박물관에서의 규칙, 태도 등에 대해 미리 설명을 해 준다면 유아들은 훨씬 미술박물관에 대한 이해와 적응이 쉬울 것이다.

설명법을 주장한 대표적 학자인 오수벨(Ausubel)은 학습에 있어 인지구조의 중요성을 강조한 바 있다. 오수벨에 따르면, 학습자는 수동적으로 교사의 설명을 받아들이는 존재인 것처럼 보이나, 실제로 학습자 내부에서는 학습내용을 수용하기 위한 인지과정이 활발하게 일어나고 있다는 것이다. 이러한 과정을 거쳐 학습내용이 인지구조 속에 수용되고, 인지구조의 변화가 일어나게 되는데, 이는 곧 유의미학습이 이루어졌음을 의미한다(김재춘 외, 2007).

유의미학습

학습할 내용과 학습자의 인지구조 간의 상호작용을 통해 기존의 인지구조가 변화하고, 그에 따라 새로운 의미가 구성됨으로써 일어나는 학습

이같이 교사가 새로운 학습과제를 학습자의 기존의 인지구조와 연결하여 설명해 줌으로써 학습자가 유의미한 학습을 하게 된다는 점에서 오수벨의 설명법을 유의미학습이론이라고 부르기도 한다.

이때 새로운 학습과제를 기존의 인지구조와 관련 지을 수 있도록 도와주는 것이 선행조직자(advanced organizer)이다. 즉, 선행조직자는 새로운 학습이 일어나기 전에 제공되는 정보를 가리킨다. 학습자는 선행조직자 정보를 통해 앞으로 학습하게 될 내용에 관심을 가지고 이해를 하며 지식을 형성하게 된다.

선행조직자

새로운 학습이 일어나기 전에 제공되는 정보

〈표 2-4〉 오수벨의 설명법 수업 모형

단계	학습과정	학습활동
1단계	• 문제 파악	• 학습동기유발 • 이전 관련 학습의 확인 및 보충
2단계	• 원리 · 개념의 제시 및 설명	• 선행조직자 제시
3단계	• 학습자료 및 과제 제시 • 문제해결의 확인	• 본시 수업내용 제시 • 문제해결의 시연
4단계	• 적용 및 일반화	• 학습한 내용의 적용 · 일반화 • 학습내용의 정리

출처: 김민환 · 추광재(2015)를 참고로 재구성.

설명법의 장점과 단점을 다음과 같이 정리할 수 있다.

〈표 2-5〉 설명법의 장 · 단점

장점	단점
• 짧은 시간에 다양한 지식과 내용을 학습한다. • 수업시간, 학습량을 교사가 조절하기 용이하다. • 다량의 지식을 체계적으로 전달 가능하다.	• 학습자의 개인차가 반영되지 않는다. • 학습자의 동기가 지속되기 어렵다. • 교사의 일방적 설명 위주로 진행되기 쉽다. • 언어 중심적 수업에 빠지기 쉽다.

(2) 개념학습법

인지심리학을 바탕으로 한 대표적인 교수학습방법이다. 개념이란 '관찰한 것을 어떤 기준에 따라 비슷한 것끼리 분류하고 거기에 이름을 붙인 추상적인 용어'이다(윤기옥 외, 2009).

개념학습법은 '어떤 개념을 명확하게 이해한다면 이를 적용하여 많은 사례와 자료들이 가진 속성과 의미를 분석하고, 나아가 새로운 개념으로 확장해 갈 수 있다'는 것을 전제로 하고 있다.

예를 들어, 포유동물은 "새끼가 어미의 젖을 먹고 자라는 동물이고 네 개의 다리와 하나의 꼬리가 있다."라는 개념을 가진 유아라면 고양이, 개, 코끼리, 곰, 기린 등을 보고 포유동물이라고 명명할 것이다. 왜냐하면 이들이 젖먹이 동물이며 네 개의 다리, 하나의 꼬리가 있기 때문이다. 그러나 바다에 사는 고래가 새끼에게 젖을 먹이는 사진을 보게 될 때 유아는 혼란을 겪게 될 것이다. "으응? 이제까지 본 포유동물은 땅에서 살고, 다리가 네 개, 꼬리가 한 개였는데 고래는 뭐지? 물에 사니까 물고기가 아닐까? 어떻게 젖을 먹고 새끼가 자랄까?…"등 그런데 교사가 제공하는 다양한 자료와 예시를 보고 들으면서 바다에 사는 포유동물이 고래 외에도 물개, 바다표범도 있음을 알게 된다. 유아는 포유동물에 대한 개념을 확장하여 포유동물은 다리나 꼬리, 지느러미, 털 등 외형에 관계없이 '부모가 자식을 돌보고, 체온이 따뜻하며, 새끼가 어미 젖을 먹고 자란다' 등의 공통점이 있다는 유연한 사고를 할 수 있게 된다.

개념학습법의 대표적 학자인 타바(Hilda Taba)는 많은 양의 정보를 학습하고 처리하는 데 개념형성이 중요함을 강조한 바 있다. 브루너가 지식의 구조화를 제안하면서 기본개념, 중심 아이디어 등을 강조한 것과 같은 맥락에서 타바 역시 개념형성(concept formation)을 주장한다.

타바는 문화적 변화, 상호의존, 협동, 인과관계 등과 같은 추상적 개념들을 익히기 위해서는 여러 가지 정보들을 서로 연관시키고 조직화하는 과정이 필요한데, 이는 귀납적 사고방식으로 접근하는 것이 유용하다고 주장하였다. 따라서 타바의 개념학습법을 귀납적 사고학습이라고 한다.

귀납적 사고

개별적이고 구체적인 사실들을 관찰하고 실험하여, 그것들을 묶어 설명하는 보편적인 법칙이나 원리를 발견하고 확립하는 사고방식

귀납적 사고란 개별적이고 구체적인 사실들을 관찰하고 실험하여, 그것들을 묶어 설명하는 보편적인 법칙이나 원리를 발견하고 확립하는 사고방식이라고 할 수 있다. 타바는 사고란 배울 수 있고, 개인과 자료 간의 능동적 관계이며, 사고의 과정은 순차적 계열에 의해 발생한다고 믿고 있다.

〈표 2-6〉 타바의 귀납적 사고에 의한 개념학습 모형

단계	학습과정	학습활동
1단계 개념형성	교사가 준비한 자료들을 관찰하여, 서로 연관시키고 범주화하고 명명하기	• 비슷한 속성끼리 묶음 • 묶은 것에 이름 붙임
2단계 자료해석	자료들을 범주화한 이유를 설명하기	• 무엇을 기준으로 묶었는지를 설명함 • 범주화 이름의 의미를 설명함
3단계 원리적용	1, 2단계를 통해 형성한 개념을 새로운 자료나 현상에 적용하기	• 일반적인 사실로 수용함 • 일반화된 사실을 확대 적용함

2) 영유아 중심 접근의 영유아 교수학습방법

영유아의 자발적 동기를 기초로 영유아가 주도하여 교수학습이 이루어지도록 접근하는 방법이다.

(1) 탐구학습법

탐구

중요한 아이디어를 발견하고 명세화하여 시험하는 등 인간과 그의 환경을 판단하는 과정

전통적인 교사 중심의 학습에 대한 비판에서 시작되었다. 탐구란 "중요한 아이디어를 발견하고 명세화하며 시험하는 등 인간과 그의 환경을 판단하는 과정"이다(김호권, 1989).

탐구학습법은 '학습자 스스로 탐구하는 역량을 가지고 있으며, 이 역량을 길러야 한다'는 것을 전제로 하고 있다. 말하자면 많은 정보와 지식을 일방적으로 주입하는 방법보다는 학습자 스스로 지식을 탐구해 낼 줄 아는 능력의 배양이 중요하다고 본다.

탐구학습은 지식 그 자체를 가르치고 배우는 것보다, 지식을 발견해 내는 과정을 학습자가 직접 체험하는 것에 근본적인 목적이 있다(김민환 · 추광재, 2015).

탐구학습법을 주장한 대표적 학자인 스왑(Schwab)은 학습자를 작은 과학자로 간주한다. 즉, 학습자가 과학자와 같이 직접 가설을 설정하고, 이 가설을 검증할 수 있는 실험과정을 계획한 후 직접 실험을 수행하여 결과를 얻고 적용하는 단계를 거쳐 학습한다고 보았다. 예를 들어, 물과 흙을 섞어 가며 놀던 유아들이 흙에 점성이 생기는 것을 발견하고는 과연 모든 흙에 물을 넣으면 점성이 생기는지, 물의 양에 따라 점성은 달라질 수 있는지를 탐구하는 것을 볼 수 있다.

〈표 2-7〉 **스왑의 탐구학습 모형**

단계	학습과정	학습활동
1단계 문제발견 및 인식	학습자들이 관찰 및 자료 탐색을 통하여 탐구할 문제를 파악하기	• 관찰한 자료들의 속성이나 인과관계를 우연히 발견함 • 발견한 것에 대한 의문을 가짐
2단계 가설설정	탐구할 문제에 대한 잠정적 해답인 가설을 설정하기	• 만약~라면, 그땐~일까? 가설 설정함
3단계 자료수집 및 처리	가설을 검증하기 위한 과정을 계획하고, 관련된 자료를 수집하며 실험하는 등 관찰, 분류, 측정 등 기본 탐구과정 수행하기	• 어떻게 알아볼까? 설계함 • 자료 수집함 • 실험과정대로 실험함
4단계 해석 및 적용	자료 수집 및 처리과정에서 얻어진 결과를 해석하여 가설이 긍정 또는 기각되었는지 확인하고, 새로운 탐구활동에 적용하기	• 예상했던 대로 가설이 맞았는지, 안 맞았는지 판단함 • 가설의 긍정 · 기각에 대해 이유를 찾아봄 • 새로운 탐구활동에 적용함

(2) 문제해결학습법

문제를 해결하는 것이 곧 능동적으로 삶을 살아가는 기본능력이라는 관점에서 나온 교수학습방법이다.

문제해결학습법은 '문제를 해결하는 과정에서 기초적인 수학적 지식이나 기능을 이해할 수 있으며, 의사결정, 비판적 사고, 창의적 사고 등의 능력을 신장할 수 있다'는 것을 전제로 하고 있다.

문제해결

당면한 문제를 일정한 단계나 일련의 논리적인 과정을 통하여 해결하는 것

문제해결이란 당면한 문제를 일정한 단계나 일련의 논리적인 과정을 통하여 해결하는 것을 말한다(이인원 · 양진희 · 이은진, 2009). 이때 문제는 다양한 맥락에서 사용되는데, 사용되는 맥락에 따라 그 의미가 다르게 해석되고 있다. 예를 들어, 문제가 '골칫거리, 걱정거리'를 의미할 수도 있고, '잘못된 것, 부정적인 것'을 나타낼 수도 있으며, '시험 문제'와 같은 정답을 요하는 것이 되기도 하고, '궁금하고, 알아내고 싶은 것'이 될 수도 있다.

문제해결학습법과 관련된 대표적 학자로 듀이(Dewey)를 들 수 있는 데, 그는 문제(problem)에 대하여 "학습자가 호기심을 가지고 궁금해하는 경험거리, 그리고 그 문제를 해결하는 것이 사회적 · 문화적 · 지적으로 가치가 있는 경험거리"일 때 교육적 의미를 가지고 학습하게 된다고 보았다.

듀이가 생각한 문제해결학습은 문제를 해결하는 과정에서 작용하는 내면의 정신활동인 반성적 사고에 비중을 두고 있다. 반성적 사고는 "일상생활에서 부딪치는 여러 가지 문제상황을 인지하고 다른 상황과의 유사점과 차이점을 인식하면서 문제상황에 반응하고, 시도하는 과정을 거쳐 문제를 합리적으로 해결해 나갈 때 사용되는 사고방법"이다.

〈표 2-8〉 문제해결학습 모형

단계	학습과정	학습활동
1단계 문제의 인지	문제가 무엇인지를 확인하고, 그것을 전체적인 상황과 관련 지어 생각하기	• 전체 상황을 이해함 • 문제점 발견함
2단계 문제의 명료화	문제를 정확하게 규명하고 정의하기	• 문제의 초점을 파악함
3단계 다양한 해결안 창출 및 검토	문제에 대한 가능한 해결안들을 생각해 내고 체계적으로 검토하기	• 문제를 해결할 수 있는 방안들을 다양하게 제시함 • 해결방안들이 적합한지 검토함
4단계 최선의 해결안 선택	논리적인 추론을 거쳐 해결안을 결론으로 채택하기	• 해결안 검토에서 논리적으로 적합한 최선의 해결안을 선택함

(3) 협동학습법

학습자 모두가 학습의 주체가 되어 서로 가르치고 배우는 교수학습방법이다.

협동이란 각 구성원들의 특성을 충분히 발휘하여 전체적인 조화를 이루게 하는 것을 가리킨다. 협동이 제대로 이루어지기 위해서는 구성원 간에 추구하는 가치나 목표가 일치하여야 하며, 구성원들은 공동 목표에 도달하기 위한 방법을 토론하고, 문제해결방법에 알맞은 각자의 역할을 인정하고 수행하며, 문제해결과정에서 구성원들은 리더의 통솔을 따르는 행동이 중요하다.

리더의 민주적 태도가 요구됨은 물론이다. 협동의 결과, 구성원 여럿의 역할 수행이 마치 하나인 듯 전체적 통일성을 가질 때 그 의미를 거둔다고 할 수 있다.

예를 들어, 동극을 하기 위해 한 그룹의 유아들이 함께 배경판을 만든다든지, 가지고 놀았던 교재 · 교구들을 함께 제자리에 정리한다든지 하는 것을 들 수 있다. 이러한 방식으로 유아들은 그룹의 목적을 자신의 목적으로 받아들이고 구성원들끼리 해야 할 일을 분담하며 결과를 공유한다.

따라서 협동학습법은 '소규모의 집단이 공통의 학습목표를 달성하기 위해 구성원이 서로 돕는 구조로, 타인이 성공해야 자신도 성공하는 과정을 통해 학업성취 효과가 크게 나타난다'는 것을 전제로 하고 있다.

협동학습법의 대표적인 모형으로 성취과제분담(STAD), 직소 Ⅰ · Ⅱ(Jigsaw Ⅰ · Ⅱ), 러닝투게더(Learning Together) 등이 있다. 성취과제분담은 기본 기능의 습득이나 사실적 지식의 이해를 위해 개발되었다. 이 모형은 학업성적 · 성별 · 인종 등이 이질적인 4~5명의 구성원들이 공동으로 학습하고 주어진 공동목표를 달성함으로써 팀 보상을 받도록 하고 있다. 학습자 간 상호작용과 학습동기를 촉진시키는 데 유용하다. 그러나 학습과제의 개별화가 어렵기 때문에 그룹리더가 모든 활동을 주도하게 될 가능성이 높다.

직소는 과제분담학습을 말하는 데, 마치 조각그림 맞추기와 같이 하나의 주제내용을 팀 구성원의 수대로 나누어 할당하여 개인별로 맡은 부분을 학습하고, 이를 다른 구성원에게 가르치는 방식의 모형이다.

따라서 학습자 간에 활발한 상호작용이 일어날 수 있다는 장점이 있다. 그러나 학습수준이 낮은 학습자가 주어진 과제를 잘 수행하지 못하면 다른 학습자에게 부정적인 영향을 미칠 수 있다는 점에서 한계가 있다.

러닝투게더는 1945년 미국 미네소타 대학의 존슨과 존슨(David Johnson & Roger Johnson) 형제가 개발하였다. 5~6명의 이질적인 구성원이 모여 주어진 과제를 협동적으로 수행한다. 과제는 집단별로 부여하고, 보상도 집단별로 하며, 평가도 집단별로 받는다. 개인의 평가는 소속된 집단의 평균 점수를 받게 되므로 집단 내의 다른 구성원들의 점수가 개인의 성적에 영향을 준다. 집단의 평균 점수가 수준 이상에 도달하면 보너스 점수를 주기도 한다.

이 같은 협동학습 모형들은 기본적으로 다음과 같은 특징을 갖는다.

첫째, 긍정적 상호의존관계가 형성된다.

학습자 간에 서로 도와야 자신의 목적을 달성할 수 있도록 구조화되어 있어, 서로 긍정적으로 의존한다.

둘째, 대면적 상호작용을 한다.

학습자들은 서로 얼굴을 마주 대하며 관심을 가지고, 개방적이고 허용적 태도로 심리적 일체감을 형성한다.

셋째, 개별적 책무감이 있다.

학습자는 다른 학습자에 대한 개인적 의무와 책임이 있다. 개인이 취득한 점수를 팀 점수에 반영하고, 팀 전체 수행은 구성원 각자 수행에 다시 영향을 준다.

넷째, 학습목표의 명세화이다.

학습자는 학습목표를 분명히 인지하고, 목표달성을 위한 구체적인 활동을 수행한다.

다섯째, 집단구성원 간의 상호작용 기술을 익힌다.

학습자들이 원만한 인간관계를 가지고 적극적으로 학습활동에 참여하는 과정에서, 협동학습에서 요구되는 원칙과 기술(예를 들어, 의사소통기술 · 감정조절 · 상호신뢰 · 성공적 수행에 대한 격려와 보상 등)을 익힌다.

〈표 2-9〉 **협동학습 수업모형**

단계	학습과정	학습활동
1단계 내용선정	교사는 협동학습할 내용을 선정하고, 소집단을 구성하며, 과제해결의 규칙, 활동 시간 알려 주기	• 집단 협동과제를 명확히 인지함 • 과제해결을 위한 운영 규칙을 명확히 인지함
2단계 소집단 협동활동	• 소집단별로 과제운영을 주도하기 • 구성원들은 역할분담, 과제수행, 시간과 자료 · 정보의 활용방법에 대해 의사결정하기 • 교사는 필요 시 조언, 격려하기	• 협동과제의 목표를 분명히 인지함 • 구성원 간에 역할 분담을 하고, 함께 합의한 내용에 맞게 각자 과제를 수행함 • 과제 수행 중 상호 검토 보완해 가며 과제를 완성함
3단계 평가 및 보상	• 과제 수행 후 소집단별로 평가하기 • 소집단별로 시상하기	• 교사와 학습자들은 소집단별 과제 결과에 대해 평가함 • 소집단 간에 상호 조언과 칭찬함

(4) 토의학습법

두 사람 이상이 특정문제에 대하여 대화로 검토하고 협의하는 교수학습방법이다. 토의학습법은 '공동의 관심사가 되는 문제를 해결하기 위해서는 집단적 사고를 통하여 상호 의견을 주고받는 대화가 중요하다'(이인원 · 양진희 · 이은진, 2009)는 것을 전제로 하고 있다.

토의(discussion)는 참가자들의 협력적인 사고를 통하여 문제해결을 지향하는 과정이다. 이와 유사한 용어인 토론(debate)은 참가자들이 대립적인 주장을 통하여 결론에 도달하는 과정이라는 점에서 토의와 다르다(김민환 · 추광재, 2015). 그런데 토의와 토론의 개념이 서로 다르다 하더라도, 현실적으로 토의와 토론이 분리되어 진행되는 경우는 드물다. 토의를 하다 보면 토론이 되기도 하고 토론을 하다 보면 토의가 되기도 한다. 특히, 유아들을 대상으로 토의와 토론 수업을 진행할 때에는 더욱 그러하다. 오히려 이 두 방법을 함께 사용하는 것이 더욱 현실적이고 실용적이다(정문성, 2013).

다시 말하면, 두 사람 이상이 어떤 주제나 갈등상황을 함께 해결하고자 할 때, 논의하는 과정은 토의로 보여지나 이 안에는 토론의 성격도 포함하고 있다. 즉, 갈등 중심의 토론과 문제해결 중심의 토의를 크게 구분 짓고 있지 않다. 중요한 것은 토의 · 토론을 하는 과정에서 구성원들 상호 간에 의사소통과 공감을 경험하고 학습하게 된다는 것이다.

따라서 토의학습법은 민주시민으로서 필요한 사회적 태도와 기능을 키울 수 있는 학습방법이라는 가치를 지니고 있다고 할 수 있다.

토의가 효율적으로 잘 이루어지기 위해서는 주의 깊게 계획하고 준비해야 한다. 토의학습법의 절차는 다음과 같다(박숙희 · 염명숙 2013).

① 사전준비: 토의 목적, 토의 주제, 토의 방식, 시간계획, 토의에 필요한 자료, 집단크기 등을 결정한다. 특히, 토의 주제는 학습자의 능력, 흥미나 관심, 교육주제(교과내용 또는 생활주제 등)와 연계 등을 고려해야 한다.

② 토의환경: 토의 유형에 따라 토의장소, 좌석배치, 시설물 등에 대한 세심한 배려가 필요하다.

③ 토의진행: 학습자들끼리 자유롭게 상호작용하면서 토의가 이루어지도록 하며 교사도 구성원 중 한 사람으로 참여한다. 다만, 원활한 토의진행을 위하여 토의가 시작될 때 교사는 토의의 목적과 주제를 명확하게 제시해 준다. 토의의 규칙이나 방법도 미리 알려 준다. 또한 사회자와 기록자를 결정하도록 유도한다.

④ 토의결과 종합: 토의가 끝나면 결과를 종합하고 정리한다. 기록자는 정리

된 토의 결과를 발표하고 토의 목적에 부합했는지, 토의 진행에 문제는 없었는지 평가한다.

여러 연구자들이 제안한 토의학습 모형을 정리하면 〈표 2-10〉과 같다(이선영, 2016 ; 박찬옥 · 홍찬의, 2014 ; 김지영, 2012 ; 홍용희, 2000).

〈표 2-10〉 토의학습 모형

단계	학습과정	학습활동
1단계	문제상황을 이해하고 토의주제 확인하기	• 문제 관련 경험을 나눔 • 문제 이해를 돕는 질문함
2단계	• 자신의 입장 표명하기 • 타인의 주장에 반박하기	• 문제의 원인을 진단함 • 관련자의 마음을 추론함 • 문제해결방안을 제시함
3단계	• 타인 주장의 관점 이해하기 • 타인 주장의 근거 수용하기	• 자신과 타인의 의견에서 유사점과 차이점을 비교함 • 타인의 주장을 경청함 • 자신의 의견을 설득함
4단계	• 타인의 주장 공감하기 • 문제상황 관련자 마음 공감하기 • 공감적 최선안 합의하기 • 최선안을 자신에게 적용하기	• 타인의 주장에 공감함 • 관련자 마음에 공감함 • 최선안에 합의함 • 최선안을 자신에게 적용함

(5) 프로젝트 접근법

학습자의 자발적인 참여와 교사의 체계적인 교수가 통합되고 상호 보완된 균형 있는 교수학습방법이다. 프로젝트란 학습자의 관심, 시간, 에너지가 투자될 가치가 있는 한 주제에 대하여 대 · 소집단 또는 개인이 심도 있게 탐구하는 것을 말한다(박찬옥 외, 2015). 한 학급 전체가 프로젝트를 진행한다 하더라도 개별 학습자는 자신이 관심 있는 작은 소주제에 참여하면서 자신의 지식과 기술을 적용하여 문제를 해결한다.

프로젝트
학습자의 관심, 시간, 에너지가 투자될 가치가 있는 한 주제에 대하여 대 · 소집단 또는 개인이 심도 있게 탐구하는 것

프로젝트 접근법은 "학습자는 자신의 흥미가 중심이 되고 충분히 몰입할 수 있을 때 가장 잘 학습한다"는 것을 전제로 한다.

프로젝트 접근법은 듀이의 영향을 받은 킬패트릭(Kilpatrik)이 프로젝트라는 제

목으로 학습자의 자주적 연구활동을 제안한 후, 캐츠와 차드(Katz & Chard)가 1989년 '프로젝트 접근법'이라는 교수학습방법을 소개하면서 활성화되었다.

프로젝트 접근법은 학습자의 지식 · 기술 · 성향 및 정서를 발달시키는 것을 목적으로 한다. 예를 들어, 유아교실에서 프로젝트 접근법이 진행되는 동안 유아는 관심 있는 주제를 탐구하고 자발적으로 참여하여 새로운 지식을 습득한다. 그리고 관찰, 그림 그리기, 쓰기, 또래와 탐구하기 등 활동을 통해 유아의 학문적 기술은 발달된다. 또한 프로젝트가 반복되면서 유아는 문제에 호기심 갖기, 정보 찾기, 문제해결하기, 활동에 몰입하기, 지속적으로 탐구하기, 친구와 협동하기, 타인 인정하기 등과 같은 성향을 발달시켜 나간다. 더불어 프로젝트를 진행하면서 소속감, 자존감, 자신감, 수용감 등 주관적 정서와 긍정적 태도를 형성하게 된다.

프로젝트 접근법을 운영하기 위하여 교사는 프로젝트 준비단계를 계획하고 이후 프로젝트 도입 · 전개 · 마무리의 운영과정을 거친다.

주제망

주제에 대한 생각 모으기 활동 후, 소주제별로 목록화하고, 주제를 중심으로 망의 형태로 주제를 조직하는 것

〈표 2-11〉 **프로젝트 접근법의 학습 모형**

단계	학습과정	학습활동
1단계 교사의 준비	• 프로젝트 주제 선정 • 예비주제망, 예상되는 활동 구상 • 필요한 자원 목록 작성 • 프로젝트를 부모에게 알리고 협력 요청	• 유아에게 친숙한 주제는 무엇인가? • 유아들이 직접 경험할 수 있는 주제인가? • 실생활에 가까운 주제인가? • 다양한 표현활동을 할 수 있는 주제인가? • 여러 교과영역이나 학문영역을 통합적으로 다룰 수 있는 주제인가?
2단계 프로젝트 도입	• 유아들의 흥미 유발 – 프로젝트 관련 자료들에 대한 흥미와 관심 • 다양한 표상활동 – 생각 모으기(브레인스토밍) – 공동 주제망 구성하기	• 자료들을 보면서 호기심 가짐(신문기사 스크랩, 사진, 모형, 자연물 등) • 자료와 관련된 질문들 제기함(궁금이 상자, 주제망 옆의 질문봉투, 주제 관련 모양의 질문 종이 등을 이용하여 다양한 질문 제기) • 질문목록 작성함
3단계 프로젝트 전개	• 유아들이 제기한 질문에 대한 문제해결 • 새로운 호기심을 가지고 주제에 대한 다각적 접근 시도	• 문제해결을 위해 현장 견학 · 전문가 면담 등 직접 경험 또는 책이나 인터넷 정보를 활용하는 등 간접 조사 활동함 • 문제해결경험은 다양한 표현활동으로 이어짐 • 새로운 질문이 추가되기도 함

4단계 프로젝트 마무리	• 프로젝트 내용 정리 및 발표 • 상황에 따라 부모나 동생들을 초대하여 프로젝트 내용 공유 • 평가	• 프로젝트 운영과정 및 결과를 담은 소식지, 전시, 발표 등 제시함 • 프로젝트 운영경험에 대해 반성, 소감 나누기 활동을 함

생각해 보기

외톨이 유아가 또래관계를 잘 형성하도록 돕고자 한다면, 교사는 어떤 교수학습방법을 사용하면 좋을까?

연습문제

(1–7) 다음 문장을 읽고 옳으면 ○, 그르면 ×로 표시하시오.

1. 행동주의이론에서는 객관적으로 관찰할 수 없는 내면적 학습과정에 관심을 두지 않는다. (　　)
2. 반두라는 관찰학습의 인지과정을 제시한 인지발달이론가이다. (　　)
3. 프로젝트 접근법은 탐구활동을 통한 기본개념의 형성에 목적을 둔다. (　　)
4. 듀이는 문제해결학습의 과정에서 반성적 사고가 중요하게 작용한다고 주장한다. (　　)
5. 탐구학습법에서는 학습자인 유아를 작은 과학자로 간주한다. (　　)
6. 스캐폴딩은 학습자가 스스로 문제해결을 할 수 있도록 도움을 주는 교사의 지원적 역할을 가리킨다. (　　)
7. 피아제는 비고츠키와 달리, 사회적 상호작용이나 사회문화적 요인 등에는 전혀 관심을 두지 않았다. (　　)

(8–12) 다음 물음에 답하시오.

8. 조작적 조건화를 제시한 행동주의이론가는?

9. 지식의 구조화, 발견학습, 자식의 표상방식 등을 강조한 학자는?

10. 설명법을 통한 학습자의 인지구조변화를 주장한 학자는?

연습문제

11. 협동학습법의 한 모형으로 성취과제분담(STAD)이란?

12. 구성주의이론에서 강조하는 학습자의 역할은?

(13–15) 다음 용어를 간략히 정의하시오.

13. 반성적 사고

14. 귀납적 사고

15. 선행조직자

PART

II

교사와 영유아의 상호작용 및 영유아교사의 발문법

영유아를 위한 효율적인 교수학습 운영을 위해서 상호작용과 발문은 아주 중요한 요소다. 아무리 좋은 내용의 활동과 환경이 구성되어 있더라도 상호작용과 발문이 적절히 이루어지지 않으면 이 활동은 의미를 잃게 된다. 그러나 일상적인 상황이나 환경도 교사의 상호작용과 발문이 잘 이루어지면 의미 있는 활동이나 환경이 될 수 있다. 그러므로 영유아에게 적합한 교육내용을 가지고 어떻게 가르칠 것인가를 고려할 때 우리는 어떻게 상호작용하고 발문할 것인지에 대해 깊이 있게 고민해야 할 것이다.

제2부에서는 영유아를 위한 바람직한 상호작용 및 발문법에 대해 알아보기로 한다.

학습목표

- 상호작용과 발문의 중요성을 이해하고 영유아를 위한 적절한 상호작용과 발문법에 대해 알아본다.
- 발문의 개념 및 다양한 유형을 이해한다.
- 좋은 발문을 위한 전략을 이해하여 영유아 교육활동에 적용할 수 있다.

학습내용

지식	기술	태도
• 상호작용과 발문의 개념 • 상호작용과 발문의 유형 • 상호작용과 발문기술 및 전략	• 영유아와의 상호작용능력과 발문 • 상황에 맞는 발문계획능력 • 다양한 발문의 활용능력	• 영유아의 일상생활과 놀이를 관찰하는 태도 • 영유아의 발달과 흥미를 존중하려는 태도 • 다양한 발문을 활용하려는 적극적인 태도

주요용어

- 상호작용, 발문, 보육교사의 역할, 영아 상호작용, 유아 상호작용, 발문법
- 발문
- 발문의 개념
- 발문의 유형
- 좋은 발문

chapter

03

교사와 영유아의 상호작용

상호작용
교사-영유아 간의 언어적 · 비언어적 소통으로 영유아 교수학습 운영 시 중요한 요소

교사와 영유아의 상호작용은 영유아 교수학습의 질을 좌우하는 중요한 요소이다. 영유아교육기관 하루 일과 중 경험하는 일상생활과 놀이과정에서 영유아는 다양한 경험을 하게 되는데, 교사가 이를 좀 더 의미 있는 경험이 되도록 지원할 수 있는 것이 바로 상호작용이다. 그러므로 교사의 질적 상호작용은 영유아의 경험을 좀 더 의미 있게 할 수 있고, 좀 더 확장하고 심화시킬 수 있는 중요한 역할을 한다. 본 장에서는 영유아교육기관의 하루 일과 중에 영유아들의 일상생활과 놀이과정에서 필요한 교사의 역할과 적절한 상호작용에 대해 알아보고자 한다. 특히, 영아반과 유아반으로 나누어 좀 더 발달에 적합한 교사 역할과 상호작용 전략에 대해 알아보고자 한다.

1 영유아 교사의 역할

교사의 역할은 다양하다. 그중에서도 영아반과 유아반에서 특히 관심을 가지고 신경을 써야 하는 교사 역할에 대해 알아보기로 한다.

1) 영아반 교사의 역할

영아반 교사
0~2세반 교사를 영아반 교사라고 하며 영아의 발달에서 중요한 부분에 대한 교사 역할이 요구됨

영아반을 맡는 교사는 영아의 발달특성에 맞는 역할과 자질을 갖추고 있어야 한다. 영아기에 요구되는 보육의 내용을 이해하고 영아기에 적합한 보육을 실행할 때 영아가 좀 더 행복한 어린이집 생활을 할 수 있을 것이다. 여기서는 영아반 보육교사의 역할과 자질을 나누어 각각 제시하고자 하며 이를 통해 영아반 보육교사로서 갖추어야 하고 지원해야 하는 주요 내용을 점검해 보고자 한다.

영아반 교사로서의 역할로는 영아기의 주요 특성과 발달과업과 관련하여 안전한 환경을 제공하고, 신체발달을 위한 지원, 안정애착형성, 비언어적인 의사소통, 기본생활습관과 관련된 내용을 제시하고자 한다. 이러한 역할은 영

아들의 건강한 발달을 위해 교사로서 반드시 이해하고 실천해야 하는 역할들이다.

(1) 안전한 환경 제공

영아의 안전을 보장해 주는 것은 보육교사로서의 가장 기본적인 역할이다. 특히, 영아는 안전에 대한 인식이 미흡하여 교사가 민감하게 환경을 점검하고, 영아의 행동을 살피는 것이 필요하다. 놀잇감을 입으로 가져간다거나 놀잇감을 던진다거나 하는 놀잇감에 적합하지 않은 방법으로 놀이를 하는 영아들이 많아서 이것이 안전사고로 이어지는 경우가 많다.

교사는 우선 보육실 내 놀잇감과 기타 환경들을 늘 점검하여 영아가 혹시나 다치거나 위험해질 수 있는 환경을 제거하고 안전하게 지낼 수 있는 환경을 준비해야 한다. 더불어 영아는 갑작스럽게 놀잇감을 던지거나 놀잇감으로 부적절한 행동을 할 수 있으므로 영아의 행동을 섬세하게 관찰하고 살펴보아야 하겠다.

영아는 신체적으로 아직 균형감각이나 조절력이 부족하여 움직이다가 다치는 경우가 많으므로 주변환경에 위험요소를 제거하고 영아가 안전한 환경에서 자유롭게 도전해 볼 수 있도록 한다.

(2) 애착형성

영아기는 애착형성의 결정적 시기이다. 어린이집에 다니는 영아는 부모뿐 아니라 하루 종일 보내는 어린이집 교사와 애착을 형성할 수 있을 때 어린이집 생활을 편안하고 안정되게 할 수 있을 것이다. 특히, 가정에서보다 어린이집에서 더 많은 시간을 보내는 영아들은 교사와 지내는 시간이 늘어났고, 이때 영아와 교사의 관계는 아주 중요한 영아발달의 요인이 되었다. 영아기 애착형성은 우선 어린이집에서 안정적으로 생활하기 위한 기초이며, 이후 영아가 또래와 그리고 더 넓은 사회적 관계를 하는 데 있어서 아주 중요한 요인이 되므로 교사는 영아와 애착형성을 위한 노력을 하여야 할 것이다. 영아를 많이 바라봐 주고, 영아를 많이 안아 주며, 영아의 이름을 다정하게 불러 주고, 영아와 신체적 접촉을 많이 하는 등의 노력을 통해 교사는 영아와 안정애착을 형성할 수 있을 것이다.

(3) 신체발달을 위한 지원

영아기는 신체성장 급등기라고 할 만큼 눈에 띄게 신체적으로 성장하고 발달한다. 이때 중요한 것은 균형적인 영양섭취, 휴식, 배설 등의 일상생활과 영아의 신체발달을 위한 프로그램이나 활동 등의 교육적 지원 등이 필요하다.

영아의 어린이집 생활을 보면 먹고, 자고, 배변하는 일상이 대부분이다. 이러한 일상생활을 건강하게 할 때 영아는 건강하게 자랄 수 있으며, 신체활동이나 프로그램 등을 통한 전문적이면서도 교육적인 지원이 이루어질 때 영아의 신체발달을 적절하게 지원할 수 있을 것이다.

(4) 비언어적 의사소통

영아는 비언어적 소통을 많이 한다. 언어가 발달하는 과정에서 영아는 눈짓, 몸짓, 표정, 손으로 가리키기 등의 비언어적인 방법으로 의사소통 시도를 많이 한다. 이때 교사는 민감하게 영아의 신호를 읽고 영아의 입장에서 다시 말해 줌으로써 영아가 교사와 소통하고 있다고 느끼고 더불어 언어발달에도 도움을 줄 수 있을 것이다.

(5) 기본생활습관 형성 지원

영아기는 기본생활이 형성되어 가는 과정에 있다. 어린이집에서 매일의 일상 속에서 기본적인 생활을 반복하고 일관되게 해 봄으로써 점차 이러한 생활이 습관화되어 지속적으로 영아의 건강한 습관 형성에 도움을 줄 수 있게 된다. 영아반 교사는 기본생활을 잘하도록 강요하기보다는 일과 속에서 자연스럽게 반복해 봄으로써 조금씩 기본생활에 대한 태도와 습관이 형성될 수 있도록 모범을 보이고 도움을 줄 필요가 있다.

2) 유아반 교사의 역할

유아반 교사의 역할이 영아반과 많이 다른 것은 아니다. 단, 유아기의 발달 특성과 관련하여 좀 더 관심을 가져야 하는 부분이 있다. 유아기는 지적 호기심이 늘어나고 주도적으로 학습해 가려는 태도가 발달한다. 이 과정에서 사고발달이 이루어지는 데, 이러한 특성과 관련하여 교사의 역할이 좀 더 필요하다. 더불어 유아기는 사회적 기술이 많이 발달하는 데, 또래들과의 일상생활과 놀이를 통해 다양한 관계를 경험하고 이 과정에서 갈등과 협력을 학습하게 된다. 이때 교사는 중요한 영향을 미칠 수 있다.

유아반 교사
3~5세 유아를 돌보는 반으로 유아의 발달에서 중요한 부분에 대한 교사 역할이 필요함

이와 같이 유아반은 연령이 증가함에 따라 이 시기에 특히 발달하는 부분이 있는 데, 이에 교사는 관심을 가지고 중요한 역할을 해야 한다. 여기서는 사고발달을 지원하는 역할, 사회관계기술을 돕는 역할, 놀이지원자로서의 역할, 정서발달을 지원하는 역할, 평가자로서의 역할에 대해 알아보기로 한다.

(1) 사고발달 지원

유아기에는 지적 호기심이 발달한다. 자신이 관심 있는 분야에 대해 좀 더 많이 알고자 하고 좀 더 깊이 이해하고자 한다. 유아는 자신이 관심 분야를 해 나가는 과정에서 성취감을 느끼고 주도적으로 학습한 내용에 대해 좀 더 확장하고자 한다. 그러므로 교사는 유아의 관심과 흥미를 반영하여 자신의 관심과 흥미를 주도적으로 알아 나갈 수 있는 기회를 제공하고, 유아가 필요한 자료나 환경을 제공하는 역할을 해야 한다. 이때 유아는 자신의 학습과정에서 적극적으로 사고하게 된다. 또한 학습과정에서 생기는 지적 호기심에 대해 교사가 직접적으로 알려 주거나 하기보다는 유아 스스로 알아내 보려는 동기부여를 통해 학습의 과정을 즐기고 사고하고 발전시키는 태도를 기르고 성취감을 느낄 수 있도록 지원해야 한다.

(2) 사회관계기술 지원

유아기는 사회적 관계가 확장된다. 함께 놀고 함께 의논하고 함께 학습하는 기회가 많아지며 이를 즐긴다. 그러나 이 과정에서 갈등도 많이 일어난다. 자신의 생각과 다른 또래와 갈등을 빚으며 속상하기도 하고 또 화나기도 한다. 그래서 공격적인 말이나 행동이 나타나기도 한다. 교사는 이때 유아들의 갈등상황을 잘 이해하고 적절한 중재를 함으로써 유아들이 갈등과정에서 어떻게 갈등을 해결해야 하는지에 관해 학습할 수 있도록 도와야 할 것이다. 더불어 교사는 유아들끼리 함께 할 수 있는 활동의 기회를 제공하여 서로의 생각을 나누고 이해하고 협의해 보는 기회를 주고 이를 통해 유아의 사회기술이 발전할 수 있도록 도와야 한다.

(3) 놀이 지원

유아기에는 활발한 놀이활동을 통해 다양한 학습의 기회를 갖게 된다. 즉, 놀이를 통해 학습하고 놀이를 통해 학습한 내용이 확장되고 심화되어 간다. 교사는 놀이를 통해 다양한 학습이 이루어질 수 있도록 유아의 관심과 흥미에 맞는 놀이활동이나 환경을 제공해야겠다. 또한 유아들의 자연스러운 놀이과정을 잘 살피고 유아들의 놀이가 좀 더 확장되고 심화될 수 있도록 적절한 상호작용과 발문을 해야 한다. 유아들의 놀이 속에 담겨진 교육적 의미를 잘 분석하여 이를 발전시켜 줄 수 있는 환경과 활동, 상호작용 등을 적극적으로 제공해야 한다.

(4) 정서발달 지원

어린이집에서 오랜시간 일상생활을 하고 놀이활동을 하며 유아는 다양한 정서를 표현하게 된다. 이 과정에서 유아가 자신이 느끼는 정서를 적절하게 표현하여 정서를 잘 조절할 수 있도록 도와야 한다. 유아기에는 주도적으로 하고자 하는 것들이 많아지고, 또래와의 관계도 다양해지며, 지적 욕구들도 많이 생겨난다. 이를 해결해 나가는 과정에서 다양하게 느끼는 정서를 인정해 주고 적절하게 표현하며 조절할 수 있도록 교사가 모범을 보이고 적절히 지원해 주어야 한다.

(5) 평가자로서의 역할

유아의 일상생활과 다양한 활동과정에서 나타나는 유아들의 말과 행동 등을 잘 관찰하고, 더불어 교사가 계획한 활동들이 진행되어 가는 과정 등을 평가하여 이후 유아에게 좀 더 적합하고 발전적인 활동과 프로그램을 제공할 수 있도록 한다. 평가란 유아를 좀 더 잘 이해할 수 있고 이러한 이해를 바탕으로 유아의 발달에 적합하고 발달을 지원할 수 있는 더 나은 활동과 환경을 제공하는 데 중요한 자료가 될 수 있다.

2 교사와 영유아의 상호작용 전략

1) 바람직한 상호작용을 위한 전략들의 연속체

코프와 브리데캠프(Copp & Bredekampe, 2009)는 효율적인 교수학습 운영을 위한 상호작용 전략을 연속체로 제시하고 있다. 교사는 영유아와 상황에 맞는 상호작용 전략을 사용하여 교수학습 효율성을 높여야 할 것이다. 이들이 제시하는 교수학습 운영을 위한 상호작용 전략은 지시적 유형, 중재적 유형, 비지시적 유형으로 분류할 수 있으며 지시적 유형으로 지시하기, 시범 보이기, 중재적 유형으로 함께 구성하기, 비계 설정하기, 지원하기, 비지시적 유형으로 촉진하기, 모델 보이기, 인정하기로 나눠 볼 수 있다. 이들 전략은 "어느 것이 나쁘고(부적합하고) 좋은(적합한) 것이다"라고 단정할 수 없으며, 상황에 따라 영유아와 교사 간에 바람직한 상호작용이 이루어지기 위해 교사가 선택하게 되는 전략이라고 할 수 있다. 다만, 〈표 3-1〉에서와 같이 교수학습 운영을 위한 상호작용 전략으로서, 왼편으로 갈수록 교사지시적 성격을 띤다면, 오른편으로 갈수록 비지시적 성격을 띠는 연속체를 나타낸다고 할 수 있다.

(1) 지시적 유형

① 지시하기

지시하기
영유아가 특정한 방법으로 수행하기를 원할 때 수행내용과 방법을 구체적으로 알려 주는 것

지시하기는 영유아가 특정한 방법으로 수행하기를 원할 때 수행내용과 방법을 구체적으로 알려 주는 것이다. 예를 들어, 영아가 식사시간에 숟가락과 포크 사용에 어려움이 있을 때 "숟가락을 손가락으로 쥐고 밥을 풀 수 있어"와 같이 숟가락 사용법에 대해 구체적으로 알려 주는 것이다. 이처럼 수행방법이 정해져 있는 경우 이를 정확하게 알려 주어야 할 때 지시하기를 사용할 수 있다.

② 시범 보이기

시범 보이기
교사가 영유아가 수행해야 하는 행동을 직접 해 보임으로써 영유아의 모방을 통해 기대되는 행동이 이루어질 수 있도록 하는 것

시범 보이기는 교사가 영유아가 수행해야 하는 행동을 직접 해 보임으로써 영유아의 모방을 통해 기대되는 행동이 이루어질 수 있도록 하는 것이다. 양치질을 하는 영아가 입에 칫솔을 물고 그대로 서 있을 때 교사가 직접 양치질하는 모습을 보이며 "양치질을 해 보자. 양치질을 할 때는 이렇게 칫솔을 이에 대고 깨끗하게 닦아 주는 거야" 해 준다. 이때 영아들은 교사의 양치질 모습을 모방하며 바른 양치질 방법을 익혀나갈 수 있게 된다. 영유아의 행동변화가 필요할 때도 교사는 시범 보이기를 할 수 있다. 자유놀이시간에 사용한 놀잇감을 그대로 두고 정리하지 않는 유아에게 교사가 직접 정리하는 모습을 보여 주며 "내가 사용한 놀잇감을 이렇게 제자리에 정리해 두면 나중에도 잘 찾아서 쓸 수 있어" 해 준다. 야단치고 지적하기보다 교사가 영유아의 입장에서 시범을 보이며 영유아는 자연스럽게 교사의 바람직한 행동을 모방하게 되는 것이다.

(2) 중재적 유형

① 함께 구성하기

함께 구성하기
영유아와 함께 공동의 목표를 가지고 놀이를 하는 것

함께 구성하기는 영유아와 함께 공동의 목표를 가지고 놀이를 하는 것이다. 예를 들면, 쌓기 영역에서 블록을 높이 쌓고 있는 영아가 교사를 쳐다볼 때 "선생님도 같이 할까? 그럼 선생님이 블록 하나 올려 볼게. 민찬이도 하나 올려 보자"라고 할 수 있다. 영아는 교사가 놀이를 함께함으로써 자신감을 가지고 더 적극적으로 놀이에 참여할 수 있게 된다. 유아반의 경우는 교사를 자신들의

놀이에 초대해 함께하기를 원할 때가 있다. 아이스크림 가게를 구성하고 아이스크림을 사고 파는 역할놀이를 하던 유아가 선생님도 참여하기를 바랄 때 "그럼 선생님은 딸기 아이스크림 하나 만들어 주세요! 정말 맛있어요"처럼 놀이의 파트너로서 함께 놀이를 구성해 나갈 수 있게 된다.

② 비계설정하기

비계설정하기는 영유아가 스스로 할 수는 없지만 잠재적 능력으로 도움을 받아 할 수 있도록 도움을 주는 것이다. 교사는 영유아의 실제적 수준과 도움을 받아 할 수 있는 잠재적 수준에 대한 파악을 하여 적절한 도움을 제공하고 영유아가 스스로 하게 되었을 때 이러한 도움을 서서히 제거할 수 있다. 예를 들어, 뒤집기를 성공한 영아가 엎드려서 자신 앞에 놓인 물건을 응시하고 잡으려고 할 때 교사는 이동능력이 없는 영아가 물건을 잡는 것이 어려울 수 있으나 적절한 비계설정을 통해 영아가 움직여 스스로 물건을 잡아 볼 수 있도록 할 수 있다. 즉, 물건의 위치를 영아의 손이 닿을 듯 말 듯 한 곳에 두어 영아의 움직임을 자극하는 것이다. 그리고 교사는 "그래 은지야 여기 장난감 있어, 여기야!" 하며 물건이 놓인 곳에서 영아를 자극할 있다. 이 경우 영아는 점점 몸 움직임이 활발해지며 대상을 향해 배밀이나 기어가기를 시도하게 된다. 이처럼 교사는 영유아의 지금 현재 수준보다 한 단계 발전할 수 있는 수준을 정확히 파악하여 적절한 도움을 줄 때 영유아의 발달을 잘 지원할 수 있게 된다.

비계설정하기
영유아가 스스로 할 수는 없지만 잠재적 능력으로 도움을 받아 할 수 있도록 도움을 주는 것

③ 지지하기

지지하기는 교사가 영유아의 활동을 지속적으로 관심과 자신감을 가지고 할 수 있도록 격려하는 것이다. 영유아의 활동을 그대로 반영하여 상호작용하거나 잘해 나가고 있다는 등의 자신감을 가질 수 있다는 메시지를 보내는 것이다. 예를 들어, 높이 달려 있는 바구니에 콩주머니를 던져 넣은 활동을 하는 유아에게 "그래 콩주머니를 높이 던졌구나. 잘 던지고 있어. 어, 콩주머니가 바구니에 들어갔어"처럼 교사가 유아의 활동에 관심을 가지며 유아의 활동사항에 대해 이야기해 주며 잘해 나가고 있다는 긍정적인 메시지를 제공하는 것이다. 유아는 활동 중에 이러한 지지를 받으면 자신의 활동을 좀 더 적극적으로

지지하기
교사가 영유아의 활동을 지속적으로 관심과 자신감을 가지고 할 수 있도록 격려하는 것

자신 있게 해 나갈 수 있게 되는 것이다.

(3) 비지시적 유형

① 촉진하기

촉진하기
영유아의 활동에 부분적인 도움을 주어 영유아가 좀 더 원활하게 자신의 활동을 전개해 나갈 수 있도록 돕는 것

촉진하기는 영유아의 활동에 부분적인 도움을 주어 영유아가 좀 더 원활하게 자신의 활동을 전개해 나갈 수 있도록 돕는 것이다. 교사의 이러한 도움은 유아가 다음 수준으로 향상되는데 많은 힘이 될 수 있다. 또한 약간의 도움으로 영유아가 다음 활동에 대한 자신감을 갖고 수행할 수 있게 된다. 예를 들어, 쌓기 영역에서 구조물을 만들고 있는 유아가 구조물이 자꾸 무너져 내려 어려움을 겪고 있을 때 "여기에 큰 블록을 하나 끼워 주면 어떨까?"라며 무너지는 부분의 지지대가 될 만한 블록을 제공하고 보여 준다면 유아는 이것을 발판으로 더 높이 구조물을 만들어 나갈 수 있게 된다. 이처럼 교사가 민감하게 영유아의 활동을 지켜보며 적절한 도움을 제공한다면 다음 수준의 활동으로 가는데 아주 중요한 기회가 될 수 있게 된다.

② 모델 보이기

모델 보이기
영유아가 바람직한 행동을 할 수 있도록 그러한 행동을 교사가 실제 상황에서 보여 주는 것

모델 보이기는 영유아가 바람직한 행동을 할 수 있도록 그러한 행동을 교사가 실제 상황에서 보여 주는 것이다. 모방하기를 좋아하고 잘하는 영유아들이 교사의 태도를 보며 이를 따라 할 수 있도록 모범을 보이는 것이다. 예를 들어, 또래들의 놀이에 끼어들지 못하고 쳐다보고만 있는 유아 앞에서 교사가 놀이에 참여하기 위해 "얘들아, 나 들어가서 같이 놀아도 돼?"라고 이야기하는 모습을 보여 줌으로써 유아가 또래들의 놀이에 참여하려고 할 때 교사의 이러한 모습을 따라 해 볼 수 있게 된다. 이처럼 모델 보이기는 직접적으로 제안하거나 지시하지 않고 영유아에게 기대되는 행동을 자연스럽게 보여 줌으로써 영유아가 이를 모방하며 바람직한 태도나 행동을 본받아 가는 효과를 거둘 수 있다.

③ 인정하기

인정하기
영유아의 말과 행동을 그대로 이해해 주는 것

인정하기는 영유아의 말과 행동을 그대로 이해해 주는 것이다. 영유아가 하는 말이나 행동에 대해 그대로 바라봐 주며 고개를 끄덕이거나 하는 것도 인정

하기가 될 수 있으며, 교사가 영유아의 말과 행동을 언어적으로 그대로 읽어 주는 것도 인정하기가 될 수 있다. 예를 들어, 인형을 안고 재워 주는 흉내를 내는 영아에게 "아기를 재워 주는구나. 아기가 잘 자고 있네"로 이야기해 주는 것이다. 이를 통해 영유아는 자신의 행동과 말에 자신감을 가질 수 있으며 존중받고 있다는 생각을 하게 된다. 미술영역에서 놀이하고 있는 유아에게 "종이를 찢어서 붙이고 있구나"라고 유아의 행동을 그대로 읽어 주는 인정하기를 하게 되면 유아는 자신에 대한 관심과 존중을 느끼고 자신의 활동에 대한 자신감을 느끼며 적극적으로 참여할 수 있게 된다.

〈표 3-1〉 교수학습 운영을 위한 상호작용 전략의 연속체

지시적 유형	중재적 유형	비지시적 유형
• 지시하기 • 시범 보이기	• 함께 구성하기 • 비계설정하기 • 지지하기	• 촉진하기 • 모델 보이기 • 인정하기

2) 영아를 위한 상호작용 방법

(1) 영아의 자율성 격려하기

영아기는 자신에 대한 이해를 바탕으로 점점 자율성이 출현하고 발달해 간다. 다양한 대상에 대한 관심과 호기심으로 탐색을 하게 되며, 이에 대한 인정과 관심이 영아에게 주어질 때 영아는 이를 바탕으로 자신이 존중받고 있다고 느낄 수 있다. 교사가 영아를 앞서서 끌어가기보다는 영아의 반응을 기다려 주고, 스스로 탐색할 수 있는 기회를 제공한다. 영아가 대상을 탐색하고 조작해 보는 데 있어서 느리거나 제대로 하지 못한다고 해서 교사가 앞서서 가르치듯이 지도하는 것은 바람직하지 않다. 교사는 늦게 가더라도 영아가 먼저 시도하고 도전할 수 있도록 환경을 구성하고 영아가 시도하고 도전할 때 적절하게 개입하여 지원해 줌으로써 영아의 자율성과 성취감을 향상시켜 줄 수 있다.

영아의 자율성

영아기는 자아에 대한 인식을 바탕으로 자신이 스스로 무언가를 해 보려고 하는 자율성이 발달함

(2) 영아의 의사소통 격려하기

영아가 듣고 말하는 것을 즐거워하고, 상황에 맞는 언어를 이해하여 적절하게 표현하고 읽고 쓰는 것에 관심을 가지면서 다른 사람에게 표현하고 다른 사람과 소통하는 것을 즐거워하도록 성장하려면 다음과 같은 상호작용 전략이 필요하다.

- 영아와의 친밀하고 의미 있는 관계형성이 우선이다.
- 매일 반복되는 일상생활의 의사소통상황에 영아와 함께 즐겁게 참여한다.
- 언어사용의 좋은 모델이 된다.
- 매일 책을 읽어 준다.
- 긁적거리기를 할 수 있도록 한다.
- 언어발달을 자극할 수 있는 환경을 구성한다.

(3) 영아의 문제해결력 격려하기

영아의 문제해결력을 격려하기 위해서는 영아의 과정과 시도에 대한 격려가 필요하다. 그러나 영아의 과정과 시도에 시행착오가 많고 이런 경우 영아가 부정적 정서표현을 하게 된다. 교사는 이를 야단치거나 하지 않고 영아들의 새로운 시도와 다양한 방식에 교사는 세심하게 관찰하여 인정하고 수용해 주어야 한다. 영아가 해결하려고 노력하는 과정에 관심을 갖고 약간의 힌트를 주어 영아가 스스로 해결해 볼 수 있도록 하고 이러한 과정에 대한 격려를 해 줄 때 영아는 적극적으로 문제를 해결할 수 있는 능력과 태도를 기를 수 있게 된다.

예를 들어, 뚜껑 퍼즐 끼우는 것에 어려움을 느껴 짜증을 내고 있는 영아에게 "잘 안 끼워져서 화가 났구나. 이렇게 한 번 돌려서 해 볼까?"라며 퍼즐 끼우기에 대한 관심을 가지고 약간의 개입을 하여 영아가 마무리를 할 수 있도록 한다면 문제해결과정에서의 정서조절과 함께 좀 더 적극적으로 문제해결을 할 수 있는 능력향상에 도움을 줄 수 있다.

(4) 영아의 성취 인정하기

영아는 다양한 시도를 하게 되고 그 과정에서 자신의 시도와 성취에 대해 인정받기를 원한다. 자신이 한 것을 손가락으로 가리키며 보여 주기도 하고 교사의 손을 끌며 자신의 성취를 보여 주기도 하며 다양한 방법으로 자신의 성취를 보여 주기를 원한다. 이때 그 성취가 어떤 것이든 영아가 한 것에 대해서 인정하고 수용해 주는 것이 필요하다. 특히, 결과물에 치우친 칭찬이나 인정보다는 노력하는 과정에 대한 인정을 통해 영아가 자신의 성취에 대한 확신을 가지고 적극적으로 시도하고 도전할 수 있도록 격려할 수 있게 된다. 점토에 나무 막대기를 꽂고 있는 영아에게 "은찬이가 열심히 꽂아서 이렇게 많아졌어."와 같이 영아의 노력과 그로 인한 결과를 인정하는 상호작용을 함으로써 영아는 자신감과 자존감이 커질 수 있다.

(5) 정보 및 모델기술 제공하기

새로운 정보나 모델기술을 제공하는 것은 영아가 세상을 이해하고 이에 적응하는 데 도움을 줄 수 있다. 정보를 제공하는 경우 영아에게는 직접적으로 지시하거나 가르치기보다는 영아가 관심을 가지고 있는 대상이나 상황에 대한 상호작용을 함으로써 영아가 정보를 얻는 데 많은 도움을 줄 수 있다. 예를 들어, 돌멩이를 만지고 있는 영아에게 "은정이가 돌멩이를 만지고 있어. 돌멩이가 딱딱해. 동그랗게 생겼네."와 같은 상호작용을 해 주어 돌멩이에 대한 정보를 제공할 수 있다. 이처럼 영아에게 정보를 제공하기 위해서는 영아가 관심을 가지고 있는 대상에 대해 함께 관심을 보이며 그 대상의 이름이나 특성 등을 이야기해 주는 방법이 효율적이다. 또한 모델기술을 제공하기 위해서는 '모범 보이기' 등의 전략으로 영아가 모방하며 학습할 수 있도록 도울 수 있다. 바르게 인사하는 방법을 가르쳐 주기 위해 교사는 일상생활에서 인사하는 모습을 상황에 맞게 보여 줌으로써 영아에게 적절한 모델기술을 제공할 수 있게 된다.

3) 유아를 위한 상호작용 방법

(1) 유아의 주도성 격려하기

유아는 자신이 중심이 되어 주도적인 활동을 하려고 한다. 탐구과정에서 다양한 시도를 하며 자신의 생각과 의도를 내세우려고 하고 예술활동에서도 또래들보다 앞서 자신의 능력을 보여 주려고 한다. 그 외 다양한 활동에서 유아는 자신이 잘할 수 있다는 것을 보여 주려고 하고 이에 대한 인정을 받으려고 한다. 교사는 유아가 주도적으로 자신의 활동을 리드해 나갈 수 있도록 지원하고 혹시 실수나 시행착오를 겪더라도 비난하기보다는 격려하여 자신의 활동에 대한 자신감을 가질 수 있도록 해야 한다. 자신이 주도적으로 해 나가는 활동에 대해 인정받고 성취하게 되면 유아는 모든 활동에 적극적으로 임하는 태도를 형성하게 된다. 이를 위해 교사는 유아가 주도적일 수 있는 기회를 많이 제공하는 것이 필요하다. 예를 들어, 배식시간에 유아가 직접 반찬을 또래에게 나누어 주도록 하거나 미술활동시간에 재료를 또래들에게 나누어 주는 등의 주도적인 활동을 제공함으로써 유아가 주도적으로 활동에 참여하고 또래들을 리드해 볼 수 있는 기회를 제공하는 것이 필요하다.

유아의 주도성

유아는 자신이 중심이 되어 주도적인 활동을 하려고 하며 자신이 주도적으로 해 나가는 활동에 대해 인정받고 성취하게 되면 모든 활동에 적극적으로 임하는 태도를 형성하게 됨

(2) 유아의 의사소통 격려하기

유아기는 사고발달과 언어발달이 급속도로 이루어지고 그래서 교사와 유아 사이에 언어적 상호작용이 많아진다. 물론 비언어적인 상호작용도 이루어진다. 언어적 · 비언어적 상호작용을 통해 교사와 유아 사이에 의사소통이 잘 이

루어지며 이를 통해 유아는 자신의 생각과 느낌을 적절한 방법으로 표현하고 나눌 수 있는 의사소통능력이 향상될 수 있다. 이를 위해 다음과 같은 교사의 역할이 필요하다.

- 교사는 유아의 개별적 요구나 질문을 집중하여 듣는다. 교사는 유아가 요구나 질문을 할 때 유아에게 시선을 맞추고 고개를 끄덕이는 등 수용적 표정을 지으면서 영유아의 말을 끝까지 듣는다.
- 유아의 개별적 요구나 질문에 적절한 말로 민감하게 반응한다. 실내 · 외 놀이 시 유아의 개별적 놀이나 활동이 활발히 이루어지고 유아의 개별적 요구나 질문이 많이 일어나므로, 교사는 전체 유아를 항상 관찰하고 있다가 개별적인 요구나 질문에 즉시 언어적으로 반응한다. 일상적 양육시간에도 교사는 자신이 해야 할 역할에만 집중하지 않고 개별 유아가 요구해 오는 다양한 내용에 대해 즉시 민감하게 언어적 반응을 해 준다.
- 교사는 유아가 이해할 수 있는 내용으로 부드럽게 이야기한다. 교사는 불필요하게 길게 설명하거나 교사 주도적으로 지식과 정보를 제공하려고 하지 않고 부드러운 표정과 톤으로 유아가 이해할 수 있는 어휘와 짧고 정확한 문장으로 이야기한다.
- 교사는 위협, 비난, 조롱 등 부정적 평가 언어를 사용하지 않는다. 유아의 행동을 비난하는 말 대신에 유아가 해야 할 구체적인 행동을 알려 주며 영유아의 행동을 제지하는 명령, 지시, 통제 언어 대신에 유아의 행동을 긍정적으로 이끄는 언어를 사용한다.
- 유아가 허용적인 분위기에서 자유롭게 질문하고 개별적 요구를 표현하도록 기다려 준다. 교사는 유아가 자유롭게 자신의 요구나 질문을 하였을 때 질문을 계속 유도하는 허용적이고 격려하는 말을 한다.
- 유아의 요구나 질문에 대해 미소, 집중하기 등 비언어적 상호작용을 한다. 교사는 유아의 요구나 질문에 대해 언어적 표현과 함께 끄덕이기, 미소짓기, 경청하는 표정, 수용적 억양, 영유아에게 따뜻한 시선 보내기, 영유아와 눈 맞추기 등의 행동을 상황에 맞게 사용한다.

(3) 유아의 또래와의 상호작용 격려하기

유아기에 사회성발달이 많이 이루어진다. 또래와의 다양한 경험을 통해 또래와의 관계형성에 대해 인식하게 되고 발전하게 되는데, 이때 교사는 교사–유아 상호작용과 더불어 유아들 간 상호작용 또한 격려하여 유아가 또래와의 상호작용을 원활하게 할 수 있도록 지원해야 한다. 이를 위해 교사는 유아 또래 간의 상호작용이 긴밀히 이루어지도록 유아들의 언어나 행동, 표정, 놀이 진행과정 등을 잘 관찰하여 적절한 시기에 긍정적 상호작용을 격려한다. 일과에서 또래와 함께 긍정적 정서를 표현하는 경험을 나누며, 느껴지는 생각과 느낌을 말과 행동으로 표현하도록 격려한다. 또한 유아가 또래와 다양한 경험을 서로 나누고 배우며, 배려하는 경험을 할 기회를 자연스럽게 제공한다. 예를 들면, 또래 간의 나누기, 기다려 주기, 도와주고 도움받기, 놀잇감을 서로 나누어 사용하기, 놀잇감을 사용하고 있는 친구에게 물어보고 나서 가져가기, 또래에게 나도 놀이에 참여해도 되는가를 묻는 등의 기회가 생길 때 교사의 격려가 필요하다.

더불어 유아 간 다툼이나 문제상황이 발생하였을 경우, 교사는 유아에게 먼저 스스로 문제를 해결할 수 있는 기회를 주고 관찰하며, 필요할 경우 대안을 제시하기도 한다. 유아가 직접적인 해결을 원하여 교사에게 또래의 잘못을 설명할 경우 두 명 모두 상대방의 입장을 들어볼 수 있는 기회를 갖도록 한다.

예를 들어, "○○이는 △△이가 하는 말을 들었지? △△이도 어떤 생각을 하는지 ○○에게 말해 줄 수 있겠니?" 라고 해 주거나 유아가 상대방의 입장을 잘 이해하지 못할 경우 상대방의 입장에서 생각해 보고 표현해 보도록 한다. 또 교사도 신중히 유아의 이야기를 듣는 모델을 보여 준다. 예를 들어, "○○이가 만약에 △△이가 되었다고 생각해 보자. 그러면 △△이는 어떤 느낌일까?" 라는 상호작용을 해 볼 수 있겠다. 유아 간에 서로 문제를 해결하였을 경우 교사는 칭찬을 해 주고 이러한 행동이 지속되도록 격려한다. 이러한 과정을 통해 유아는 또래와의 관계에서의 상호작용과 의사소통에 잘 대처할 수 있게 된다.

(4) 유아의 문제해결력 격려하기

교사는 유아가 관심을 보이며 궁금해 하는 것이 있을 경우 관심을 지속시키고 확장해 주기 위해 스스로 탐색할 시간을 충분히 제공하고 언어적 상호작용을 해 준다. 다음에 진행될 현상이나 과정을 미리 지시하거나 설명하며 인과 결과를 미리 알려 주는 정보적 언어를 사용하기보다는 그 과정을 생각해 보고 스스로 해결해 볼 수 있는 기회를 제공하는 것이 중요하다. 이때 적절한 발문은 유아의 사고를 확장시킬 수 있다. “우리가 키우는 방울토마토가 잘 자랄 수 있도록 하려며 어떻게 해야 할까?”, “올챙이를 잘 돌보려면 어떻게 해야 할까?” 등의 유아 스스로 생각하고 해결점을 찾아볼 수 있도록 자극하는 발문을 하는 것이다. 그리고 다양한 유아들의 해결방법에 대한 생각을 수용하고 인정해 줌으로써 적극적으로 사고할 수 있는 유아가 될 수 있다.

(5) 유아의 성취 인정하기

유아는 자신만의 독특한 반응이나 생각을 자발적으로 표현해 보는 활동에 참여하고 싶어 한다. 이 과정에서 자신의 성취를 인정받기를 원한다. 교사는 유아가 경험하는 과정을 즐기도록 말과 표정, 몸짓, 억양 등으로 격려한다. 끄덕이기나 미소짓기 등의 반응을 보이면 좋다.

"와, 그렇게 몸을 흔들어 보았니?", "물감을 섞으니까 다른 색이 나오는구나.", "아주 재미있게 보이는 데 선생님도 ○○이처럼 흔들어 봐야지.", "그렇게 튕겨도 소리가 나는구나" 등으로 유아의 활동과 성취에 관심을 보이고 구체적인 유아의 활동이나 행동에 대한 인정을 통해 유아는 자신의 성취가 인정받는다는 것을 느낄 수 있다. 이러한 성취 인정하기를 통해 유아는 자신감을 갖게 되며 자존감 또한 향상될 수 있다.

(6) 정보 및 모델기술 제공하기

유아기에는 지적 호기심이 발달하면서 다양한 정보에 대해 질문하거나 알고 싶어 한다. 유아가 일과 중 언제나 원할 때에 자신의 생각이나 느낌, 욕구를 표현하게 하고 유아가 표현했을 때 즉각적으로 반응해 준다. 또한 유아가 자신의 생각이나 느낌, 욕구를 표현하기 위해 많이 기다리도록 통제받거나 지시받는 경우가 없도록 한다.

연령과 흥미에 적합한 그림책을 개별적으로 읽고 듣는 경험을 하고, 유아의 다양한 질문에 대해 이야기 나눈다. 유아가 시도한 다양한 질문이나 이야기에 대해 적절하게 반응하는 데, 책에 그려진 그림에 대해 질문하기, 이야기와 연관되어 떠오르는 자신의 경험 이야기하기, 인물이나 상황에 대한 이야기할 때 등에 반응하는 것이다. 또한 유아의 질문에 대해 유아가 말한 내용을 그대로 수용하기, 다시 질문하기, 유아가 또 다르게 생각해 보도록 제안하기, 유아들과 함께 상상적 생각을 해 보기 등을 한다. 직접적으로 지식 정보에 대해 가르쳐 주는 지시하기, 교수하기 등의 방법을 사용할 수도 있으나 유아 스스로 생각해 볼 수 있도록 교사가 함께 구성하기, 비계설정 등을 통해 적극적으로 알아 나갈 수 있도록 돕는 것도 좋다.

생각해 보기

영아와 유아에 대한 상호작용에 있어서 가장 큰 차이점은 무엇일까? 그리고 왜 이런 차이가 있어야 할까?

연습문제

1. 다음의 상호작용 전략 중 비지시적 유형에 포함되지 않는 것은 어느 것인가?
   ① 모델 보이기 ② 촉진하기
   ③ 인정하기 ④ 지시하기

2. 다음의 상호작용 전략 중 중재적 지시적 유형에 속하는 것은 어느 것인가?
   ① 비계설정하기 ② 함께 구성하기
   ③ 시범 보이기 ④ 지지하기

3. 영아의 의사소통을 격려하기 위한 상호작용 전략으로 잘못된 것을 고르시오.
   ① 영아와의 친밀하고 의미 있는 관계형성에 신경 쓴다.
   ② 책을 통해 글자를 가르친다.
   ③ 언어사용의 좋은 모델이 된다.
   ④ 긁적거리기를 할 수 있도록 한다.

4. '영유아가 특정한 방법으로 수행하기를 원할 때 수행내용과 방법을 구체적으로 알려 주는 상호작용' 전략을 고르시오.
   ① 모델 보이기 ② 촉진하기
   ③ 인정하기 ④ 지시하기

5. '교사가 영유아가 수행해야 하는 행동을 직접 해 보임으로써 영유아의 모방을 통해 기대되는 행동이 이루어질 수 있도록 하는 상호작용' 전략을 고르시오.
   ① 비계설정하기 ② 함께 구성하기
   ③ 시범 보이기 ④ 지지하기

6. '영유아와 함께 공동의 목표를 가지고 놀이를 하는 상호작용' 전략을 고르시오.
   ① 비계설정하기 ② 함께 구성하기
   ③ 시범보이기 ④ 지지하기

7. '영유아가 스스로 할 수는 없지만 잠재적 능력으로 도움을 받아 할 수 있도록 도움을 주는 상호작용' 전략을 고르시오.
   ① 지시하기 ② 지지하기
   ③ 비계설정하기 ④ 촉진하기

연습문제

(8–11) 다음은 상호작용 전략에 관한 설명이다. 설명에 맞는 상호작용 전략을 쓰시오.

8. (　　　　　　　　　)–교사가 영유아의 활동을 지속적으로 관심과 자신감을 가지고 할 수 있도록 격려하는 것이다.
9. (　　　　　　　　　)–영유아의 활동에 부분적인 도움을 주어 영유아가 좀 더 원활하게 자신의 활동을 전개해 나갈 수 있도록 돕는 것이다.
10. (　　　　　　　　　)–영유아가 바람직한 행동을 할 수 있도록 그러한 행동을 교사가 실제 상황에서 보여 주는 것이다.
11. (　　　　　　　　　)–영유아의 말과 행동을 그대로 이해해 주는 것이다.

(12–15) 다음 물음에 답하시오.

12. 영아의 놀이활동을 위한 상호작용 중 교사는 영아에게 놀잇감 등을 제시하고 난 후 보다 적극적인 교수 전략을 사용하여 (　　　　　)을 유도하고 격려해 본다. (　　　　) 안에 알맞은 말을 쓰시오.
13. 유아의 주도성을 격려하기 위해 교사는 어떠한 역할을 해야 하는지 설명하시오.

14. 유아의 또래와의 상호작용을 격려하기 위해 교사는 어떤 역할을 해야 하는지 설명하시오.

15. 영아의 애착형성을 위한 교사의 역할에 대해 설명하시오.

chapter

04

영유아교사의 발문법

영유아 교수학습에서 상호작용의 핵심은 교사의 발문이다. 교사는 발문을 통해 영유아의 발달수준을 이해하고 이에 적합한 교육적 경험을 제공하게 된다. 이에 교사는 교육적 상황에 맞는 적절한 발문을 통해 영유아의 학습과 경험에 긍정적인 영향을 미치고 흥미를 유발시키며 동기를 부여할 수 있어야 한다.

1 발문의 개념 및 유형

영유아교육현장에서 이루어지는 수업의 대부분은 교사와 영유아 간 언어적 · 비언어적 상호작용인 발문에 의해 진행되며, 발문의 모습과 그 유형은 상황에 따라 매우 다양하다.

1) 발문의 개념

영유아교육기관에서 이루어지는 상호작용은 일상적인 아침 인사에서 시작하여 영유아들의 지식을 확장시킬 수 있는 이야기 나누기, 동극, 동화, 동시, 음률, 신체표현, 요리와 같은 대 · 소집단활동 등 영유아들의 호기심과 동기를 자극하기 위한 다양한 상황에서 이루어진다.

영유아는 교사와의 상호작용을 통해 세상을 알아 가고 주변의 사물과 사건에 대한 태도와 가치관을 습득하게 된다. 이에 교사는 영유아와 상호작용하는 과정 속에서 탐색적이고 가설적이며 사고를 촉진하는 말들을 사용할 수 있어야 한다(조정숙, 이차숙, 노명완, 1997).

발문은 이러한 언어적 상호작용의 대표적인 것으로 교육적 상황에서 영유아의 사고를 촉진하고 다양한 상황에 대해 생각할 수 있는 계기를 마련해 주는 역할을 한다. 발문에 대하여 하이만(Hyman)은 학습자가 대답할 수 있도록 사고를 자극하고 특정 문제에 대하여 생각하게 하는 것이라고 말하였으며(하유미, 2013에서 재인용), 박병학(1986)은 교사가 수업목표를 위해 학습자의 사고 및 논리를 자극 및 유발하고 발전시켜 나가기 위한 문제제기로 보았다. 또한 문기정(1990)은 발문을 새로운 문제의 제기이며 사고의 발화석이 되고 학습활동의 추진력이 되는 것으로 주장한 바 있다.

발문은 수업상황에서 무엇인가를 묻는다는 관점에서 질문과 유사한 것처럼 보인다. 하지만 질문은 주로 '모르는 사람의 입장에서 모르거나 의심이 나는 점을 물어 보는 것'으로 하위수준의 물음인 반면, 발문은 주로 '다양한 측면에서 생각해 보도록 하고, 학습자 스스로 적극적인 사고를 통해 능동적으로 깨달음을 얻게 하는 것'으로 상위수준의 물음(박병학, 1986)이라는 점에서 구별된다. 질문은 답을 얻으면 그것으로 충분하지만 발문은 더 나아가 어떠한 사고활동을 일으키는가에 초점을 둔다. 이에 발문은 정답을 모르는 사람에게 던지는 물음인 '질문'과는 구별된다.

영유아 교수학습과정에서 교사의 발문은 영유아가 학습해야 할 내용과 방향을 제시하는 단서가 되며, 영유아의 사고나 행동을 특정한 방향으로 인도하는 역할을 하게 된다. 발문을 통해 영유아는 문제의식을 가지게 되며 일정한 단계에 따라 사고를 할 수 있게 된다. 이에 발문은 교사가 영유아의 사고를 촉진시키고 정서를 풍부하게 하고자 하는 목적으로 교육적 상황에서 사용하는 모든 언어라고 말할 수 있다(김진영, 백혜리, 최윤정, 2011 ; 이혜경, 박성희, 2007).

위에서 살펴본 바를 정리하자면, 발문은 교사가 교육적 상황에서 영유아의 적극적인 사고를 촉진함으로써 새로운 발견 또는 활동의 기회를 가질 수 있도록 하는 물음으로 정의할 수 있다.

발문
교사가 교육적 상황에서 영유아의 적극적인 사고를 촉진함으로써 새로운 발견 또는 활동의 기회를 가질 수 있도록 하는 물음

영유아교육기관에서 교사가 사용하는 발문은 영유아의 주의를 환기시키고 호기심과 동기를 유발함으로써 활동의 참여를 촉진하며 특정 주제나 활동을 이끌어 간다. 이러한 발문의 주된 목적은 학습할 내용의 이해를 확인하기보다는 사고를 촉진시키는 데 있다. 권낙원과 김정규(1990)는 발문을 통해 얻게 되는 효과를 다음과 같이 제시하고 있다.

첫째, 발문은 학습자와의 의사소통을 촉진시킨다. 교사의 발문에 영유아는 반응을 하게 되며, 이러한 반응에 교사는 설명을 더하거나, 칭찬을 하거나 새로운 발문을 하게 되므로 교사와 영유아 간 의사소통이 촉진된다.

둘째, 발문은 학습자가 주어진 특정 주제에 집중하게 한다. 교사의 주제 및 활동에 대해 발문은 영유아가 특정 주제에 대해 보다 집중하게 하는 효과를 지닌다.

셋째, 발문은 학습자의 지식과 이해 정도를 평가하는 역할을 한다. 답을 구하는 질문과 더불어 다양한 상황에서 이루어지는 교사의 발문은 자연스럽게 영유아의 지식와 이해 정도를 파악하게끔 한다.

넷째, 발문은 다양한 수준의 사고와 인지활동을 자극한다. 교사는 수업의 내용에 따라 다양한 발문을 활용함으로써 영유아의 지식, 이해, 적용, 분석, 종합 및 평가 등 다양한 수준의 사고와 인지활동을 자극한다.

다섯째, 발문은 학습자의 사회적 행동을 통제하기도 한다. 수업상황에 따라 교사는 발문을 통해 영유아의 바람직한 행동을 권장하거나 그렇지 않은 행동을 제한함으로써 사회적 행동을 자연스럽게 통제할 수 있다.

여섯째, 발문은 학습자의 학습동기를 유발한다. 교사는 주의를 환기하는 발문을 통해 수업에 대한 관심도를 높임으로써 영유아의 수업에 대한 동기를 유발할 수 있다.

이상에서 살펴본 바와 같이, 발문을 통해 교사는 학습상황에 대한 영유아의 이해 정도를 확인하고, 문제해결과정에서 영유아가 스스로 답을 구할 수 있도록 해 주며, 나아가 민주적인 수업분위기를 조성할 수 있게 된다.

2) 발문의 유형

교사의 발문은 수업의 질을 결정짓는 중요한 요인이다. 이러한 이유로 수업상황에서 교사는 발문의 의도와 목적을 명확하게 인지한 후 맥락에 적절한 발문을 해야 한다. 발문의 목적에 따라 수업상황에서 사용할 수 있는 발문 유형을 분류할 수 있는 데, 이는 학자에 따라 다소 차이를 보이고 있다.

갈라거와 애쉬너(Gallagher & Aschner, 1963)는 인지기억형, 수렴형, 발산형, 평가형, 일상형 발문으로 분류하고 있다. 인지기억형 발문은 인식, 기계적 암기, 선택적 회상 등과 같은 과정을 통해 기억하게 된 내용의 사실과 개념 등을 단순히 재생성해 내도록 하는 발문을 말하며, 수렴형 발문은 기억하고 있는 자료의 분석과 통합을 요구하는 발문으로 정답이나 최선의 답을 이끌어 내는 발문을 뜻한다. 발산형 발문은 어떠한 상황의 결과 또는 불확실한 미래를 예언하거나 가설을 정립하거나, 혹은 추론을 하거나 분석된 요소들을 재편성하는 등 지적인 활동을 요구하는 발문을 의미하며, 평가형 발문은 대답자 자신의 판단, 가치, 선택의 정당화, 선택과 의사결정 등을 요구하는 발문을 말하고, 일상형 발문은 교실환경에서 진행되는 활동 속에서 이야기하는 사람들 간의 친숙도나 관례의 영향으로 정서나 감정의 정도를 표현하는 언어적 · 비언어적인 여러 활동을 의미한다. 이러한 다섯 가지 유형의 발문을 예와 함께 정리하면 〈표 4-1〉과 같다.

〈표 4-1〉 갈라거와 애쉬너(1963)의 발문 분류

발문 유형	내용	발문의 예
인지기억형 발문	기억하고 있는 사실과 개념을 단순히 재생성하도록 하는 발문	• 씨앗이 자라면 무엇이 된다고 하였니? • 어제 들려주었던 동화책의 제목은 무엇이니?
수렴형 발문	자료의 분석과 통합을 요구하는 발문으로 정답이나 최선을 이끌어 내는 발문	• 실험결과를 그림으로 그리는 것이 좋을까? 그래프로 그리는 것이 좋을까? • 물의 양이 어떻게 달라졌니?
발산형 발문	확산적 사고 등을 통해 창의적인 문제해결력을 요구하는 발문	• 바람을 더 세게 할 수 있는 방법은 없을까? • 왜 이 식물이 더 잘 자랄 것이라고 생각하니?
평가형 발문	자신의 가치 및 판단에 따라 선택과 의사결정을 요구하는 발문	• 너희들이 이야기한 방법들 중에서 가장 좋은 방법은 무엇인 것 같니? • 자연을 보호하기 위해 우리가 할 수 있는 일에는 어떤 것들이 있을까?
일상형 발문	사람들 간의 친숙도와 함께 정서나 감정의 정도를 표현하도록 하는 발문	• 오늘은 누구와 함께 놀고 싶니? • 네가 장난감 2개를 모두 가지면 ○○이의 기분은 어떨까?

한편, 블룸(Bloom, 1956)이 제시한 여섯 가지의 지적 영역, 즉 지식, 이해, 적용, 분석, 종합, 평가에 따라 발문을 분류할 수 있는 데, 여섯 가지 지적 영역은 단계에 따라 순차적으로 적용 가능한 것이다(김진영, 백혜리, 최윤정, 2011에서 재인용).

우선 지식단계의 발문은 이전에 관찰했거나 학습한 정보를 그대로 기억해서 재생하는 기능을 요구하는 사고과정이다. 지식단계의 발문은 첫째, 단편적인 사실이나 정보에 대한 지식을 요구하며, 둘째, 개념을 학습하고 묶으며 판단을 하는 데 부가되는 절차를 물으며, 셋째, 정보나 경험을 조직하는 데 필요한 기능, 개념, 일반 원리 등에 대한 지식을 묻는다. 대표적인 동사에는 정의하다, 이름 짓다, 회상하다, 열거하다 등이 있다.

둘째, 이해단계의 발문은 어떤 사실이나 정보를 반복하고 재생하는 지식 단계의 발문과는 달리 정보의 형태를 변경하거나, 두 정보를 비교하는 등의 사고과정을 요구한다. 대표적인 동사로 구별하다, 설명하다, 요약하다, 예를 들다, 바꾸어 말하다 등이 있다.

셋째, 적용단계의 발문은 문제의 상황이 과거에 학습한 것과 다른 상태에서 알 수 없는 장면을 예언하거나 예측하는 것을 요구한다. 대표적인 동사로 발견하다, 사용하다, 관계짓다, 예증하다 등이 있다.

넷째, 분석단계의 발문은 주어진 자료를 구성요소나 부분으로 분해하고 부분 간의 관계와 조직되어 있는 방법을 발견해 내며, 자료 속 현상에 잠재해 있는 아이디어와 상황 등을 찾아내는 고도의 지적 능력을 요구한다. 대표적인 동사로 구분하다, 도식화하다, 세분화하다, 변별하다, 유목화하다 등이 있다.

다섯째, 종합단계의 발문은 여러 가지 요소나 부분을 전체인 하나가 되도록 묶는 능력을 의미하며, 부분들을 결합하여 새로운 것을 형성하도록 요구한다. 대표적인 동사에는 구성하다, 다시 정리하다, 창조하다, 결론짓다 등이 있다.

마지막으로 평가단계의 발문은 목적을 지니고 아이디어, 작품, 해결책, 방법, 자료의 가치를 판단하는 능력으로 어떠한 의사결정에 도달하게 하며, 그 의사결정을 방어하여 사고와 지식을 조직하도록 요구한다. 대표적인 동사에는 평가하다, 비평하다, 정당화하다, 주장하다, 입증하다 등이 있다. 영유아의 인지적 능력을 증진시키기 위한 교사의 발문을 각 지적 영역을 대표하는 동사로 제시하여 정리하면 〈표 4-2〉와 같다.

〈표 4-2〉 블룸(1956)의 지적 영역에 따른 발문 분류

지적 영역	발문 동사	발문의 예
지식	정의하다, 찾아내다, 이름 짓다, 회상하다, 열거하다	• 이것은 무엇이니? • ○○을 찾아보겠니?
이해	구별하다, 설명하다, 예를 들다, 바꾸어 말하다	• 왜 그럴까? • 설명해 보겠니?
적용	발견하다, 사용하다, 관계짓다, 예증하다	• 어떻게 발견하였니? • 어디에서 사용할 수 있을까?
분석	구분하다, 도식화하다, 세분화하다, 변별하다, 유목화하다	• 차이점은 무엇일까? • 기준에 따라 나누어 보자.
종합	구성하다, 다시 정리하다, 창조하다, 결론짓다	• 결과를 그림으로 그려 보겠니? • 다시 정리해 보자.
평가	평가하다, 비평하다, 정당화하다, 주장하다, 입증하다	• 처음 생각한 것과 비교해 보자. • 어떤 것이 가장 쉬운 방법으로 나타났니?

2 좋은 발문법

발문은 영유아의 사고활동을 유발시키고 교육의 방향을 안내하는 길잡이가 되므로 교실상황에서 아주 중요한 요인이다(오숙현, 1996). 수업을 잘 이끌어 나가기 위해서는 좋은 발문의 조건과 발문을 위한 전략에 대한 이해가 필요하다.

1) 좋은 발문의 조건

발문은 교사의 언어이다. 교사는 발문을 통해 영유아의 사고를 자극시키고 다양한 상황에 대하여 생각할 수 있는 기회를 제공한다. 때로는 영유아의 활동에 긍정적인 피드백을 제공하며 수업 분위기를 역동적으로 이끌기도 한다. 이러한 이유로 교사의 발문은 영유아의 교육적 상황, 즉 수업에 중요한 영향을 미친다.

좋은 발문은 영유아의 잠재능력을 이끌어 내고 학습과 경험에 긍정적인 영

향을 미치게 되어 흥미를 유발시키고 동기를 부여하는 등 영유아에게 의미 있는 교육의 출발점을 제공하게 된다(성은영, 2004). 하지만 정답만을 생각하게 하고 한정된 추론만을 사용하도록 발문한다면 영유아의 사고는 제한될 수밖에 없다(장사형, 2004). 또한 지나치게 상세한 발문으로 정해진 답을 묻거나 모호하거나 막연하게 발문하는 경우 영유아는 수업에 흥미를 잃게 될 수 있다(Myhill & Dunkin, 2002).

영유아의 사고를 적절히 자극하고 긍정적이고 역동적인 수업 분위기를 조성하기 위한 좋은 발문의 조건은 다음과 같다(김진영, 백혜리, 최윤정, 2011).

좋은 발문의 조건

- 수업의 목표를 고려한 발문
- 다양한 생각을 이끌어 낼 수 있는 발문
- 구체적인 사고의 방향을 제시할 수 있는 발문
- 인지적 갈등을 유발하는 발문
- 탐구하고 싶은 마음을 느끼게 하는 발문
- 도입, 전개, 마무리로 전개되는 수업 진행에 적합한 발문
- 영유아의 발달수준에 적절한 발문

첫째, 계획한 수업의 목표를 고려하여 발문해야 한다.

둘째, 다양한 생각을 이끌어 낼 수 있도록 발문해야 한다.

셋째, 막연한 생각을 묻기보다 구체적인 사고의 방향을 제시할 수 있는 발문을 해야 한다.

넷째, 인지적 갈등이 일어날 수 있도록 발문해야 한다.

다섯째, 탐구하고 싶은 마음과 성취감을 느낄 수 있도록 발문해야 한다.

여섯째, 도입, 전개, 마무리로 전개되는 수업의 진행에 따라 적절한 발문을 사용해야 한다.

일곱째, 영유아의 발달수준에 맞는 적절한 발문을 해야 한다.

2) 좋은 발문을 위한 기술과 전략

영유아교사들은 교육의 질을 높이기 위해 수준 높은 발문을 선호하지만 실제로 다양한 교육적 상황에 적합한 발문을 구사하기가 쉽지 않다.

교사의 발문을 향상시키기 위한 방법 중 대표적인 프로그램인 QUILT(Questioning and Understanding to Improve Learning and Thinking)는 5단계 모델을 제시하고 있다(성은영, 2006).

1단계인 '발문 준비하기'에서는 교수 목적을 확인하고 교수의 중심내용을 결정하며 인지적 수준을 선택하고 발문에서 사용할 용어나 구문을 고려하게 한다. 2단계인 '발문하기'에서는 반응의 방식을 결정하여 발문하고 이에 따른 영

유아의 반응을 확인하도록 하며, 3단계인 '반응 격려하기'에서는 교사가 발문 후 영유아의 반응을 기다려 주고, 반응을 보이지 않는 영유아를 도와주는 등 반응을 격려하는 태도를 보이도록 한다. 4단계인 '영유아의 반응 확장해 주기'에서 교사는 적절한 피드백을 제공하고, 올바른 반응은 활용하여 확장해 주며, 영유아의 반응과 질문을 이끌어 내도록 유도한다. 마지막 5단계인 '자신의 발문 내용 비판하기'에서는 교사 자신이 한 발문을 분석하고 유아의 반응을 도표화하여 응답 패턴을 평가하고 교사와 영유아의 반응을 검토하도록 한다. 이를 그림으로 제시하면 [그림 4-1]과 같다.이러한 과정을 통해 교사는 발문의 계획에서부터 발문의 반성적 평가까지 경험하게 됨으로써 효과적인 발문에 대해 이해하고 적용할 수 있는 능력을 증진하게 된다.

[그림 4-1] **발문기술 향상을 위한 단계**

한편, 성은영(2006)은 선행연구들을 종합하여 교사의 발문능력을 향상시키기 위한 과정을 발문 계획하기, 발문하기, 발문 평가하기의 3단계로 제시하고 있다.

발문기술 향상을 위한 단계
발문 준비하기 → 발문하기 → 반응 격려하기 → 반응 확장해 주기 → 발문 비판하기

첫째, 발문 계획하기는 구체적인 목표에 따라 적절한 순서로 발문을 조직하고 논리적인 절차를 만들어 계획하는 단계이다. 이 단계에서 교사는 수업하기 전 수업하고자 하는 내용에 대해 철저하게 준비하고 계획함으로써 교과의 특성과 학습내용에 적절한 다양한 발문의 유형을 활용할 수 있도록 계획해야 한다.

둘째, 발문하기는 수업상황에서 수업의 목적과 영유아들의 발달수준 등을 고려하여 실제로 발문을 하는 단계이다. 이 단계에서 교사는 수업의 목적과 의도에 맞는 다양한 유형의 발문을 활용할 수 있도록 노력해야 한다. 영유아의 지식을 파악하기 위해서는 수렴적 질문을 사용하는 것이 좋으며, 사고를 확장시키고자 한다면 다양한 답을 생각해 낼 수 있는 확산적 발문을 하는 것이 좋

다. 또한 교사는 직접적이고 명확하고 이해하기 쉬운 용어를 사용하여 구체적이며 명확하게 발문함으로써 영유아가 교사의 발문에 적절하게 반응할 수 있도록 해야 한다. 뿐만 아니라, 영유아의 인지적 수준을 고려하여 발문하여야 하고, 발문 후 영유아의 반응을 위해 충분한 시간을 주어야 하며, 영유아의 반응을 활용하여 또 다른 발문을 할 수 있도록 해야 한다.

셋째, 발문 평가하기는 교사가 수업 중 했던 발문이나 발문상황에 대해 반성해 봄으로써 자신의 발문을 보다 잘 이해할 수 있는 단계이다. 이 단계에서 교사는 발문에 대한 반성적 저널 쓰기 등을 통해 자신의 발문을 실제로 되돌아보는 경험을 함으로써 수업에 적합한 보다 높은 수준의 발문을 구사할 수 있는 기회를 가질 수 있어야 한다.

한편, 좋은 발문을 위해서는 발문하기, 민감하게 들어주기, 질문에 응답하기 세 가지 측면에서의 구체적인 전략이 필요하다(Crain & Sund, 1997 ; Wolfinger, 1994 ; 김진영, 백혜리, 최윤정, 2011에서 재인용).

우선 '발문하기' 측면에서는 허용적이고 탐구적인 분위기를 조성한 후 발문하기, 영유아의 수준에 알맞은 용어나 어휘 사용하기, 발문의 내용을 명확하게 제시하기, 그림자료, 동화책, 손인형과 같은 다양한 매체를 활용하여 발문하기, 정확한 발음(고저, 강약, 장단, 억양, 속도, 쉼)으로 발문하기, 확산적인 발문하기, 발문한 후 응답할 수 있는 시간을 충분히 제공하기, 한 번에 하나씩만 발문하기, 영유아가 집중하고 있을 때에는 기다린 후 발문하기 등의 구체적인 전략이 필요하다.

다음으로 민감하게 들어주기 측면에서는 영유아가 말하는 것을 끝까지 들어주기, 눈 맞추기, 미소 짓기, 끄덕이기 등 관심을 가지고 듣고 있다는 것을 보여 주기, 무엇인가를 말하려는 신호에 민감하게 반응하기, 자신의 생각을 잘 정리할 수 있도록 생각할 수 있는 시간을 제공하기, 타당성이 없는 영유아의 말도 끝까지 방해하지 않고 들어주기 등의 전략이 필요하다.

마지막으로 질문에 응답하기 측면에서의 구체적인 전략으로는 들을 준비가 될 때까지 기다리기, 영유아의 질문에 다시 거꾸로 되묻기, 영유아의 질문에 대한 답을 모를 경우 솔직하게 말하고 대안을 함께 찾기, 질문에 대한 답을 찾기 위해 구체적인 실험 및 탐구활동 진행하기, 영유아가 요점을 말할 수 있는 기회 주기, 영유아가 자신의 생각을 명확하게 정리할 수 있도록 돕기 등이 있다. 이를 정리하면 〈표 4-3〉과 같다.

〈표 4-3〉 **좋은 발문을 위한 전략**

구분	전략
발문하기	• 허용적이고 탐구적인 분위기를 조성한 후 발문하기 • 영유아의 수준에 알맞은 용어나 어휘 사용하기 • 발문의 내용을 명확하게 제시하기 • 그림자료, 동화책, 손인형과 같은 다양한 매체를 활용하여 발문하기 • 정확한 발음(고저, 강약, 장단, 억양, 속도, 쉼)으로 발문하기 • 확산적인 발문하기 • 발문한 후 응답할 수 있는 시간을 충분히 제공하기 • 한 번에 하나씩만 발문하기 • 영유아가 집중하고 있을 때에는 기다린 후 발문하기
민감하게 들어주기	• 영유아가 말하는 것을 끝까지 들어주기 • 눈 맞추기, 미소 짓기, 끄덕이기 등 관심을 가지고 듣고 있다는 것을 보여 주기 • 무엇인가를 말하려는 신호에 민감하게 반응하기 • 자신의 생각을 잘 정리할 수 있도록 생각할 수 있는 시간을 제공하기 • 타당성이 없는 영유아의 말도 끝까지 방해하지 않고 들어주기
질문에 응답하기	• 들을 준비가 될 때까지 기다리기 • 영유아의 질문에 다시 거꾸로 되묻기 • 영유아의 질문에 대한 답을 모를 경우 솔직하게 말하고 대안을 함께 찾기 • 질문에 대한 답을 찾기 위해 구체적인 실험 및 탐구활동 진행하기 • 영유아가 요점을 말할 수 있는 기회를 주기 • 영유아가 자신의 생각을 명확하게 정리할 수 있도록 돕기

생각해 보기

바깥놀이에서 줄지어 가는 개미를 관찰하고 있는 영유아에게 어떤 발문을 할 수 있을까?

연습문제

(1-7) 다음 문장을 읽고 옳으면 ○, 그르면 ×로 표시하시오.

1. 발문이란 교사가 교육적 상황에서 영유아의 적극적인 사고를 촉진함으로써 새로운 발견 또는 활동의 기회를 가질 수 있도록 하는 물음이다. ( )

2. 6가지 지적 영역 중 분석단계의 발문은 여러 가지 요소나 부분을 전체인 하나가 되도록 묶는 능력에 관한 발문을 의미한다. ( )

3. 인지적 갈등을 일으키게 하는 발문은 좋은 발문이 아니다. ( )

4. 구체적인 사고의 방향을 제시하기보다 막연하고 대략적인 생각을 묻는 발문이 좋은 발문이다. ( )

5. 교사의 발문은 영유아가 학습해야 할 내용과 방향을 제시하는 단서이자, 영유아의 사고를 인도하는 역할을 한다. ( )

6. '씨앗이 자라면 무엇이 된다고 하였지?', '어제 들려주었던 동화책의 제목은 무엇이니?'와 같은 발문은 발산형 발문에 해당된다. ( )

7. 발문할 때에는 허용적이고 탐구적인 분위기를 조성한 후 발문하는 것이 좋으며, 발문한 후 응답할 수 있는 시간을 충분히 제공해 주어야 한다. ( )

(8-12) 다음 문장을 읽고 적절한 발문 유형을 적으시오.

8. 확산적 발문을 통해 창의적인 문제해결력을 요구하는 발문은? ( )

9. 기억하고 있는 사실과 개념을 단순히 재생성하도록 하는 발문은? ( )

10. 자신의 가치 및 판단에 따라 선택과 의사결정을 요구하는 발문은? ( )

11. 사람들 간의 친숙도 및 감정의 정도를 표현하도록 하는 발문은? ( )

12. 자료의 분석과 통합을 요구함으로써 정답을 이끌어 내는 발문은? ( )

연습문제

(13–15) 다음 질문을 읽고 서술하시오.

13. Bloom이 제시한 지적 영역 중 '적용'을 위한 발문의 예를 제시하시오.

14. 좋은 발문의 조건을 다섯 가지 이상 쓰시오.

15. 좋은 발문을 위한 전략 중 민감하게 들어주기를 위한 방법을 서술하시오.

PART III

영아 교수학습의 계획 및 운영

| Chapter 05 | 영아 교수학습 계획

| Chapter 06 | 영아 교수학습 실행

| Chapter 07 | 영아 교수학습 평가

영아를 위한 교수학습의 계획 및 운영은 영아중심 · 놀이중심을 표방하는 2024 개정 표준보육과정에 기초하여 구성해 보고자 한다.

영아를 위한 교수학습의 계획 및 운영은 교수학습 계획하기, 실행하기, 평가하기의 3단계로 구성된다. 계획 단계에서는 연간, 월간, 주간, 일일보육계획을 검토하고 이를 토대로 영아의 관심을 반영하여 하루 일과를 구성한다. 실행 단계에서는 놀이공간, 놀이자료, 상호작용, 놀이와 안전, 가정과 지역사회연계를 통해 영아의 흥미와 관심을 지원할 수 있도록 한다. 평가단계에서는 평가를 위한 자료를 모으고 자료를 활용하여 영아에 대한 정확한 이해와 평가를 할 수 있도록 한다.

제3부에서는 영아를 위한 교수학습의 계획 및 운영을 영아 교수학습 계획, 영아 교수학습 실행, 영아 교수학습 평가로 나누어 살펴보기로 한다.

학습목표

- 표준보육과정에 기초하여 영아를 위한 장 · 단기 교수학습을 계획할 수 있다.
- 영아의 연령과 발달수준을 고려하여 일상생활과 실내 · 외 자유놀이를 적절하게 실행할 수 있다.
- 표준보육과정에 기초하여 수립한 장 · 단기 교수학습이 적절하게 실행되었는지 확인하고 나아가 그 결과를 추후 보육에 활용할 수 있다.

학습내용

지식	기술	태도
• 영아발달 • 표준보육과정 • 일상생활 • 실내놀이 바깥놀이 • 평가	• 연간, 월간, 주간, 일일보육 계획 수립, 작성, 운영능력 • 일상생활 운영능력 • 자유놀이 운영능력	• 영아의 요구와 흥미에 대한 민감성 • 발달에 적합한 영아 교수학습에 대한 열의

주요용어

- 영아를 위한 교수학습계획
- 연간보육계획
- 월간보육계획
- 주간보육계획
- 일일보육계획
- 하루 일과계획
- 일상생활
- 실내놀이
- 바깥놀이
- 영아 평가

chapter

05

영아 교수학습 계획

영아중심·놀이중심 보육과정 편성은 영아들이 어린이집에서 하루, 한 주, 한 달, 한 학기, 일 년의 시간을 어떻게 살아갈 것인가에 대한 보육내용과 시간을 조직하는 과정이다. 영아를 위한 보육과정에서는 각 어린이집의 실정에 맞게 보육계획을 수립하고 일과를 놀이, 일상생활, 활동으로 구성하되 놀이가 충분히 이루어지도록 편성하여 운영해야 한다.

교사는 보육과정의 효과적인 운영을 위하여 보육과정 실천자이자 연구자로서 부단히 노력하고, 가정과 지역사회의 협력과 참여를 이끌어 냄으로써 보육과정이 개선되도록 한다. 여기서는 2024 개정 표준보육과정에 기초하여 영아를 위한 교수학습계획에 대해 알아보도록 한다.

1 영아를 위한 보육계획하기

계획하기란 교사가 영아의 놀이를 통한 학습을 지원하기 위하여 보육과정 내용과 시간을 조직하는 것이다. 2024 개정 표준보육과정에서는 교사가 미리 모든 것을 계획하여 그대로 실행하는 것을 지양하고 실행된 보육과정을 담는 것을 강조하여, 만들어진 보육과정이 아니라 만들어 가는 보육과정에 의미를 둔다. 교사는 개별 영아가 관심을 보이는 놀이에 초점을 두되 영아가 생활속에서 경험하고 있는 흥미 있는 대상과 상황, 일상생활을 유지하기 위하여 필요한 경험 등을 반영하여 계획할 수 있다.

2024 개정 표준보육과정에서는 계획과 관련하여 각 기관의 지역적 특성이나 철학에 맞게 보육계획의 양식이나 작성 시기, 활용방법을 자율적으로 정하도록 한다. 개정된 표준보육과정에서는 영아가 경험해야 할 내용을 바탕으로 학습의 통합성, 융통성, 자율성을 강조하므로 기존의 틀에 박힌 계획안 형태로 담아 낼 수 없거나 필요없는 부분을 검토해서 작성의 시기가 변경될 수도 있다. 따라서 연간, 월간, 주간, 일일 계획안의 형식이나 분량을 자율적으로 할 수 있으며 통합하거나 선택적으로 활용할 수 있다. 더불어 2024 개정 표준보

육과정에서 제시하고 있는 학습자로서의 영아의 특성을 살펴보고 이에 기초하여 영아에게 적합한 보육계획을 해야겠다.

〈어린 학습자로서의 0–1세 영아〉

① 적극적으로 살아가는 힘을 지닌 영아

- 영아는 적극적으로 세상을 살아가는 힘을 지니고 태어난다. 몸은 작지만 가장 열린 감각을 지닌 영아는 자신을 둘러싼 환경에 민감하게 반응하고, 쾌적함이나 불편함을 예민하게 느끼며, 자신에게 좋고 편안한 상태를 만들어 가는 힘이 있다.
- 생애 초기 영아는 배가 고프거나, 기저귀가 젖어 불편하거나, 잠을 자고 싶을 때 자신에게 필요한 것이 무엇인지를 알아차리고 울음과 웃음, 몸짓과 표정 등 다양한 방식으로 표현하는 힘이 있다.
- 영아는 놀이를 향한 욕구를 가지고 주위를 계속 두리번거리며 궁금해 하기도 하고, 손이 닿지 않는 놀잇감을 만져 보고 싶을 때는 적극적으로 몸을 움직이거나 소리를 내는 등의 신호를 보내 주변 사람의 도움을 받아 놀이하는 힘이 있다.

② 계속 움직이며 성장하는 영아

- 영아의 삶은 신체의 움직임과 깊이 연결되어 있다. 영아기에는 매우 급격하게 성장하고 발달하는데, 이는 단순히 체격이 커지는 것이라기보다 모든 신체의 움직임이 많아지고 섬세함이 늘어난다는 의미이다.
- 영아의 열린 감각은 신체를 계속 움직이도록 한다. 누워 있을 때도 계속 팔다리를 움직이고, 성인이 미처 보지 못하는 순간에도 눈과 얼굴의 표정은 달라지며, 뒤집고 기고 앉고 걸으며 성장해 간다. 이러한 움직임은 영아가 계속 잘 성장하고 있음을 나타내는 징후이자 영아 삶의 고유한 특성이다.

③ 모든 것이 궁금한 탐색가로서의 영아

- 영아의 움직임은 세상을 탐구하는 힘을 증폭시킨다. 영아는 움직임이 민첩하고 정교해지면서 세상을 향한 궁금증이 더 많아지고 깊어진다.
- 어린 영아는 눕거나 앉은 채로 손과 발, 팔과 다리, 눈동자, 목과 고개 등을 움직이며 자신이 바라보던 세상에 호기심을 보인다. 그러다 기거나 앉으면서 주변 환경이 더욱 새롭고 풍부해지는 것을 경험하고, 직접 팔을 뻗고, 주무르고, 굴려 보고, 눌러 보며 더 다양하게 탐색해 간다.
- 영아가 걷기 시작하면 세상에는 더 궁금하고 알고 싶은 것이 가득 차 있다는 것을 느낀다. 한 번도 본 적 없는 물건, 놀잇감, 신선한 바깥 공기, 신기한 돌과 흙, 풀에 더 가까이 가고, 만져 보고, 냄새를 맡으며 탐색해 간다.

〈능동적인 학습자로서의 2세 영아〉

① 몸으로 세상을 이해하는 영아

- 영아는 몸으로 세상과 만나며 살아간다. 몸은 다양한 감각기관을 통해 외부와 내부의 자극과 정보를 수용하여 해석하고 지각하며 배움을 만든다. 영아의 몸은 세상의 모든 것과 접촉하며 경험하게 하는 배움의 도구이자, 경험을 기억하고 만드는 장치이다. 또한 세상과의 접촉을 기억하고, 새로운 경험을 만드는 배움의 도구이자 배움 자체이기도 하다.
- 영아의 감각 경험은 영아가 몸과 감각으로 타인과 환경을 만나며 관계를 맺는 과정이자, 사고하는 과정이기도하다. 또한 일상생활과 놀이에서 무언가를 주의 깊게 보고, 만지고, 느끼며 감각하는 사고의 과정이자 앎의 과정이다

② 나를 적극적으로 표현하는 영아

- 영아는 교사, 부모, 또래와의 관계에서 다양한 비언어와 언어로 자신을 표현한다. 영아는 표정, 움직임, 눈맞춤 등과 같은 비언어로 자신의 요구와 느낌, 감정 등을 표현하고, 단어와 짧은 문장으로 자신의 경험과 배움을 적극적으로 나타낸다.
- 영아는 "내가 할 거야.", "내가 입을 거야.", "내가 이야기할 거야." 등과 같이 말하며, 무엇이든 주도적으로 해 보려는 의사를 적극 표현한다. 2세 영아는 스스로 할 수 있는 일이 많아지면서 혼자 할 수 있는 일을 찾아 스스로 옷을 입어 보려 하고 신발도 혼자 신으려고 하며, 자신의 능력을 알아갈 뿐 아니라 이를 타인에게 적극 표현하며 자신의 고유함을 알아 간다.
- 영아의 주도성은 자신의 능력과 배움을 적극 표현하고 소통하려는 모습으로 나타난다. 영아의 적극적인 의사표현은 영아의 주도성이자, 능동적인 학습자로서 살아가는 유능함의 다른 모습이다. 영아의 적극적인 의사 표현은 배움의 기회를 의미하므로, 유능한 학습자가 되어 가는 배움의 과정으로 이해할 필요가 있다

③ 세상을 이해하고 싶어하는 영아

- 영아는 세상 모든 것을 궁금해 하고 알고 싶어 한다. 호기심이 왕성한 영아는 넓고 다양한 주변 세상을 경험하며 "왜 그렇지?", "왜요?", "어떻게 해요?" 등과 같은 질문을 끊임없이 한다.
- 영아의 질문에는 다양한 목적과 의도가 담겨 있다. 영아는 새로운 상황과 정보를 마주했을 때 "이건 뭐예요?", "왜 그래요?"라고 물으며 이를 알고자 질문을 한다. 또한 자신이 이미 알고 있는 것을 확인하려고 질문하거나 새로운 단서를 발견했을 때 "그 다음은 어떻게 돼요?"라고 물으며 더 깊이 탐구하려 한다.
- 질문은 주변 세상을 이해하려는 영아의 적극적인 배움의 과정이자 의지의 표현이다. 영아는 가끔씩 "하늘은 파래요?", "왜 우리는 잠을 자요?"와 같이 명확하지 않은 질문이나 대답하기 어려운 질문도 한다. 복잡한 세상을 이해하고 탐구하려는 호기심과 사고가 확장되는 과정이다.

- 질문을 통한 영아의 배움은 성인, 또래 등과의 관계에서 더 풍부해진다. 영아는 자신의 질문에 성인, 또래 등이 어떻게 반응하는지 살피며 질문하는 과정 자체를 즐긴다. 영아의 계속되는 질문은 성인이나 또래를 영아와 긴밀히 연결해 주기도 한다. 영아의 질문은 타인의 경험과 연결되어 배움을 확장하는 기회가 된다.

④ 또래와 함께하는 영아

- 영아는 또래와 무엇이든 함께하려고 한다. 영아에게 또래는 놀이와 경험을 더욱 풍부하고 다채롭게 만들어 주는 존재이다. 영아는 또래와 함께하는 즐거움을 알아 간다. 영아는 관심사와 경험을 또래와 공유하며 놀이와 일상생활을 풍성하고 다양하게 만들며 점차 유능한 학습자가 되어 간다.
- 또래와 풍부하고 다채로운 경험을 해 나감으로써, 영아는 자신과 타인을 이해하는 경험을 확장해 간다. 영아는 놀이와 일상생활에서 자연스럽게 또래와 함께하며, 또래에 관심이 많아지고, 자신과 또래가 다르다는 것도 알아 가며, 존재의 고유함을 알아 간다.
- 영아는 또래와 함께하는 즐거움뿐만 아니라 슬픔과 갈등을 경험한다. 영아는 놀이와 일상생활에서 또래와 갈등을 경험하기도 하지만, 더불어 살아가는 법을 배운다. 능동적인 학습자로서 2세 영아의 모습이다.

1) 연간계획

연간계획은 표준보육과정에서 추구하는 인간상, 어린이집의 보육철학, 지역사회의 특성, 개인 수준의 다양성을 고려하여 자율적으로 수립할 수 있다. 연간계획은 학급 차원보다는 어린이집 차원에서 수립하는 것이 일반적이며 일년 간의 중요한 경험(예: 어린이집 적응, 계절, 명절, 어린이집 행사, 진급 등)을 미리 염두에 두고 계획한다. 연간계획은 한 학급에서만 공유되는 것이 아니라 어린이집 전체의 구성원이 공유하는 자료이므로 어린이집 차원에서 연간계획을 검토해야 한다. 또한 영아에게서 발현되는 놀이가 보육과정을 운영하는 동안 즉각적으로 반영될 수 있도록 융통성을 두고 연간계획을 작성한다. 2024 개정 표준보육과정은 영아의 놀이를 중심으로 만들어 가는 보육과정이기 때문에 연간계획이 수립되었다 하더라도 영아들의 놀이경험에 따라 시기와 기간 등이 바뀔 수 있다. 영아가 좋아하는 대상, 영아가 좋아하는 놀이를 교사는 관찰하여 영아의 관심과 흥미가 지속되고 확장될 수 있도록 시기와 시간을 융통성 있게 조정하여 반영하는 것이 필요하다.

2) 월간, 주간, 일일계획

월간, 주간, 일일계획안은 어린이집과 교사의 필요에 맞게 형식이나 분량이 자율적으로 구성될 수 있다. 월간, 주간과 일일계획을 모두 수립하여야 하는 것은 아니며 하나만 선택하여 작성할 수도 있다.

2024 개정 표준보육과정은 교사가 영아의 경험을 미리 조직하기보다 영아의 놀이를 관찰하고 이를 지원하는 방식을 강조한다. 영아의 놀이는 교사의 계획대로 진행되는 것이 아니라 자주 변화하고 교사가 예상 못한 방향으로 진행되기 때문에 모든 놀이지원 계획을 미리 수립하기는 어렵다. 교사는 매일 진행된 영아의 놀이를 기록하고 다음 날 지원할 내용을 간단히 계획할 수 있다. 매주 혹은 영아의 놀이 주제에 맞추어 지원계획을 수립할 수도 있다. 계획안의 양식과 내용, 작성주기는 각 어린이집의 실정과 철학, 학급의 상황 및 교사의 신념을 고려하여 자율적으로 결정하면 된다.

아래처럼 영아의 관심이 교사의 계획과는 달리 나뭇잎 탐색에 집중되어 나뭇잎을 다양하게 탐색할 수 있도록 하고 동시에 셀로판지에 관심을 가지는 영아가 있어 탐색하는 과정에서 나뭇잎과 셀로판지를 함께 탐색하게 되었다. 이러한 놀이과정이 한 주 동안 지속되었다면 한 주 동안의 놀이과정과 의미를 주간, 일일보육계획안을 구분없이 통합하여 실행 및 평가와 함께 담을 수 있을 것이다.

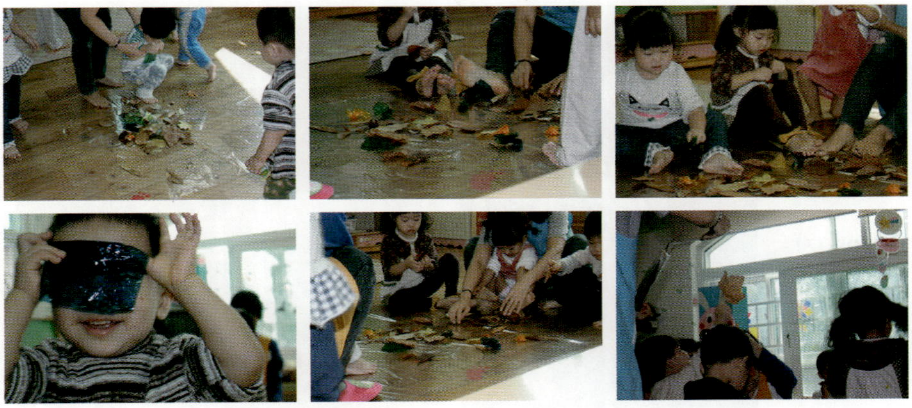

3) 어린이집이나 교사의 실정에 맞게 계획안의 형식 변경

2024 개정 표준보육과정에서는 연간, 월간, 주간, 일일계획안을 자율적이고 융통성 있게 작성하도록 하고 있다. 기존의 보육계획안은 주제, 소주제, 일과 중의 시간 배치, 표준보육과정의 5개 영역이나 목표, 활동개요, 준비물 등을 모두 기록하여 계획안이 아주 고정되어 있었다. 교사는 이러한 계획안대로 실행하기 위해 교사중심적인 일과 운영을 할 수 있고 그럼에도 불구하고 실행된 보육과정을 충분히 반영하지 못하기도 했다. 그렇다면 어떻게 영아 중심의 실행과정을 반영할 것인지 고민해 보아야 할 것이다. 어린이집에 따라서 계획이라는 문서에 실행과 평가를 동시에 기록하고 있으므로 계획, 기록, 평가를 통합한 양식을 놀이기록과 평가, OO반 놀이 이야기 등 다양한 명칭으로 부를 수도 있다.

〈표 5-1〉은 2세 영아반에서 실행된 보육과정과 예상 놀이주제를 기록한 주간보육계획안의 예이다.

〈표 5-1〉 실행된 보육과정과 예상 놀이주제를 기록한 주간보육계획안의 예

<table>
<tr><td rowspan="2">새싹반
이번 주
경험</td><td rowspan="2">놀이</td><td colspan="2">여러 가지 돌과 흙 탐색하기
광목흙 인형놀이</td></tr>
<tr><td colspan="2">비오는 날 산책하기 흙이랑 놀아요 모래놀이</td></tr>
<tr><td>놀이사진</td><td colspan="3">  </td></tr>
<tr><td rowspan="2">이번 주
영아들의
관심</td><td colspan="2">• 흙이 서로 달라요.
• 흙에도 색깔이 있어요.</td><td>• 돌은 여러 가지 종류가 있어요.
• 돌로 여러 가지 놀이를 할 수 있어요.</td></tr>
<tr><td colspan="3">이번 주가 끝나 갈 즈음 탐색 영역에 있는 물감을 색깔별로 유리병에 담아 둔 것에 영아들이 관심을 많이 보임. 흔들어 보기도 하고 만져 보기도 하면 다양한 탐색을 하기 시작함</td></tr>
<tr><td rowspan="2">다음 주
예상 관심과
놀이</td><td>색깔이 달라요</td><td>색깔로 찍어요</td><td>색깔에 담궈요</td></tr>
<tr><td colspan="3">다음 주에는 색깔과 관련된 탐색 놀이가 이루어질 것으로 예상됨. 영아들이 즐겁게 적극적으로 다양한 색깔을 탐색하고 놀이할 것으로 기대가 됨</td></tr>
<tr><td>부모님과
함께 할 내용</td><td colspan="3">• 집 주변에서 볼 수 있는 흙과 돌에 관심을 가질 수 있도록 부모님이 함께 놀이해 주실 수 있도록 안내하기
• 흙과 돌과 관련된 재미있는 놀이나 경험한 영아가 있다면 관련 사진과 이야기를 보내 주시도록 안내하기. 영아와 함께 보며 자신의 경험을 즐겁게 나눌 것임에 대해 안내하기</td></tr>
</table>

2 일과구성하기

보육실에서의 하루는 영아의 놀이와 일상생활 그리고 활동으로 구성된다. 개정된 표준보육과정에서는 일과에서 바깥놀이를 포함하여 영아의 놀이가 충분히 이루어지도록 편성하여 운영할 것을 강조한다. 일과에는 영아의 경우 놀이 외에도 등원과 하원, 간식과 점심, 손씻기, 기저귀 갈기 및 화장실 다녀오기 등 매일 반복되는 일상생활도 포함된다. 영아는 일상생활 경험이 하루 일과 중 많은 부분을 차지하므로 일상생활에서 발현되는 보육과정에 관심을 기울여야 한다. 또한 교사는 영아의 놀이를 지원하는 활동도 계획할 수 있다. 놀이, 일상생활, 활동이라는 일과는 교사가 미리 계획할 수 있지만 영아를 관찰하며 순서를 정할 수도 있고, 영아의 컨디션이나 놀이에 대한 흥미 지속 여부에 따라 달라질 수 있다. 교사는 영아가 놀이에 충분히 몰입하고 진정한 학습이 일어날 수 있도록 놀이와 일상생활, 활동을 유연하게 운영할 수 있어야 한다.

1) 놀이시간을 충분히 운영한다

영아들의 자유놀이는 바깥놀이를 포함해서 놀이시간이 분절되지 않고 지속적으로 운영될 때 영아가 놀이에 몰입하면서 의미 있는 학습이 일어날 수 있다. 그러므로 영아들이 충분히 놀이할 수 있도록 놀이의 흐름이 끊어지지 않도록 놀이시간을 편성하는 것이 중요하다. 영아가 놀이하는 모습을 관찰하면서 놀이가 끊어졌을 때 중요한 학습의 순간을 놓칠 수 있다고 판단되면 놀이시간을 연장하는 것이 좋다. 놀이시간은 일과 구성에서 가장 우선적으로 편성되어야 한다.

영아의 쌓기놀이 중 블록을 끼우고 길게 만드는 놀이를 하다가 또래와 블록을 견주어 보는 놀이를 하고 싶어 해서 계획한 시간보다 연장할 수 있다.

공을 탐색하고 굴려 보다가 다른 대상으로 공을 굴려 보려는 시도를 해서 놀이시간 연장하여 영아의 시도가 끊어지지 않도록 시간보다 연장할 수 있고, 공간도 자유롭게 활용할 수 있도록 할 수 있다.

2) 일상생활이 융통성 있고 영아 주도적으로 이루어지도록 한다

일상생활은 영아의 일과에서 가장 기본이자 가장 많은 부분을 차지한다. 일상생활을 통해 기본적인 욕구를 충족시켜 주고 놀이를 잘할 수 있는 심신의 건강을 제공할 수 있기 때문에 일상생활이 편안하고 즐겁게 이루어지도록 편성하고 운영한다. 영아는 일상생활 속에서 기본생활습관, 안전, 건강 등의 다양한 학습을 하게 된다. 교사는 영아가 주도적으로 일상생활을 할 수 있도록 충분한 시간을 허용해 주어 영아가 편안함을 느끼며 학습이 즐겁게 이루어질 수 있도록 지원해야 한다.

교사는 영아의 놀이를 중심으로 지원하되 영아의 기본 욕구 또한 충족될 수 있도록 일상생활 운영방법, 일과 중 시간 배치 등의 변화를 시도해 볼 수 있다. 간식이나 배변 같은 경우 놀이를 하는 과정에도 허용될 수 있도록 하며 일상생활이 놀이와 같은 방식으로 즐길 수 있도록 지원해야 한다.

영아가 식사 중 제공된 음식을 탐색하려고 하자 탐색할 수 있도록 배려해 준다.

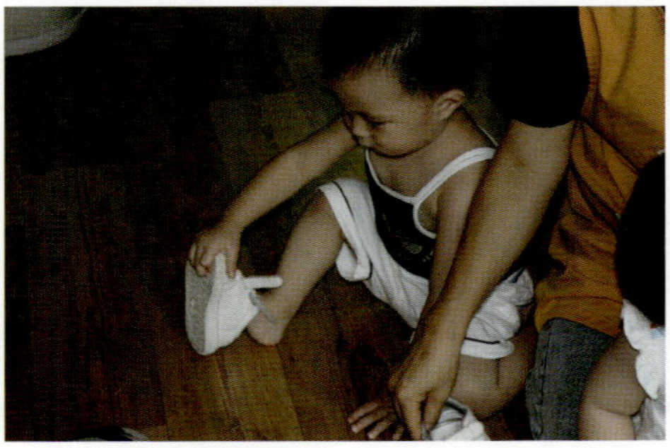

신발을 신고 벗는 것을 어려워 하는 영아가 직접 신발을 신어 보려고 해서 영아가 원하는 대로 신어 볼 수 있도록 격려한다.

3) 놀이와 연결하여 활동을 운영한다

교사는 영아의 놀이를 관찰하고, 놀이가 활발하게 이루어질 수 있도록 지원하기 위해 필요한 경우 개입하여 활동을 운영할 수도 있다. 영아의 놀이를 관찰하여 영아가 자발적으로 학습하는 것들을 파악하고 이를 확장하고 심화시켜 주기 위해 교사는 활동을 계획할 수 있다. 영아의 경우 주로 혼자 놀이를 많이 하기 때문에 활동 지원은 개별적으로 이루어지지만 영아들이 함께 모여 놀이를 한다면 소집단으로 활동이 이루어질 수도 있다.

일과 중 활동 시간은 교사가 계획하여 실시하거나 놀이의 흐름을 위해 필요하다면 놀이 중간에 잠깐 활동을 하고 다시 놀이로 연결할 수 있다.

활동은 교사가 계획했다고 하더라도 영아의 흥미와 상황에 따라 내용과 방법을 변경하거나 운영하지 않을 수도 있다. 활동의 내용은 영아의 놀이를 중심으로 이를 지원하기 위한 내용으로 구성하는 것이 좋다. 활동의 방법 또한 영아가 주도가 되어 즐겁게 참여할 수 있는 교수방법을 활용해야 한다.

영아가 탐색을 하다가 물건을 주워 담는 놀이를 해서 주머니를 만들어 탐색 대상을 담아 볼 수 있는 활동으로 지원한다.

4) 일과를 융통성 있게 운영한다

교사는 영아의 놀이를 중심으로 일과를 구성하고 영아의 놀이 흐름이 끊어지지 않도록 충분한 놀이시간을 반영한 융통성 있는 일과를 구성하는 것이 좋다. 일과의 순서는 일관성이 있어야 하지만 융통성 있게 운영되어야 한다. 교사는 영아의 놀이를 관찰하고 이를 기록하고 평가한 내용을 토대로 다음 날의 일과를 다른 순서로 조직할 수 있다. 날씨나 자연현상 그 외 영아들의 관심을 반영하기 위해 일과 순서를 바꿀 수도 있다. 일과의 융통성 있는 운영은 영아가 주도적으로 또 자신의 리듬에 맞게 하루 일과를 해 나갈 수 있는 기회를 준다. 영아의 일과를 관찰하고 평가하여 다음 날의 일부를 조정해 보거나 하여 영아가 편안하게 하루 일과에 임할 수 있도록 도와야 한다.

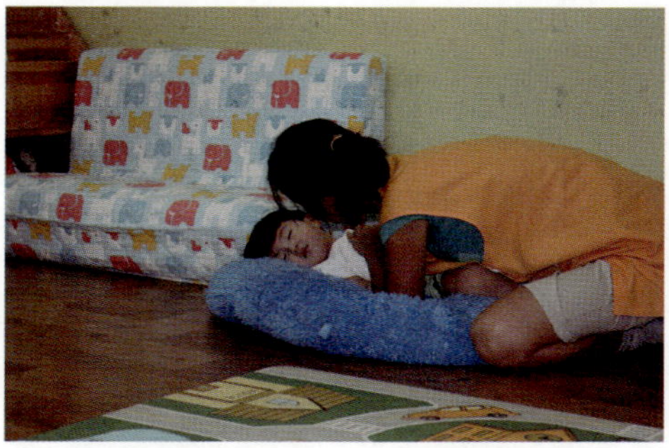

등원 후 바깥놀이를 계획했는 데 영아의 컨디션이 좋지 않고 졸려해서 먼저 쉬게 하고 영아가 좀 더 활발해졌을 때 바깥놀이를 하도록 일과를 조정할 수 있다.

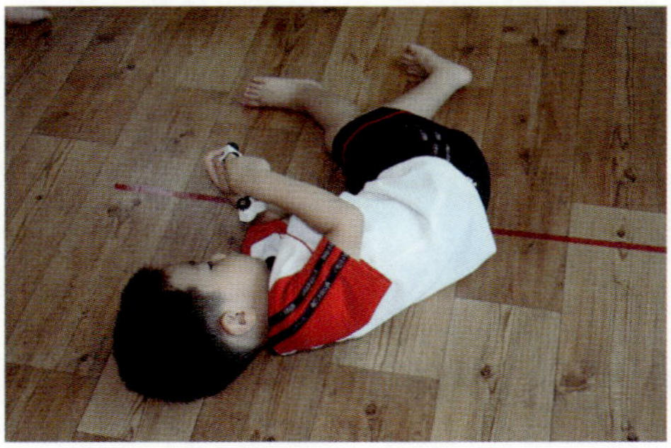

영아가 놀이 하며 피곤함을 느끼는 경우 일과 중 휴식시간과 전이시간을 앞당겨 운영할 수 있다.

생각해 보기

0세, 1세, 2세 영아들을 위한 하루 일과계획에서 연령별로 중점을 두어야 할 사항은 무엇일까?

연습문제

(1–7) 다음 문장을 읽고 옳으면 ○, 그르면 ×로 표시하시오.

1. 영아를 위한 교수학습활동은 국가수준의 교육과정인 표준보육과정과 누리과정을 기초로 장 · 단기 계획을 수립하여야 한다. (　　)
2. 영아를 위한 연간보육계획은 영아가 달성해야 할 목표와 내용을 주제로 묶어 제시해야 한다. (　　)
3. 영아를 위한 연간보육의 주제는 친숙하고 구체적이기보다 추상적이며 친숙하지 않은 것이 더 의미 있다. (　　)
4. 영아반의 경우 계획한 활동을 반복하지 않도록 반드시 주간보육계획을 수립해야 한다. (　　)
5. 영아를 위한 자유선택활동은 오전과 오후 통틀어 1번 1시간 30분이면 충분하다. (　　)
6. 하루 일과를 계획함에 있어 영아가 자연스럽게 다음 활동에 대해 예측하고 안전감을 느낄 수 있도록 등원 및 맞이하기, 일상생활, 실내 자유놀이, 귀가 등을 일관성 있게 구성하는 것이 좋다. (　　)
7. 영아를 위한 일일보육계획 시 최소 30분 이상 실외활동계획을 수립한다. (　　)

(8–12) 다음 문장을 읽고 답하시오.

8. 영아를 위한 교수학습활동 계획 시 고려해야 하는 국가수준의 보육과정은?
   (　　　　　　　　　　)
9. 영아를 위해 1년 동안 이루어지는 전체 보육 프로그램에 대한 포괄적인 계획은?
   (　　　　　　　　　　)
10. 영아를 위한 보육계획 수립단계는?
    (　　　　　　　　　　　　　　　　　　　　)
11. 일상적 양육활동이 놀이활동에 비해 많은 부분을 차지하며, 애착을 보이는 사람과 사물을 중심으로 주제를 선정해야 하는 연령은? (　　　　)
12. 발달특성을 고려할 때, 일상적 양육활동과 함께 놀이활동의 비중이 커지며, 어린이집–나–가족–친구로 관계를 확장해 나가고 동시에 계절의 변화, 흥미와 관심 등을 반영하는 주제를 선정해야 하는 연령은? (　　　　)

연습문제

(13–15) 다음 질문을 읽고 서술하시오.

13. 일상적인 양육활동에 비해 놀이활동의 비중이 점점 커지는 것이 특징인 2세 유아를 위한 하루 일과를 계획해 보시오.

시간	주요 일과

14. 0세 영아를 위한 연간보육계획 수립 시 고려해야 할 점을 서술하시오.

15. 영아를 위한 하루 일과를 계획할 때 고려해야 할 사항을 서술하시오.

chapter

06

영아 교수학습 실행

교수학습의 실행은 어린이집에서 보육과정을 운영하면서 영아의 학습을 지원하기 위해 교사가 구체적으로 어떻게 실제를 해 낼 지에 관한 것이다. 영아중심 · 놀이중심 보육과정은 교사가 놀이지원자로서 영아의 관심과 흥미를 반영한 다양한 놀이와 경험을 지원하기 위해 공간을 구성하고, 자료와 시간을 조직하고 상호작용에 변화를 줄 것을 기대한다. 이 장에서는 2024 개정 표준보육과정을 기초로 영아 교수학습의 실행을 알아보도록 한다.

1 놀이공간의 지원

교사는 우선 영아가 공간에 부여하는 의미가 무엇인지 세심한 관찰을 통해 파악해야 한다. 영아의 놀이를 방해하는 요소는 무엇인지, 또 영아의 놀이를 자극할 수 있는 요소는 무엇인지 파악하여 영아에게 필요한 놀이공간을 구성하고 운영해 나가야 한다. 어린이집에서 환경으로서의 공간은 실내와 실외 공간 뿐만 아니라 영아가 이용하는 어린이집 밖 지역사회 공간까지 포함한다. 영아들에게 있어서 어린이집은 물리적 시설의 의미 이상이며 내부의 구성원과의 상호작용을 통해 의미를 부여받는 장소이다. 영아는 놀이과정에서 공간을 찾아내기도 하고 공간을 확장하기도 하며 공간을 연결하기도 한다.

교사는 이러한 의미를 가진 공간을 영아의 입장에서 살피고 보육실 내의 놀이공간을 어떻게 구성할지, 실외 공간을 어떻게 활용할지에 대해 고민해 볼 필요가 있다. 보육실에 있는 기존의 놀이영역에 대한 적합성을 검토하고 영아의 의도와 목적에 따라 융통성 있게 놀이영역을 조정할 수 있어야 한다. 놀이영역은 영아의 놀이에 따라 언제든 변화할 수 있고 교사는 영아의 놀이에 따라 즉각적으로 놀이공간을 재배치 해 주고 실내외 전체공간을 놀이를 위해 다양하게 활용하려는 노력이 필요하다.

1) 놀이공간을 융통성 있게 배치해 본다

교사는 어린이집의 특성이나 보육실의 물리적 구조, 영아의 발달수준, 흥미와 관심 등에 따라 자율성을 가지고 보육실 놀이공간을 구성할 수 있다. 보육실내에 놀이공간을 고정시켜 두기보다는 영아의 흥미에 맞게 융통성 있게 구성한다.

영아의 놀이를 관찰하면서 놀이에 따라 공간의 크기를 크거나 작게 조정할 수 있고 영아의 흥미와 관심이 반영될 수 있다면 언제든 공간은 조정할 수 있다. 놀이공간은 교사의 자율성으로 확장하거나 축소할 수도 있고, 조용하고 구석진 곳으로 옮겨 줄 수도 있도 놀이가 통합될 수 있도록 가까이에 배치해 줄 수도 있다.

영아는 놀이영역 속에서 놀이하기보다는 자신이 원하는 놀잇감을 가져와 보육실의 공간을 다양하게 활용한다. 보육실에 놀이할 수 있는 영역을 고정해 두지 않고 영아의 놀이에 따라 공간을 자유롭게 사용하며 놀이하였다.

2) 놀이하는 공간을 넓혀 본다

지나치게 많은 놀잇감과 책상, 의자, 그리고 교구장 등은 영아가 놀이를 하는 데 오히려 방해가 될 수 있다. 특히 신체조절력이 발달하고 있는 영아가 움직이고 활동하기에 너무 많은 공간을 차지하는 가구나 놀잇감 등은 영아가 움직이고 놀이하는 데 불편할 수도 있다. 놀이영역을 모두 갖추고 놀잇감을 영역 안에 국한시키면 영아가 놀이하는 데 있어서 놀이가 단절될 수도 있고 통합적 놀이가 이루어지기 어려울 수도 있다.

영아의 놀이를 관찰하며 영아의 놀이에 좁은 공간이 방해가 된다고 판단이 되면 그래서 영아의 놀이 공간을 좀 더 넓혀 줄 필요가 있다면 방해가 되는 가구와 설비를 치우거나 영아가 관심 가지지 않는 놀잇감은 제거함으로써 놀이 공간은 충분하게 만들 수 있다.

책을 보고자 하는 영아들이 많아져 언어영역을 넓혀 원하는 영아들이 모두 책을 볼 수 있도록 하였다.

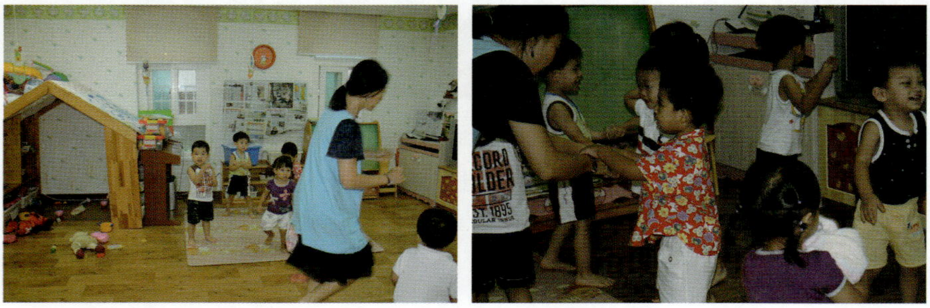

영아들이 음률영역에서 움직임이 많아져 놀이공간을 넓히고 움직임이 활발하도록 하였다.

3) 다른 놀이공간을 찾아본다

영아는 놀이 공간을 새롭게 만들어 내기도 한다. 오히려 자신이 발견한 공간을 더 좋아한다. 교사는 영아가 의미를 둔다면 보육실과 실외 놀이터 외에도 복도, 현관입구, 보육실과 보육실 사이의 공유 공간 등을 활용할 수 있겠다. 새로운 공간을 활용할 때는 안전한지 살펴보고 영아가 자유롭게 놀이해도 안전할 수 있는 공간으로 만드는 것이 중요하다.

미끄럼틀 아래쪽 공간이 영아들이 모일 수 있는 공간이 되기도 한다.

실내에서 보던 책을 밖으로 가지고 나와서 돗자리를 깔고 실외에서 읽으면 또 다른 공간이 만들어지기도 한다.

영아는 구석진 곳을 좋아하는 데 선반을 이용해 자신의 놀이공간으로 활용하고 있다.

2 놀이자료의 지원

영아에게 놀이자료는 탐색의 대상이며 탐색을 통해 이해한 것을 적용해 볼 수 있는 학습의 주요 도구이다. 영아는 놀이자료를 응용해서 활용함으로써 자신만의 방식으로 재창조하기도 한다. 어린이집에서 교사가 준비한 자료에 더하여 영아에게 익숙한 일상의 사물들, 자연물이나 자연현상 등 모든 것이 자료가 될 수 있다. 또한 OHP나 조명기구, 다양한 디지털 매체 등도 영아의 놀이를 더 풍부하게 만들어 준다.

교사가 놀이자료의 놀이방법을 정하거나 놀이자료 자체가 놀이방법을 결정하기도 하지만 영아는 이와 다른 방법으로 놀이자료를 활용하고 놀이한다. 영아의 학습은 이미 놀이방식이 정해진 놀이자료를 정해진 대로 사용하기보다는 자신만의 탐색방법과 놀이방법으로 활용할 때 더 의미 있게 일어날 수 있다. 그러므로 교사는 영아가 어떤 자료에 관심을 가지고 또 어떻게 가지고 놀이하려는지를 파악하여 영아만의 방식으로 놀이할 수 있도록 지원해야 한다. 더불어 교사에게는 영아 주변의 모든 대상은 위험하지 않는 한 놀이자료가 될 수 있다는 열린 태도가 필요하겠다.

1) 영아가 결정한 자료활용 방법을 격려한다

영아는 교사의 의도와는 달리 놀이자료를 활용하기도 한다. 영아는 자신만의 방식으로 자료를 이해하고 교사가 의도한 것과 다르게 자료를 활용하는 것이다. 어떤 자료는 탐색의 대상이며 탐색을 반복적으로 하며 활용도가 다양해져 놀이 속에서 오랫동안 활용되기도 한다. 교사는 교사의 의도대로 놀이자료를 활용하려고 하기보다 영아의 방식으로 놀이자료를 활용할 수 있도록 인정하고 그 안에서 학습이 일어날 수 있도록 관찰하고 지원할 필요가 있다.

영아는 고리끼우기 놀잇감을 자신의 다리에 끼우며 놀이하는 방식으로 놀이하고 있다.

영아가 구슬 끼우기 놀잇감을 역할 영역에서 음식으로 활용해서 놀이하고 있다.

돌멩이를 손으로 탐색하려는 교사의 의도와는 달리 발가락 사이에 넣고 놀이하고 있다.

2) 자연물이나 자연현상도 자료가 될 수 있다

영아는 바깥놀이를 하고 산책을 하며 주변의 동식물을 보고 만지고 냄새 맡으면서 놀라기도 하고 즐거워하기도 하며 기뻐하기도 한다. 영아는 자연물을 오감각으로 탐색하며 자연물의 특성을 이해하기도 하고 아름다운 색과 모양, 소리 등에 반응하며 심미감을 경험하기도 한다. 또한 자연현상은 놀이의 매개가 되어 영아의 흥미를 자극하고 그 속에서 학습이 일어나기도 한다. 이처럼 자연은 영아의 삶 속에서 중요한 놀이자료이자 학습의 매개체가 될 수 있다.

영아가 산책하면서 관심을 보인 낙엽을 실내로 가져와 탐색하고 놀이에 활용하고 미술활동으로까지 연계하였다.

3) 다양한 일상의 사물을 놀이자료로 활용한다

놀이방법이 제한되어 있고 고정되어 있는 놀잇감보다는 영아는 일상에서 발견한 물건들로 놀이를 더욱 활발하게 하기도 한다. 영아는 일상의 물건들을 발견하고 탐색하며 물건의 특성에서 놀이를 끌어내기도 한다. 물건의 색깔, 모양, 특성 등을 이해한 영아는 자신만의 방식으로 놀이를 창안해 내는 것이다. 교사는 상품화된 놀잇감 외에도 영아가 발견한 놀잇감을 인정하고 다양한 열린 자료를 지원하도록 한다.

놀잇감을 담아 두는 상자를 활용해 물건들을 담고 나르는 수레처럼 활용한다.

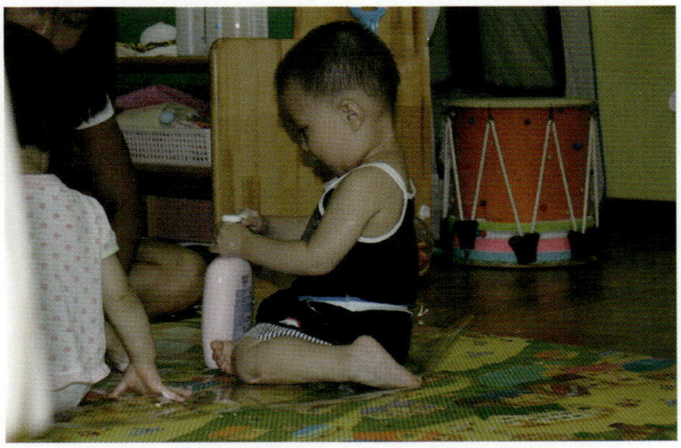

영아가 평소에 사용하던 로션으로 촉감놀이를 하고 있다.

4) 자료가 없어도 놀이할 수 있다

영아는 자신의 신체를 인식하고 몸으로 움직이며 주변세계를 알아 나가고 자신의 감정과 생각을 표현하며 다양한 놀이를 한다. 바깥놀이를 하면 영아는 별다른 자료가 없어도 자유롭게 놀이를 하고 만들어 나간다. 또 다른 영아와 만나 몸을 이용해 하는 놀이를 하기도 한다. 교사는 실내 놀이로만 제한하지 않고 또 특정 신체움직임을 지시하는 등의 놀이로만 국한하지 않고 영아의 자유로운 움직임을 통해 놀이가 만들어질 수 있도록 지원한다.

영아는 걸으며 달리며 움직이는 것 만으로도 즐겁고 신체조절에 도움이 되는 의미 있는 놀이가 된다.

자료 없이 다른 영아와 모이는 것 만으로도 놀이가 될 수 있다.

바깥으로 나와 동네를 산책하는 것만으로도 영아에게 즐거운 놀이가 될 수 있다.

3 상호작용의 지원

영아는 놀이하면서 또래와 교사, 환경과 능동적으로 상호작용하고 이 과정에서 사물과 현상, 관계에 대해 배운다. 영아와 영아 간에도 상호작용이 많이 일어나는 데 서로에게 관심을 가지고 쳐다보거나 반응하거나 하는 등의 관계를 경험한다. 아직 사회적 기술이 부족해서 적절한 반응이 일어나기는 힘들지만 또래 영아의 놀이를 쳐다본다거나 또래 영아의 비언어적인 표현에 관심을 가지고 반응하려고 하는 행동을 볼 수 있다. 교사는 영아와 영아가 서로에게 관심을 가지고 상호작용하며 놀이할 수 있도록 자유로운 놀이환경을 충분히 제공해 주고 주의 깊게 관찰하며 필요한 자료를 제공하거나 공간을 조정하는 등의 지원을 제공할 필요가 있다.

2024 개정 표준보육과정에서의 영아중심 보육과정에서 영아와 교사 간의 상호작용은 놀이의 시작과 지속, 새로운 놀이로의 전이와 확장, 마무리 등 놀이의 흐름을 관찰하고 영아의 흥미와 의도를 이해하는 과정에 기반해야 한다. 교사가 영아와 의사소통하는 방법은 특히 비언어적 의사소통을 많이 하되 언어적으로도 반영해서 소통할 수 있어야 한다. 교사는 관찰하기, 질문하기, 제안하기, 함께 참여하기, 정서 지원하기와 같은 방법으로 영아와 상호작용하면서 놀이를 간접적 또는 직접적으로 지원한다. 교사의 상호작용은 영아의 놀이에 대한 흥미를 지속시키거나 놀이의 방해요소를 제거해 주고 영아의 놀이 속에서 표준보육과정의 5개 영역의 내용에 해당되는 의미를 분석하고 이를 충분히 경험할 수 있도록 지원하는 데 초점을 둔다.

영아와 환경과의 상호작용은 놀이공간, 놀이자료 등의 내용을 참고하여 영아 중심의 놀이공간, 놀이자료가 될 수 있도록 교사는 열린 태도로 영아의 놀이를 인정하고 격려해야 할 것이다.

1) 영아와 영아의 상호작용을 지원한다

교사는 영아가 또래 영아와 어떤 관계를 맺는지 놀이하는 동안 관찰해야 한다. 영아의 사회적 기술이 어느 정도인지 이로 인해 영아 자신의 놀이나 또래의 놀이에 방해가 되거나 힘든 요소는 없는지 살펴야 하고 적절한 방법에 대해 얘기해 줄 필요가 있다. 또한 영아와 영아의 상호작용으로 놀이가 좀 더 확장될 수 있다면 교사는 적극적으로 격려해야 할 것이다. 교사가 매 순간 개입하고 간섭하면 영아의 놀이와 관계에 방해가 될 수 있으므로 영아의 놀이장면을 잘 관찰하면서 적절한 순간에 개입하는 것이 필요하다.

영아는 혼자 놀이하는 경우가 많은데 이때 교사는 개별적 지원을 하지만 영아가 또래에게 관심을 가지고 또래의 놀이와 놀잇감에 관심을 가질 때 적절하게 영아와 영아 사이의 놀이가 이어질 수 있도록 중개 역할을 할 수 있을 것이다. 또래의 놀이를 모방하려는 영아, 또래의 놀잇감에 관심을 보이는 영아, 또래에게 자신의 놀잇감을 주려고 하는 영아 등 다양한 상황의 영아들을 살피고 적절한 언어와 행동을 교사가 모범을 보이며 접근하는 것이 필요하다.

영아가 또래 영아의 놀이행동에 관심을 보이고 있다.

영아가 또래의 신발에 관심을 가지고 자신의 신발을 보여 주며 얘기를 하려고 한다.

영아가 또래 영아의 자전거를 밀어 주려고 하는 친사회적 행동을 하고 있다.

2) 영아와 환경의 상호작용을 지원한다

영아는 특정 놀이영역에서 정해진 놀이를 하기보다는 공간을 이동하며 놀잇감 중심으로 놀이를 한다. 그래서 놀이영역이 정해져 있기보다는 영아의 관심과 흥미에 따라 보육실 전체가 놀이 공간이 될 수 있으며 영아 주도적으로 이러한 공간을 활용할 수 있도록 지원해야 한다. 영아의 관심과 흥미가 펼쳐질 수 있는 모든 공간이 다 영아에게 의미 있는 공간이므로 안전한 환경이라며 영아 중심의 공간을 수용해 줄 때 놀이는 좀 더 활발하게 이루어질 수 있을 것이다.

또한 교사는 영아가 관심을 보이는 대상이 무엇인지 관찰하며 영아가 그 대상을 놀이에 어떻게 활용하는지를 파악할 필요가 있다. 영아가 어떤 놀이자료를 갖고 놀이하며 또 어떻게 활용하는지를 파악하고 영아의 놀이 과정 속에서 학습의 의미를 찾아야 할 것이다. 영아가 어떻게 저마다의 방식으로 놀이자료와 상호작용하는지 관찰하고 파악하면 영아의 특성을 더 잘 이해하고 적절하게 지원할 수 있다. 영아의 특성에 따라 놀이자료를 활용하는 방식을 이해하고 영아 개별적으로 자신의 방식으로 놀이를 해 나갈 수 있도록 지원할 때 능동적이고 자발적인 학습이 일어날 수 있게 된다.

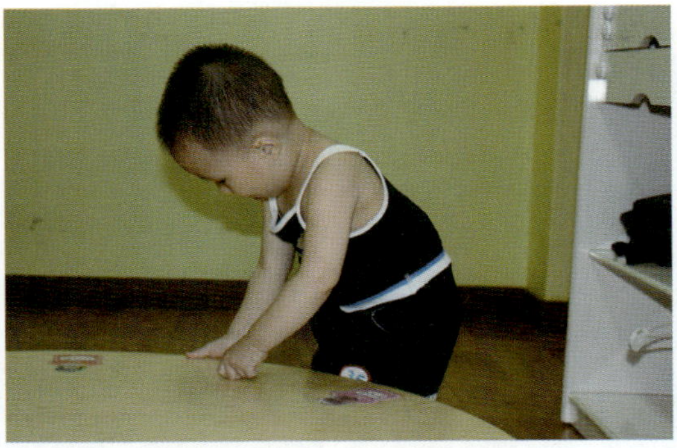

영아가 긴 네모의 나무조각을 둥근 책상의 가장자리에 대보고 있다.
영아의 놀이방식에서 교사는 우선 학습의 의미를 찾아야 할 것이다.

3) 놀이지원을 위해 관찰한다

교사는 상호작용를 잘해야 한다는 생각에 자꾸 영아의 놀이에 개입해서 언어적 상호작용를 하려는 경우가 많다. 그러나 영아의 놀이를 지원하기 위해서는 즉각적인 개입보다는 영아가 놀이에서 보이는 감정의 상태, 궁금해 하는 것, 흥미를 보이고 탐색을 하는 것을 등을 관찰하면서 기다리는 것이 우선이며 기다리고 영아를 쳐다보는 것도 상호작용이 될 수 있다는 것을 이해할 필요가 있다. 교사는 관찰을 통해 영아의 놀이를 충분히 이해하고 적절한 지원 순간과 지원 방법 등을 결정하고 상호작용해야 할 것이다.

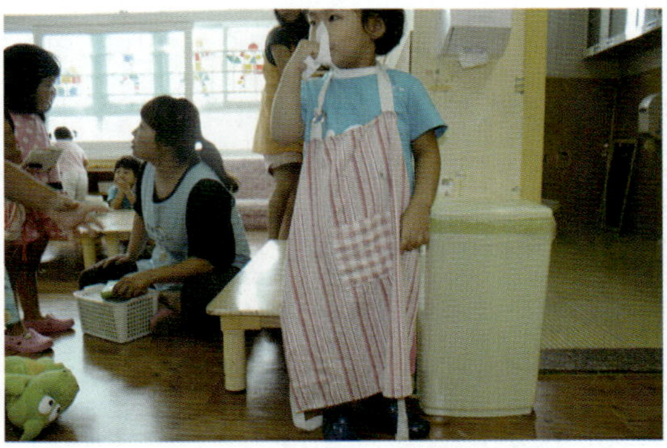

교사는 영아의 놀이를 관찰하다가 영아가 교사를 보거나 교사에게 도움을 요청할 때 미소, 끄덕거림 등 정서적 지원을 할 수 있으며 적절한 언어적 상호작용을 해 줄 수 있다.

4) 제안하며 놀이를 지원한다

교사는 영아의 놀이를 관찰하면서 영아에게 제안을 할 수 있다. 제안할 때는 교사가 일방적인 자신의 생각을 영아에게 강요하거나 지시하거나 하는 것이 아니라 영아의 흥미와 관심에 기반한 놀이를 관찰하면서 관찰에 기반한 놀이나 자료를 제안하며 지원하는 것이 필요하다. 현재 진행 중인 놀이가 잘 지속될 수 있도록 공간, 자료, 시간 등의 측면에서 무엇을 어떻게 지원하는 것이 좋을지 고민하고 제안하며, 영아가 교사의 지원을 어떻게 받아들이는지 살펴보고 추후 지원에 반영할 필요가 있다.

놀이지원으로서의 제안은 영아의 흥미와 관심에 기반해야 하고 영아 주도적인 놀이에 중점을 둬야 하지만 때로는 안전이나 교육적 가치에 중점을 둘 수 있다. 예를 들어, 영아가 놀이하는 가운데 놀잇감으로 또래에게 위험한 행동을 하려고 할 때 영아에게 "블록은 이렇게 끼우고 놀면 좋아" "블럭으로 이렇게 멋진 걸 만들어 볼까?" 등을 제안해 볼 수 있다.

영아가 또래 영아의 뒤를 쫓으며 자전거를 뒤에서 부딪치려고 할 때 "간격을 두고 가도록 하자" "친구 뒤를 천천히 따라가 보자. 쿵 부딪치면 아파요" 등의 제안을 할 수 있다.

영아가 신체놀이를 하다가 책상 위에 올라가 뛰어내리려고 할 때 "바닥에서 즐겁게 춤춰 보자", "책상 위에서 뛰면 넘어질 수 있으니까 바닥에서 즐겁게 춤추자." 등의 제안을 할 수 있다.

5) 영아의 놀이에 참여하며 지원한다

교사는 영아의 놀이를 관찰하여 필요한 경우 영아의 놀이를 함께할 수 있어야 한다. 영아의 놀이를 함께하며 영아와 공감하고 의사소통할 때 교사와 영아의 관계는 안정적인 관계가 되고 영아의 놀이는 더욱더 활발하게 진행될 수 있다. 교사는 영아의 주도적이고 능동적인 놀이를 일과의 가장 중요한 부분으로 인식하고 필요한 경우 공동 놀이자로 참여할 수 있다. 이러한 과정에서 교사는 영아 놀이의 특성을 더 잘 이해할 수 있고 효율적으로 지원할 수 있게 된다.

영아의 놀이는 가끔 영아가 놀잇감이나 놀이 상황에 흥미를 잃거나 아이디어가 없어지면서 끊어지기도 한다. 이때 교사의 놀이 참여는 영아의 놀이를 자극할 수 있고 새로운 아이디어로 놀이를 지속할 수 있는 기반이 될 수 있다. 교사는 적절한 때 영아의 놀이에 참여하여 놀이 파트너가 됨으로써 영아의 놀이를 자극하고 격려할 수 있어야 한다.

영아는 교사가 함께할 때 놀이가 더 자극되고 격려되며 확장될 수 있다. 적절한 순간에 교사의 참여는 영아의 놀이가 더욱더 활발해지는 데 도움이 될 수 있다.

6) 정서적으로 지원해 준다

교사는 영아가 놀이하면서 성취감과 자신감, 유능감을 느낄 수 있도록 정서적으로 지원해야 한다. 미소나 끄덕거림, 공감하는 표정과 같은 비언어적인 상호작용이 이에 해당한다.

"우리 ○○이가 블록을 높이 쌓았구나. 잘했어." "○○이가 이렇게 했어. 우와."와 같은 언어적 상호작용도 영아의 정서를 지원해 주는 좋은 방법이다. 교사가 영아의 놀이에 긍정적인 피드백을 주면 영아는 자신감과 안정감이 생기고 놀이가 좀 더 활발해지며 더욱더 주도적이고 적극적으로 의미 있는 놀이를 해 나갈 수 있게 된다.

영아는 놀이하며 부정적인 정서표현도 하게 되는데 교사는 이때 부정적인 정서도 인정하고 수용하며 영아의 감정을 읽어 주어야 한다. "블럭이 잘 안 끼워져서 화났어." "퍼즐 끼우려고 하는 데 잘 안돼. 아이 속상해." 등과 같이 영아의 부정적인 정서를 이해하고 이를 반영해 주는 상호작용을 할 때 영아는 자신의 정서를 인식하고 교사로부터 위로와 공감을 받는다고 느껴 정서조절이 될 수가 있다. 안정적인 정서로 놀이에 임하게 되면 놀이에 집중하고 놀이에서 즐거움을 많이 느낄 수 있게 될 것이다.

영아가 놀이하는 가운데 부정적인 정서를 보이면 교사는 인정과 공감을 해 주며 영아에게 위로와 공감의 상호작용을 해 주어야 한다.

영아가 자신이 해낸 것을 교사에게 보여 주고자 할 때 칭찬과 인정을 통해 영아가 자신감과 유능감을 느낄 수 있도록 해야 한다.

4 놀이와 안전의 균형적 지원

영아를 보육하는 데 있어서 가장 어려운 점이 영아의 안전과 관련된 문제이다. 그러나 영아의 안전만을 강조하면 영아의 탐색과 모험적 시도에 방해가 될 수도 있고 교사의 입장에서 지속적으로 영아의 놀이를 제한할 수 있게 된다.

또한 영아는 놀이하면서 놀잇감으로 또래 영아에게 위험이 될 수 있는 시도를 하기도 하므로 이 또한 교사에게는 제한해야 하는 행동 중의 하나이다. 교사는 놀이의 시도와 도전 그리고 안전 사이에서 균형 있게 놀이를 지원해야 한다.

안전문제는 민감해서 영아가 조금만 다쳐도 학부모와 이에 대해 소통하거나 하는 데 문제가 생기고 이로 인해 교사는 더욱더 조심하는 것에만 신경을 쓰게 되고 놀이가 자유롭게 일어나기 어려워지는 상황까지 갈 수 있게 된다. 교사는 안전한 놀이를 보장하기 위해 물리적 환경의 안전성을 점검하고 위해를 가할 수 있는 사물이나 물질을 사전에 차단하여야 한다. 물리적 안전성이 확보되었다면 영아가 자유롭게 놀이할 수 있도록 하되 위험한 행동을 할 때는 왜 위험한지 어떻게 해야 안전하게 다룰 수 있는지 등을 얘기해 주고 제안한다. 그래서 영아 스스로 어떤 것이 위험하고 어떤 것이 안전한지를 인식해 나갈 수 있도록 한다.

1) 안전이라는 이유로 놀이를 불필요하게 제한했는지 검토한다

교사는 영아의 놀이가 안전하게 이루어질 수 있도록 관찰하고 지원해야 하지만 정해진 놀이규칙을 고수하기보다는 허용할 수 있는 방법을 찾아보는 것도 필요하다. 위험요소가 있는 놀이상황이라면 무조건적으로 놀이를 못하게 하기 보다는 왜 위험한지 어떻게 다루어야 하는지에 대해 잘 이야기해 주어야 하고 이러한 상황이 올 때마다 반복적이고 일관적으로 이야기해 주어야 한다.

2) 위험한 요소가 무엇인지 영아 스스로 살펴보고 인식할 수 있도록 시간과 기회를 준다

위험한 요소를 영아가 만지거나 다루려고 할 때 그 상황에서 교사는 어떤 것이 위험한 요소인지 차분하게 얘기해 주고 영아가 잠시 살펴볼 수 있도록 한다. 영아가 살펴보는 가운데 어떻게 다루면 위험해지는지 설명해 주고 안전하게 다루려면 어떻게 해야 하는지도 알려 준다.

미끄럼틀을 거꾸로 타려고 하는 영아에게 무조건 타지마라고 하기 보다는 거꾸로 탔을 때 어떤 위험이 있는지 알려 주고 안전하게 타 볼 수 있도록 기회를 줄 필요가 있다.

5 가정과 지역사회 연계를 통한 지원

2024 개정 표준보육과정은 영아를 포함한 다양한 주체가 협력하여 함께 만들어 가는 보육과정을 지향한다. 부모가 표준보육과정을 얼마나 이해하고 참여하는지는 보육과정 운영에 많은 영향을 미칠 수 있다. 교사와 부모가 보육과정에 대해 공유하고 의사소통하면 영아에 대한 일관된 지원을 할 수 있게 된다. 그래서 교사는 부모가 놀이에 대해 이해하고 참여할 수 있도록 소통하고 어린이집의 보육과정 운영에 관한 내용을 부모와 공유해야 한다. 부모도 적극적으로 영아의 보육과정에 참여할 수 있도록 지지하고 이를 통해 부모는 어린이집의 운영과 보육과정에 대해 좀 더 잘 이해하고 영아에게 적절한 도움을 줄 수 있게 된다. 지역사회는 영아의 놀이를 풍부하게 해 줄 수 있는 인적 물적 자원을 갖추고 있으므로 영아 삶의 경험을 풍부하게 해 준다. 교사는 지역사회의 다양한 자원 및 시설을 활용하여 영아의 놀이와 경험이 풍성하게 이루어질 수 있도록 지원해야 한다.

1) 부모와 소통하며 놀이 정보를 공유한다

가정통신문이나 알림장 등 종이로 된 형식적인 문서 이외에 홈페이지, 어플리케이션 등 다양한 방법으로 놀이에 대해 의사소통한다. 보여 주기 위한 사진을 전시하거나 반복되는 일과를 보고하는 것보다는 놀이에 대한 구체적 내용을 공유함으로써 놀이를 통한 경험과 학습에 대해 소통하는 것이 바람직하다.

2) 영아의 경험 확장을 위해 지역사회 자원을 활용한다

교사는 지역사회의 물적, 인적 자원을 최대한 이용하여 영아들의 놀이를 지원해 줄 필요가 있다. 지역사회에는 공공기관뿐만 아니라 다양한 박물관, 놀이터, 과학관, 체험관 등 다양한 시설과 풍부한 자연환경과 전문가들이 있다. 놀이가 이루어지고 있는 중에 영아에게 도움을 줄 수 있는 자원이 있다면 교사는 이를 연계하여 영아의 놀이가 좀 더 풍부해질 수 있도록 도와야겠다.

영아와 함께 동네를 산책하는 것만으로도 지역사회의 다양한 자원들을 만나 볼 수 있는 기회가 된다.

생각해 보기

영아를 위한 일상생활 지도 시 우선적으로 고려해야 하는 것은 무엇일까?

연습문제

(1–7) 다음 문장을 읽고 옳으면 ○, 그르면 ×로 표시하시오.

1. 영아를 위한 일상생활지원 시에는 시범과 함께 행동하는 방법을 설명해 주는 1회 활동으로 충분하다. (　　)

2. 영아를 위한 낮잠시간은 일과에 포함시키지 않는 것이 좋으며, 영아가 모두 잠든 것을 확인한 후에는 자리를 비워도 좋다. (　　)

3. 수유시간은 영아가 자신에게 필요한 영양소를 섭취하는 시간이므로 영아의 먹는 양에만 중점을 두면 된다. (　　)

4. 0세 영아를 위한 실내놀이의 경우 신체, 언어, 감각 · 탐색영역으로 구성하여 배치하는 것이 좋다. (　　)

5. 언어영역에는 낮은 책장, 영아용 소파, 쿠션, 인형, 가족사진, 책 등을 제공하여 자연스럽게 영아의 언어발달을 증진시킬 수 있다. (　　)

6. 영아는 실외에서 자유롭고 보다 크게 활동을 실행함으로써 창의력과 상상력을 증진시킬 수 있다. (　　)

7. 영아를 위한 보육환경을 구성하기 위한 원리 중 가장 최우선으로 해야 할 것은 영아의 건강과 안전이다. (　　)

(8–12) 다음 문장을 읽고 적절한 활동 및 영역 이름을 적으시오.

8. 교사와 영아가 처음 만나는 시간으로 하루 일과의 시작을 의미하는 것은? (　　　　)

9. 영아가 오감각을 통해 사물을 탐색할 수 있도록 잡고 빨 수 있는 놀잇감, 모빌, 거울, 퍼즐, 동물 인형, 롤러코스터 등의 교구를 제공해 줄 수 있는 영역은? (　　　　)

10. 경사면이 있는 기구, 밀고 끌 수 있는 인형, 유모차, 세발자전거 등을 제공하여 새로운 대 · 소근육기술을 시도할 수 있는 영역은? (　　　　)

11. 영아가 일상생활에서 경험한 것들을 다시 흉내 내어 놀이하는 가작화놀이가 이루어지는 영역은? (　　　　)

12. 헝겊책이나 감각책 등의 영아용 도서를 제공하고 인형이나 헝겊전화기와 같이 상호작용을 촉진할 수 있는 다양한 놀잇감을 비치하는 영역은? (　　　　)

연습문제

(13-15) 다음 질문을 읽고 서술하시오.

13. 영아를 위한 낮잠 및 휴식지도 시 고려해야 할 내용을 서술하시오.

14. 영아를 위한 언어영역에서 교사의 역할을 간략하게 서술하시오.

15. 영아를 위해 일상생활을 지원할 때 고려해야 할 지도 원리를 서술하시오.

chapter

07

영아 교수학습 평가

2024 개정 표준보육과정에서는 어린이집 및 학급수준 보육과정 운영의 자율성이 강화됨에 따라 평가 역시 그 방법과 시기에 대해서도 자율성을 가지도록 하고 있다. 교사는 관찰과 기록, 수집, 부모 설문지 등의 다양한 방법을 이용하여 영아평가 및 표준보육과정 운영평가를 실시한다.

1 평가를 위한 자료 모으기

보육과정은 영아의 놀이와 일상생활 그리고 활동 속에서 이루어지므로 교사는 이 과정에서 영아를 관찰하고 기록해 두어야 한다. 특히 영아의 자유놀이를 강조하므로 영아의 놀이과정을 관찰하여 평가에 필요한 자료를 모을 수 있다. 교사는 영아의 놀이를 관찰하며 중요한 내용을 기록하여 영아를 이해하고 놀이를 지원하는 데 중요한 자료로 활용할 수 있다. 교사는 관찰과 기록의 양에 부담을 느끼기보다는 영아를 위한 좀 더 개선된 계획과 보육과정 운영을 위해 영아에 대한 중요한 내용을 기록하고 평가한다는 생각으로 자료를 모아야겠다. 자료를 수집할 때에는 효과적으로 내용을 조직할 수 있고, 기록을 쉽게 활용할 수 있으며 관리하는 데에도 시간이 덜 드는 방법을 활용하는 것이 좋다.

1) 다양한 방식으로 기록해 본다

영아중심 · 놀이중심 보육과정이 잘 운영되기 위해서는 영아의 놀이를 중심으로 하루 일과를 관찰하고 기록할 필요가 있다. 교사가 영아를 관찰하며 중요한 내용을 중심으로 핵심 단어 위주로 메모지에 기록해 두고 영아가 귀가한 후 이를 회상하며 보완해서 평가해 볼 수 있겠다. 이때 짧은 메모를 그대로 활용할 수도 있고, 영아 명, 시간, 장소, 상황, 관련 표준보육과정 내용 등을 수기로 간단히 작성할 수 있다. 또는 일일보육계획안의 평가란이나 일지 양식을 변형하여 관찰 및 평가 내용을 기록할 수도 있다. 사진 등을 남겨 두어 기록한 내용을 평가하는 것도 하나의 방법이다. 교사는 다양한 방식을 고안해 낼 수 있고 영아를 평가하기 위한 효율적인 방법을 자율적으로 활용해도 좋다.

2 자료를 활용하여 평가하기

평가는 영아평가와 표준보육과정 운영평가로 나누어 볼 수 있다. 영아평가는 영아의 발달과 영아의 놀이를 통한 학습의 내용과 영아의 고유한 특성과 시간의 흐름에 따른 변화를 이해하고자 하는 것이다. 표준보육과정 운영평가는 영아의 놀이, 일상생활, 활동이 잘 연계되어 영아에게 의미 있는 경험의 내용으로 운영되었는지를 알아보는 것이다. 영아평가와 표준보육과정 운영평가는 어린이집의 상황이나 필요에 따라 가장 적합한 방법을 선택하여 자율적으로 실시한다. 영아중심 · 놀이중심 보육과정에서는 일과 중 나타나는 영아의 관심과 흥미에 기반하여 보육과정이 운영되고 이를 실행 및 평가에 남겨 두어 영아에게 의미 있는 경험이 일어나고 있는지 평가하고 이후 영아에게 좀 더 의미 있는 경험이 일어날 수 있도록 계획하는 데 의의가 있다. 그렇다면 교사의 관찰기록과 이를 통한 영아에 대한 평가와 표준보육과정 운영에 대한 평가는 앞으로의 보육과정 운영에 있어서 아주 중요한 자료가 될 수 있다. 교사는 평가의 중요성을 인식하고 관찰 기록과 평가를 지속적으로 해 나가야 한다.

1) 영아의 특성 및 변화 정도를 평가한다

영아에 대한 평가는 일상생활과 놀이과정에서 이루어질 수 있다. 교사는 영아의 놀이하는 모습을 기록한 계획안이나 일지, 영아의 놀이 사진이나 결과물 사진, 작품, 동영상 등의 다양한 자료를 활용하여 영아에 대한 객관적이고 깊이 있는 평가를 할 수 있다. 영아의 관심과 흥미가 무엇인지, 어떤 놀이를 선호하는지, 영아의 발달 정도는 어떠한지 등을 파악하고 변화 정도 또한 평가할 수 있다. 이때 표준보육과정 5개 영역의 내용이 놀이에서 어떻게 경험되고 어떤 학습이 일어났는지 살펴본 후 이를 추후 영아의 놀이지원에 반영할 수 있도록 한다. 나아가 이러한 자료들을 통해 추후 보육과정 운영 지원에 반영할 수 있다.

2) 표준보육과정 운영을 평가한다

평가는 표준보육과정 운영의 질을 개선하기 위해 필요하다. 그러므로 교사는 어린이집과 학급의 특성을 반영하여 자율적으로 표준보육과정 운영을 평가하여야 한다. 표준보육과정 운영평가는 일과구성이 영아에게 적절하였는지, 일상생활이나 활동이 영아의 놀이를 지원하는 방식으로 진행되었는지, 놀이를 통해 영아에게 어떤 경험이 어떻게 일어났는지 등에 대해 반성적으로 검토해 보는 것이다. 교사는 영아들의 놀이내용, 놀이를 통해 학급에서 일어나고 있는 영아들의 학습과 참여 등에 대한 관찰기록을 기초로 해서 보육과정을 평가하고 앞으로의 보육과정 개선 계획에 이러한 것들을 반영할 수 있다.

3) 놀이에서 표준보육과정 5개 영역을 경험하였는지 돌아본다

표준보육과정의 5개 영역은 영아가 놀이를 통하여 경험해야 할 내용이므로 교사는 영아의 놀이를 관찰하면서 놀이상황에서 5개 영역과 관련한 경험이 어떻게 이루어졌는지 평가해 낼 수 있다. 5개 영역의 내용을 영아가 모두 달성해야 되는 것은 아니며 성취 기준의 의미는 아니다. 그리고 매일 5개 영역과 연계할 필요는 없다. 놀이와 일상생활, 활동으로 이루어진 일과 운영 후 또는 영아의 놀이 흐름이 마무리되었을 때 5개 영역의 경험이 어떻게 나타났는지 검토하고 지원을 계획해 볼 수 있다.

〈표 7-1〉 영아의 경험을 표준보육과정 5개 영역의 내용과 연계하여 이해한 예

영아의 놀이	 영아가 공에 관심을 가지고 탐색을 하고 공을 갖고 놀이하다가 종이 막대에 관심을 가지고 탐색하고 놀이했다. 막대를 갖고 놀다가 공에 갖다 대어 보며 놀이가 진행되었고 종이 막대로 공을 굴리는 놀이까지 하게 되었다.
신체운동 · 건강	신체를 움직이며 자신의 신체를 조절하고 눈과 손의 협응력을 바탕으로 공을 막대로 굴리면서 대소근육을 다양하게 조절함. 종이막대로 공이 굴러가게 하면서 신체 움직임에 즐거움을 느낌. 종이막대를 안전하게 사용하는 방법을 경험함 추가
사회관계	공 굴리기를 하면 즐거운 감정과 성취감을 표현했고 교사에게 보여 주고자 함.
의사소통	공과 종이 막대 이름을 말하고 공이 굴러가는 것과 자신의 움직임에 대해 말로 표현하려고 함. 교사가 영아의 행동을 말해 주는 것을 유심히 듣고 있었음.
예술경험	보육실에 있는 다양한 색깔의 공을 골라서 하기 시작함. 손가락으로 특정 색깔을 가리키며 좋아한다는 표현을 함.
자연탐구	공을 건드리며 굴러간다는 물체의 특성을 파악하고 손뿐만 아니라 종이 막대로도 공을 굴릴 수 있다는 것을 알고 도구에 관심을 가짐.

생각해 보기

영아의 발달과정을 파악하기 위하여 어떤 자료들을 수집하거나 활용하면 좋을까?

연습문제

(1–5) 다음 문장을 읽고 옳으면 ○, 그르면 ×로 표시하시오.

1. 영아 평가 시 가장 객관적인 평가방법은 지필 평가이다. (　　)
2. 0~1세아, 2세아의 경우 개별적인 상호작용과 교수법보다는 집단활동을 중심으로 상호작용이 진행되는지 평가해야 한다. (　　)
3. 영아 평가는 영아발달특성에 대한 이해를 근거로 일상생활과 보육과정운영 전반에 걸친 관찰이 이루어져야 한다. (　　)
4. 일일보육계획안에서 놀이와 일상생활의 양과 내용이 영아의 각 연령발달에 적합하게 계획되고 운영되는지 평가해야 한다. (　　)
5. 영아를 위한 보육과정 평가 시 교사는 자신의 교수법, 자료 활용, 영아의 반응을 분석해야 하지만, 이를 다음 날 일과운영 시 반영할 필요는 없다. (　　)

(6–7) 다음 문장을 읽고 답하시오.

6. 영아를 위한 교수학습 평가의 궁극적인 목적은? (　　　　　　　　　　)

7. 영아를 위한 교수학습 평가 시 고려해야 하는 국가수준의 보육과정은? (　　　　　　)

(8–10) 다음 질문을 읽고 서술하시오.

8. 영아 평가 시, 고려해야 할 표준보육과정 영역 5가지를 서술하시오.

연습문제

9. 다음의 영아 놀이장면에서 평가해 낼 수 있는 내용은 무엇인지 서술하시오.

'○○이가 벽돌블록을 높게 쌓아올린다. 쌓아올리다 하나가 떨어지자 칭얼대더니 다시 올린다. 블록을 다 쌓아올리고 선생님을 보며 미소 짓는다.'

10. 영아를 위한 교수학습 평가결과의 활용방안을 간략하게 서술하시오.

PART

IV

유아 교수학습의 계획 및 운영

유아를 위한 교수학습의 계획 및 운영은 유아 교수학습 계획, 유아 교수학습 실행, 유아 교수학습 평가의 3단계로 구성된다. 교수학습 계획은 유아교육기관에서 하루, 한 주, 한 달, 한 학기, 일 년의 시간을 어떻게 보낼 것인가에 대한 교육내용과 시간을 조직하는 단계이다. 교수학습 실행은 교사가 교육과정을 실제로 운영하면서 유아의 배움을 지원하기 위해 다양하게 구현하는 단계이다. 또한 교수학습 평가기관 및 학급 수준 교육과정의 운영을 다양한 방법을 이용하여 평가하는 단계이다.

제4부에서는 유아를 위한 교수학습의 계획 및 운영을 유아 교수학습 계획, 유아 교수학습 실행, 유아 교수학습 평가로 나누어 살펴보고자 한다.

학습목표

- 유아 · 놀이 중심 교육과정을 이해하고 장 · 단기 교수학습을 계획할 수 있다.
- 유아 · 놀이 중심 교육과정에 따라 놀이, 일상생활, 활동으로 일과를 적절하게 실행할 수 있다.
- 교수학습이 계획에 따라 잘 실행되었는지 평가하고 그 결과를 추후 교육에 활용할 수 있다.

학습내용

지식	기술	태도
• 유아 발달 • 2019 개정 누리과정 • 발달에 적합한 교육환경 • 놀이 • 활동 • 일상생활 • 평가	• 놀이 중심 교육과정 운영 • 놀이, 일상생활, 활동으로 구성된 일과 운영 능력 • 지속적인 놀이지원 계획 수립 • 유아의 놀이와 일상생활 관찰 능력	• 유아의 요구와 흥미에 대한 민감성 • 유아 · 놀이 중심 교육과정 운영을 위한 정서적 지원 및 공감 • 발달에 적합한 유아교육과정 실행에 대한 열의

주요용어

- 2019 개정 누리과정
- 놀이
- 일상생활
- 활동
- 배움
- 교육적 지원
- 연간계획
- 월간, 주간, 일일계획
- 일과 구성
- 놀이공간
- 놀이자료
- 상호작용
- 놀이지원
- 유아와 누리과정 운영 평가

chapter

08

유아 교수학습 계획

유아를 위한 교수학습 계획은 유치원과 어린이집에서 하루, 한 주, 한 달, 한 학기, 일 년의 시간을 어떻게 살아갈 것인가에 대한 교육내용과 시간을 조직하는 과정이다(교육부, 보건복지부, 2019b). 유아 · 놀이 중심 교육과정에서는 일과를 놀이, 일상생활, 활동으로 구성하도록 하고 있으며 특히 놀이가 충분히 이루어지도록 편성할 것을 강조한다. 유아 교수학습 계획은 유아를 위한 교육지원 계획하기와 일과구성하기로 구분하여 살펴볼 수 있다(교육부, 보건복지부, 2019b).

1 유아를 위한 교육지원 계획하기

계획하기란 교사가 유아의 놀이를 통한 배움을 지원하기 위하여 교육과정 내용과 시간을 조직하는 것으로, 2019 개정 누리과정에서는 교사가 미리 계획하여 교육과정을 실행하는 것을 지양하고 유아와 함께 만들어 가는 교육과정을 강조한다. 또한 2019 개정 누리과정에서는 교사는 교실 안에서 유아가 진행하고 있는 놀이에 초점을 두고 지원하되 유아가 일상생활 속에서 경험하고 있는 다양한 자연현상, 계절, 특별한 행사 등을 반영하여 교육과정을 계획할 수 있음을 언급하고 있다. 특히 유아를 위한 교수학습 계획을 할 때, 각 기관의 지역적 특성, 교육 철학에 맞추어 교육계획의 양식, 작성 시기와 방법, 활용 방법 등을 자율적으로 정하도록 하고 있다. 기존의 문서 양식으로 담아 낼 수 없거나 필요 없는 부분은 과감히 없앨 수 있으며, 교사의 계획보다는 유아 주도의 놀이 흐름을 중요하게 여기므로 작성의 시기가 변경되는 경우가 많다. 따라서 연간, 월간, 주간, 일일 계획안의 형식이나 분량 등은 각 기관, 각 교실의 상황에 따라 자율적으로 할 수 있으며 선택하여 활용할 수 있음을 강조하고 있다.

1) 연간계획 검토하기

연간교육계획은 유아가 1년 동안 유아교육기관에서 경험할 내용을 한눈에 파악할 수 있도록 제시한 것이다. 2019 개정 누리과정에서는 추구하는 인간상, 기관의 철학, 지역사회의 특성, 개인 수준의 다양성을 고려하여 자율적으로 연간계획을 수립하도록 하고 있다. 연간계획은 특히 학급 차원보다는 기관 차원에서 기관 적응, 계절, 명절, 특별한 국가적 행사, 기관 행사, 졸업과 수료 등 일 년 간의 중요한 경험을 미리 염두에 두고 계획하게 된다. 이와 더불어 각 교실에서는 유아에게서 발현되는 놀이 주제가 즉각적으로 반영될 수 있도록 연간계획을 작성한다.

2019 개정 누리과정 이전에는 유아를 위한 연간교육계획안을 계획할 때에는 학기 초에 모든 교사가 모여 '생활주제와 하위 주제들'을 검토하여 각 연령별 생활주제 선정이 적합한지, 하위 주제가 적합하게 계획되었는지, 연령별 연계가 잘 되는지, 중복되는 생활주제가 있다면 연령별로 어떻게 차별화할 것인지, 국가적 행사 등을 고려할 때 추가해야 할 주제가 있는지 토의를 통해 연간교육계획안을 수립하였다(박찬옥, 서동미, 곽현주, 2015). 그러나 2019 개정 누리과정은 교사가 주도적으로 만드는 교육과정이 아니라, 유아와 교사가 함께 '만들어 가는 교육과정'을 표방하므로 연간계획이 기관차원에서 수립되었다 하더라도 유아의 놀이 경험에 따라 언제든지 바뀔 수 있다.

2) 월간, 주간, 일일계획 검토하기

2019 개정 누리과정에서는 교육과정을 운영함에 있어 월간, 주간, 일일계획안을 기관과 교사의 필요에 따라 형식, 분량을 자율적으로 구성할 수 있도록 하였다. 또한 월간, 주간과 일일계획을 모두 수립해야 하는 것도 아니며, 하나만 선택하여 작성할 수 있음을 제시하고 있다.

특히 2019 개정 누리과정에서는 교사가 주도적으로 교실의 교육과정을 계획 및 조직하기보다는 유아의 놀이흐름에 따라 이를 지원할 수 있는 방식에서 교육과정을 계획할 것을 제안한다. 무엇보다 교사가 미리 계획한 대로 진행하기보다 유아의 놀이가 충분히 이루어질 수 있도록 유아의 놀이흐름을 관찰하고 이에 따라 교사는 놀이를 지원할 수 있는 다양한 방식을 계획할 것을 강조한다. 즉, 교사는 매일 진행되는 놀이를 관찰 및 기록함으로써 다음 날 지원할 놀이공간 및 자료 등 지원내용을 수립할 수 있게 된다. 매주 혹은 유아의 놀이 주제에 따라 지원 계획을 수립할 수는 있지만 교실 안에서 진행되는 놀이흐름에 따라 월간, 주간, 일일계획을 자율적으로 수립 검토할 수 있다.

〈표 8-1〉 놀이실행 및 지원을 기록한 주간교육계획안의 예

주제	우리 동네	목표	내가 살고 있는 곳에 대해 궁금한 것을 알아본다.
요일	**실행**		**지원**
…	…		…
목	• 교실 한켠에 있는 지도에 대해 관심을 가지고 가장 빨리 가는 길에 대한 대화를 나눔		• 인터넷을 활용하여 유아가 지도를 잘 볼 수 있도록 지원함
금	• 인터넷으로 본 지도를 보며 그림으로 길을 표상함 • 교실에 있는 종이가 작다고 하면서 점점 더 큰 크기의 종이를 요청함		• 더 큰 종이 제공함: 도화지 – 4절지–전지–전지 이어서 그림 그리기
월	• 지난주 금요일에 이어 길을 그림으로 표상함. 그림에서 일반도로뿐 아니라 다양한 길에 대한 표상이 나타남 • 종이를 이어 붙이는 것의 불편함과 더불어 이어 붙인 종이 위에 올라가서 그림을 그리자 다시 그릴 공간이 좁아지는 상황이 벌어짐		• 문제해결방법에 대해 유아들과 토의하였고 복도에 나가서 그림을 그리기로 결정함 • 종이는 계속 이어 붙이기 어려워 바닥에 그림을 그리면 좋겠으나 바닥을 훼손하면 안되므로 다음날 교사와 함께 자료실에 가서 바닥에 그리기 적절한 그리기 도구가 있는지 찾아보기로 함
화	• 자료실에 가서 바닥에 그리고 지우기 적절한 그림 그리기 도구를 찾음 • 도구를 찾다가 우연히 테이프를 발견하고 테이프로 길을 만들자고 함 • 유아가 선택한 자료인 테이프로 유아는 복도에서 길을 만들기 시작함		• 교사와 유아가 함께 자료실에 가서 유아가 선택한 자료를 제공함 • 교실 외 놀이공간을 활용함
수	• 복도에서 이어서 놀이함 • 길이 더 길어지고 커짐 • 색테이프를 요청함 • 테이프로 벽에도 표상을 시작함		• 벽까지 올라가서 어떻게 다 떼어 정리하나 걱정도 되었지만 유아들의 놀이를 지켜보기로 함 • 요청에 따라 다양한 색깔의 테이프 추가 제공함 • 테이프로 만든 길 위에 입체적으로 동네를 구성할까 싶어 종이벽돌블록과 소품 일부를 제시해 보았음

목	• 제시한 블록, 소품에 관심을 보이지 않음. 오로지 테이프로만 길 만들기에 집중함 • 복도도 테이프로 거의 꽉 차고 멈춰야 되는지 다른 공간으로 길을 확장해도 되는지 묻기 시작함 • 유아들과 토의 후 계단, 강당까지 가기로 함 • 길/미로/경사로 관련 대화가 오감	• 유아가 안전하게 놀이하도록 교사도 전체를 관찰하지만 평소 놀이하던 공간이 아니고 다른 학급의 유아들도 오가는 공간이므로 안전하게 놀이할 수 있도록 안전에 대해 짧게 이야기를 나눔 • 유아들의 의견을 받아들여 복도에서 계단, 강당까지 기관 전체로 이어서 놀이하는 것으로 함
금	• 테이프로 길 만드는 유아들이 줄어들고, 복도나 계단에서 길 만들기 놀이를 하기보다는 뛰어다니는 유아들이 많아짐 • 테이프를 떼어 정리하는 과정에서 돌돌 말린 테이프가 공처럼 되었고 테이프 공은 다시 유아들에게 새로운 놀잇감으로 보이기 시작함	• 길 만들기 놀이에 대한 관심이 줄어들었음 • 정리도 유아와 함께 진행함. 정리하는 과정에서 새로운 놀이자료를 발견함 • 테이프 공 활용하여 놀이할 수 있는 방법을 유아들 스스로 창안하기 시작함

출처: 교육부, 보건복지부(2019b).

3) 기관이나 교사의 실정에 맞게 계획안의 형식 변경하기

2019 개정 누리과정에서는 연간, 월간, 주간, 일일교육계획안을 자율적이고 융통성 있게 작성할 것을 강조하고 있다. 생활주제, 소주제, 일과 중의 시간 배치, 누리과정 5개 영역과 목표, 활동 개요, 준비물 등을 모두 기록한 기존의 계획안이 실제 실행된 교육과정을 충분히 반영하지 못한다면 기관에 따라 계획안을 변경함으로써 이를 반영할 수 있도록 하여야 한다. 이러한 측면에서 일괄적으로 계획안이라는 명칭보다는 놀이기록과 평가, ○○반 놀이 이야기 등 다양한 명칭으로 변경 가능하다.

〈표 8-2〉 두 개의 놀이 주제를 반영한 월간교육계획안의 예

계절 주제와 유아의 발현된 놀이 주제가 동시에 진행됨

주		5월 1주	5월 2주	5월 3주	5월 4주
놀이 (바깥 놀이 포함)	봄	• 봄꽃 만들기	• 꽃가게 꾸미기	• 꽃가게 놀이	
		• 모형꽃, 화분으로 놀기	• 꽃씨 마라카스		• 티슈로 나비 만들기
		• 산책 사진으로 만든 책	• 씨앗 그림책	• 꽃모양 막대인형	• 봄의 곤충 그림책
	유아의 흥미에 따라 새로운 주제 '반짝이끈'이 시작되었고, 이를 반영함				
	반짝이끈	• 반짝이끈 가지고 나가 놀기 • 반짝이끈 나뭇가지에 묶기 • 반짝이끈으로 만든 도구로 운동하기			
		유아의 흥미에 따라 새로운 주제 '반짝이끈'이 시작되었고, 이를 반영함			
활동		• 우리 교실에는 어떤 장난감이 있으면 좋을까? • 상자와 반짝이끈으로 어떻게 놀이할 수 있을까? • 놀이의 진행과정에 따라 문제해결 의견나누기			
		• 동화 '우리 가족' 동화 '봄소풍'			
		• 노래 '봄에 피는 꽃'	• 봄꽃 찾아오기 게임하기 • 반짝이끈으로 신체 표현하기	• 노래 '씨앗이 자라서' • 반짝이끈으로 게임하기	• 노래 '개미' • 애벌레 신체 표현하기
필요한 경우 활동을 통해 유아의 놀이를 지원함					
행사일정		5일 – 원내 어린이날 행사 / 8일–원내 어버이날 행사 & 포토존 22일–원내 손씻기 교육 / 29일– 급식도우미 활동			

출처: 교육부, 보건복지부(2019b).

2 일과구성하기

유치원과 어린이집의 하루 일과는 유아가 주도하는 놀이를 중심으로 편성하되, 유아의 놀이와 일상생활, 활동으로 구성할 수 있도록 한다. 놀이는 바깥 놀이를 포함하여 가장 길게, 가장 우선 순위를 두어 구성하여 유아가 충분히 놀

이할 수 있도록 해야 한다. 등원, 손 씻기, 화장실 다녀오기, 간식, 점심, 낮잠, 휴식과 같은 일상생활은 유아의 신체적 리듬을 반영하여 계획함으로써 유아가 자연스럽고 즐겁게 하루를 보낼 수 있도록 지원한다. 활동은 유아가 진행하는 놀이를 통해 배움으로 확장할 수 있도록 유아가 주도하는 놀이의 흐름에 따라 필요한 경우 활동을 계획하여 운영하는 것이 좋다.

교사는 놀이, 일상생활, 활동이라는 일과를 미리 계획할 수도 있지만 유아가 주도하는 놀이의 흐름에 따라, 유아가 놀이에 충분히 몰입하고, 그 안에서 배움이 확장될 수 있도록 놀이, 일상생활, 활동을 유연하게 운영하도록 한다(교육부, 보건복지부, 2019a, 2019b).

1) 놀이시간을 충분히 운영하기

유아 · 놀이 중심 교육과정에서는 놀이시간을 충분히 줄 것을 강조하고 있다. 놀이시간은 짧게 여러 번 제공하기보다 한 번에 긴 시간을 제공함으로써 놀이의 흐름이 끊이지 않게 해야 하며 유아가 놀이에 충분히 몰입할 수 있도록 배려해야 한다. 즉, 놀이시간이 한 번에 길게 제공될 때 유아는 놀이에 몰입하면서 의미 있는 배움의 기회를 가지게 된다. 이에 교사는 바깥 놀이를 포함하여 놀이시간을 2시간 이상 확보하되, 날씨와 계절, 기관의 상황, 유아의 관심사와 놀이 특성 등을 고려하여 융통성 있게 편성해야 한다.

2) 일상생활을 융통성 있고 유아 주도적으로 운영하기

일상생활은 유아의 기본적인 욕구를 충족시켜 주고 놀이를 잘할 수 있는 심신의 건강을 제공하는 시간이므로 무엇보다 유아가 편안하고 즐겁게 하루를 보낼 수 있도록 편성한다. 유아들은 하루 일과 중 놀이를 통해 주로 의미 있는 배움의 기회를 가지게 되지만 등원, 하원, 낮잠, 휴식, 간식, 점심, 화장실 다녀오기, 기본생활습관과 같은 일상생활을 통해서도 배움의 기회를 가질 수 있다. 이에 교사는 유아가 자율적이고 주도적으로 일상생활을 할 수 있도록 충분한 시간과 기회를 허용해 주어 즐겁고 편안한 분위기에서 의미 있는 배움이 일어나도록 지원할 수 있어야 한다.

특히, 교사는 유아의 기본적인 요구를 방해하지 않는 범위 안에서 놀이의 흐름을 지속시키면서 하루 일과를 융통성 있게 운영할 수 있으며, 일상생활을 유아 주도하에 놀이 방식으로 즐길 수 있는 방안을 고민해 보는 것도 좋다.

3) 놀이와 연결하여 활동 운영하기

유아 · 놀이 중심 교육과정에서 교사는 유아의 놀이를 관찰하면서 놀이를 보다 확장시키고, 의미 있는 배움으로 연결시키기 위해 이야기 나누기, 노래, 동화, 게임, 신체 표현과 같은 활동을 자연스럽게 연결하여 하루 일과를 운영할 수 있다. 활동의 경우 교사가 미리 계획하여 제안할 수도 있지만 유아가 다른 유아와 함께 놀이를 공유하기 위해 주도적으로 준비할 수도 있다. 유아가 주도적으로 이끄는 놀이와 비교하여 활동은 교사가 계획하고 주도적으로 실시하는 경우가 많으므로 교사는 놀이의 흐름을 방해하지 않는 범위 안에서 놀이와 연결하여 활동을 운영할 수 있도록 주의해야 한다. 이러한 활동은 놀이가 활발하게 이루어질 수 있도록 지원하는 것임을 반드시 유념하여야 한다.

4) 일과를 융통성 있게 운영하기

유아 · 놀이중심 교육과정에서 교사는 유아가 놀이의 흐름이 끊어지지 않고 충분히 놀았다고 느낄 수 있도록 하루 일과를 편성해야 한다. 일과의 순서가 매일 일관되게 이루어지는 것도 좋지만, 전날의 놀이 흐름에 대한 기록과 평가를 반영하여 다음날의 일과를 다른 순서로 융통성 있게 조직할 수도 있다.

또한, 다른 연령과 놀이 경험을 공유하고자 할때 교사들 간의 협의를 통하여 일과를 조정할 수도 있고, 날씨나 자연현상에 따른 관심을 놀이에 반영하는 경우에 일과의 순서를 바꿀 수도 있다.

일과가 융통성 있게 운영될 때, 유아는 주도적으로 경험을 구성해 보는 기회를 갖게 된다. 유아와 함께 일과를 평가하고, 다음 날의 일과 중 일부를 유아 스스로 정해 보도록 하는 것이나 일과의 변화가 필요하다고 판단될 때 교사가 일방적으로 결정하기보다는 유아의 의견을 반영해 주는 것 등을 시도해 볼 수 있다.

생각해 보기

유아를 위한 하루 일과구성하기에서 고려할 점은 무엇이 있을까요?

연습문제

(1–8) 다음 문장을 읽고 옳으면 ○, 옳지 않으면 ×로 표시하시오.

1. 유아 · 놀이 중심 교육과정에서는 일과를 놀이, 일상생활, 활동으로 구성하도록 하고 있으며 특히 놀이가 충분히 이루어지도록 편성할 것을 강조한다. ( )
2. 2019 개정 누리과정에서는 놀이를 통한 배움을 지원하기 위하여 교사가 미리 계획하여 교육과정을 실행하는 것을 지향한다. ( )
3. 2019 개정 누리과정에서는 기관 및 학급의 다양성보다는 생활주제를 중심으로 연간계획을 수립할 것을 강조한다. ( )
4. 2019 개정 누리과정에서는 연간, 월간, 주간, 일일교육계획안을 자율적이고 융통성 있게 작성할 것을 강조하고 있다. ( )
5. 2019 개정 누리과정에서는 연간, 월간, 주간, 일일 계획안의 형식이나 분량 등은 각 기관, 각 교실의 상황에 따라 자율적으로 선택하여 활용할 있음을 강조하고 있다. ( )
6. 유치원과 어린이집의 하루 일과는 유아가 주도하는 놀이를 중심으로 편성하되, 유아의 놀이와 일상생활, 활동으로 구성할 수 있도록 한다. ( )
7. 놀이는 바깥 놀이를 포함하여 가장 길게, 가장 우선 순위를 두어 구성하여 유아가 충분히 놀이할 수 있도록 해야 한다. ( )
8. 놀이시간은 한 번에 긴 시간을 제공하기보다 짧게 여러 번 제공하는 것이 좋다. ( )

(9–12) 다음 문장을 읽고 답하시오.

9. 유아 · 놀이 중심 교육과정에서는 일과를 구성하는 3가지는? ( )
10. 유아가 진행하는 놀이를 통해 배움으로 확장할 수 있도록 유아가 주도하는 놀이의 흐름에 따라 필요한 경우 계획한 것은? ( )
11. 유아의 기본적인 욕구를 충족시켜 주고 놀이를 잘할 수 있는 심신의 건강을 제공하는 시간은? ( )
12. 교사가 바깥 놀이를 포함하여 확보해야 하는 놀이시간은? ( )

연습문제

(13-15) 다음 질문을 읽고 서술하시오.

13. 유아를 위한 일과 구성 시 고려해야 할 사항을 3가지로 제시하시오.

14. 2019 개정 누리과정에서의 연간교육계획에 대해 설명하시오.

15. 유아를 위한 교육지원 계획하기에 대해 간략하게 설명하고 그 단계를 쓰시오.

chapter

09

유아 교수학습 실행

유아를 위한 교수학습 실행은 유아교육기관에서 교사가 누리과정을 운영하는 동안 교사가 실제를 구현하는 방법에 관한 것이다. 유아 · 놀이중심 교육과정을 지향하는 2019 개정 누리과정은 놀이지원자로서 교사가 놀이공간, 놀이자료, 상호작용을 긍정적으로 변화시킴으로써 놀이 안에서 유아가 배움을 형성할 것을 강조한다.

1 놀이공간의 지원

2019개정누리과정에서는 기존의 영역이 구성되어 있다 할지라도, 교사는 유아의 놀이와 경험을 지원하기 위해 유아가 공간에 부여하는 의미를 이해하고, 유아의 의견을 반영하여 놀이공간을 구성하고 운영해 나가야 한다. 유아교육기관에서의 공간은 실내와 실외공간, 기관 밖의 지역사회 공간까지 포함하는 넓은 의미를 지니지만 교사가 일반적으로 구성하는 놀이공간은 교실 혹은 보육실의 실내 놀이공간에 구성할 수 있는 쌓기놀이 영역, 역할놀이 영역, 언어 영역, 수 · 조작 놀이영역, 과학 영역, 미술 영역, 음률 영역 등과 실외놀이 공간으로 구성된다.

1) 쌓기놀이 영역

쌓기놀이 영역

유아-유아 간 협동을 격려함으로써 공동의 목표를 설정하고 수준 높은 쌓기놀이를 할 수 있도록 지도해야 한다.

쌓기놀이 영역은 다양한 크기와 모양의 블록과 소품을 이용하여 특정한 구조물을 구성하여 놀이하는 영역이다. 교사는 개별적인 관찰을 통해 유아가 쌓기놀이 발달단계 중 어디에 속하는지 파악해야 함으로 중재 시기와 방법을 결정해야 하며, 유아가 쌓기놀이에 흥미를 갖고 즐길 수 있도록 도와야 하며, 유아-교사 간 적절한 상호작용과 유아-유아 간 협동을 격려함으로써 공동의 목표를 설정하고 수준 높은 쌓기놀이를 할 수 있도록 지원해야 한다.

2) 역할놀이 영역

역할놀이 영역은 유아들이 흥미롭게 여겼던 다양한 사건, 경험, 역할, 대상을 구체적인 사물을 가지고 놀이로 재연하는 영역이다. 교사는 관찰을 통해 역할놀이에서 가장 많이 활용하는 놀잇감이나 자료는 무엇이며, 상호작용은 어떻게 일어나는지, 역할놀이에서 보내는 시간은 어느 정도인지, 놀이 집단이 어떻게 구성되는지를 주의 깊게 파악함으로써 놀이의 내용이나 놀이 환경을 보완해 주어야 한다. 또한 지원자 역할을 통해 역할놀이의 종류, 방법, 갈등에 대해 함께 생각해 볼 수 있으며, 역할놀이에 참여하지 않는 유아에게 적절한 도움을 주어 놀이 상황에 참여할 수 있도록 지원한다. 역할놀이 주제에 대한 이해를 높이기 위해 이야기 나누기, 동화 듣기, 현장체험, 외부 인사 초빙 등을 실시하여 보다 다양하고 융통성 있으며 확장된 역할놀이가 진행될 수 있도록 지원할 수 있다. 그리고 쌓기놀이 영역과 인접하게 배치하여 통합된 놀이를 유도하거나, 새로운 역할놀이 주제를 제안할 수도 있다.

역할놀이 영역

역할놀이 주제에 대한 이해를 높이기 위해 이야기 나누기, 동화 듣기, 현장체험, 외부 인사 초빙 등을 실시할 수 있다.

3) 언어 영역

언어 영역은 듣기와 말하기, 읽기와 쓰기 활동을 하는 영역이다. 교사는 그림책, 손인형, 게임교수, 극 놀이 틀과 소품, 화이트보드, CD 플레이어 등과 같은 자료들을 활용하여 유아가 다른 사람의 말이나 동화, 동시를 잘 듣고 이해하며, 자신의 생각이나 느낌을 바르게 표현하고, 글자에 관심을 가지며 기초적인 읽고 쓰기를 하도록 지원한다.

4) 수 · 조작놀이 영역

수 · 조작놀이 영역은 기초적인 수놀이와 소근육을 활용해서 놀잇감을 맞추고 분류하고 배열하는 등의 놀이를 하는 영역이다. 퍼즐, 구슬꿰기, 바느질 놀이, 장기와 같은 수 · 조작놀이를 지원할 때 교사는 단순하고 쉬운 자료와 복잡

하고 어려운 자료들을 다양하게 제공하며, 유아가 다양한 측면에서 탐색과 조작을 할 수 있도록 격려해 준다.

5) 과학 영역

과학 영역은 생활 주변에서 관찰할 수 있는 다양한 사물, 동식물, 자연현상에 관심을 가지고 주의 깊게 관찰하며, 끊임없이 탐구하고 실험하는 영역이다. 유아의 과학적 개념과 과학적 기술 및 태도를 함양하기 위해, 교사는 유아의 호기심을 자극할 수 있는 자료와 환경을 구성하도록 한다. 그리고 자유로운 탐색 과정에서의 실수를 존중해 주고, 과학 활동이 발현되는 다른 영역과 과학 영역이 통합되어 운영될 수 있도록 배려한다. 과학 영역에서 형성된 과학적 개념과 결과를 다양한 방법으로 유아가 표상할 수 있도록 지원하며, 과학적 사고를 돕는 확산적 발문을 하도록 한다.

6) 미술 영역

미술 영역은 다양한 재료와 매체를 이용하여 자신의 생각, 느낌, 감정 등을 표현하고 아름다운 미술 작품을 감상할 수 있는 영역이다. 유아의 미적 감각, 심미감, 창의적 표현을 증진하기 위해, 교사는 유아가 다양한 재료를 자유롭게 마음껏 사용할 수 있도록 제공하며, 미술활동의 결과보다는 과정 자체를 즐길 수 있도록 격려한다. 그리고 활동 중간 중간 노력의 정도, 미술적 요소의 표현에 대해 격려와 칭찬을 한다. 유아들이 자신의 작품을 소개할 수 있는 시간을 갖도록 하고 작품을 골고루 전시하여 자부심을 가질 수 있도록 지원한다.

7) 음률 영역

음률 영역은 음악 감상, 악기 탐색 및 연주, 노래 부르기 등을 비롯하여 음악에 맞추어 신체를 자유롭게 움직이는 활동을 할 수 있는 영역이다. 음률 영역의 활성화를 위해, 교사는 유아들이 다양한 소리를 탐색하고 소리를 만들어 보게 하는 허용된 분위기를 제공한다. 유아가 흥미 있어 하는 노래의 가사판이나 악보를 보며 다양한 악기로 연주하고 노래를 불러 보는 기회를 준다. 민요, 동요, 클래식 등 다양한 음악을 감상할 수 있도록 하며, 여러 가지 악기를 제공해 주고, 노래를 익힌 후 극놀이를 할 수 있도록 지원한다.

8) 바깥놀이

바깥놀이는 실내놀이를 연장하거나 확장시킬 수 있는 시간으로 활용할 수 있다.

실외공간은 유아들의 활동 범위를 넓혀 주고, 자연을 탐색하고 탐구하도록 도우며, 상상력과 감성을 마음껏 펼칠 수 있도록 할 뿐 아니라, 더 많은 협동놀이에 참여하도록 한다. 이에 따라 개방된 실외공간에서 유아들은 운동놀이, 모래 · 물놀이, 자연탐구 및 관찰, 텃밭가꾸기, 자전거타기, 휴식 등을 경험하게 된다.

2019 개정 누리과정에서는 기존의 영역이 구성되어 있다 할지라도, 교사는 자신이 맡은 학급의 원아 수, 성별의 비율, 그리고 특히 유아들의 전반적인 놀이 성향을 고려하여 공간의 적합성을 판단할 것을 강조하고 있다. 즉, 교사는

학기 초에는 유아들의 심리적 안정과 적응을 위해 기본적인 영역을 구분하고, 각 영역이 충분한 공간을 확보할 수 있도록 가구를 배치하는 것이 좋지만, 유아들이 선호하는 놀이에 따라 영역을 재배치하는 융통성을 발휘하며, 실내외 전체공간을 놀이를 위해 다양하게 활용하는 노력이 필요하다. 2019 개정 누리과정에서 놀이공간 구성 시 고려해야 할 사항으로 제시한 내용은 다음과 같다(교육부, 보건복지부, 2019b).

(1) 융통성 있는 놀이공간 배치하기

교사는 유아교육기관의 교육철학과 물리적 환경, 그리고 유아의 흥미, 관심, 개별적 특성에 따라 놀이공간을 구성할 수 있다. 2019 개정 누리과정에서는 교실 내에 반드시 배치해야 할 흥미영역을 제안하고 있지 않으므로, 교사는 자율성과 융통성을 발휘하여 유아의 놀이를 지원할 수 있는 놀이공간을 구성할 수 있다. 즉, 교실에서 진행되는 놀이에 따라 영역 구분이 필요 없는 경우가 있으며, 때로는 아주 넓은 공간이 필요하기도 하고, 다른 곳과 완전히 분리된 작은 공간이 필요하기도 하다. 유아의 흥미와 전개되는 놀이에 따라 교사는 놀이공간을 확장 및 축소할 수 있어야 하며, 영역의 경계를 허무는 등 자율성을 발휘하여 놀이공간을 융통성 있게 배치할 수 있어야 한다.

(2) 놀이공간 확장하기

유아가 하루 중 가장 많은 시간을 보내는 교실 및 보육실의 경우 기존에 구성된 영역으로 인해 실제 유아가 자유롭게 놀이할 수 있는 공간이 부족한 경우가 많다. 교실에서 진행되는 놀이의 흐름에 따라 흥미영역을 재배치할 수도 있지만 놀이의 몰입감을 방해하는 공간이라고 여겨지거나 유아가 요구하는 경우, 불필요한 흥미영역을 치우거나 놀잇감를 제거함으로써 놀이공간을 확장할 수 있다. 이때에는 교실에서 치운 가구와 설비, 놀잇감을 보관할 수 있는 공간을 기관 내에 미리 확보하여야 하며, 동료 교사들과 사전에 의논하여 안전이 보장되는지를 먼저 확인해야 한다.

(3) 유아와 공간배치 주도권 공유하기

유아는 주도적으로 놀이하는 과정에서 놀이공간을 자신들의 놀이에 적합한 공간으로 의미를 부여하여 사용하기도 하고, 영역을 허물거나 공간과 공간을 연결하여 새로운 놀이공간을 만들어 내기도 한다. 이에 교사는 유아의 놀이흐름을 따라가며 자연스럽게 유아들이 스스로 놀이공간을 배치하거나 변경하는 것을 격려하고 지원해야 한다. 교실의 놀이에 따라 교사 역시 영역을 재구성하고 놀이공간을 재배치함으로써 유아의 놀이를 지원할 수 있어야 하지만 교실 안 다수의 유아가 원하는 경우, 공간배치의 주도권을 유아에게 주어 놀이공간을 새롭게 구성해 보게 함으로써 서로를 존중하는 교실 문화를 만들어 보는 것도 좋다.

(4) 다양한 놀이공간 모색하기

유아를 둘러싼 모든 공간이 놀이공간이 될 수 있다. 유아교육기관의 교실 및 보육실은 물론이고, 실외놀이터, 복도, 현관 입구, 교실과 교실 사이의 공유 공간, 계단 밑이 유아들에게는 매력적인 놀이공간이 될 수 있다. 대부분의 시간을 보내는 교실이 아닌 계단이나 복도, 강당에서의 놀이는 유아들에게 놀이와 놀이공간에 대한 새로운 시각을 제공하며 창의적인 놀이에 대한 아이디어를 제공할 수 있다. 하지만 이때 교사는 일상적인 교실이 아닌 곳이 놀이공간으로 바뀌게 되는 경우, 사전에 위험 요소를 점검하고, 안전하게 처리한 후 유아와 함께 놀이공간으로 활용할 수 있는 방안에 대해 함께 논의해야 하며, 비상구나 비상계단 등 비상 시 대피경로로 활용되는 공간에는 놀잇감이나 자료장을 배치하지 않도록 주의한다.

2 놀이자료의 지원

유아는 다양한 놀이자료를 풍부하게 사용하고 자신만의 방식으로 재창조하는 과정을 통해서 사물에 대한 탐색, 심미적인 경험, 또래와의 상호작용, 성취감 등을 얻을 수 있다(교육부, 보건복지부, 2019b). 유아는 특히 교사가 준비한 재료뿐 아니라 주변의 일상적인 사물들, 자연물, 자연현상 등 다양한 놀이자료를 활용하며 자신의 놀이를 보다 풍요롭게 발전시킬 수 있다. 2019 개정 누리과정에서 교사는 유아 교수학습 실천하기 과정에서 유아의 놀이지원을 통한 배움을 향상시키기 위해 놀이자료 활용에 대해 다음과 같은 사항을 제시하고 있다(교육부, 보건복지부, 2019b).

1) 유아가 결정한 자료활용 방법 격려하기

교사는 교육적 의도나 목표를 가지고 자료를 제공한다. 하지만 유아는 자신만의 방식으로 자료를 해석하고 교사가 의도한 것과는 다르게 자료를 활용하기도 한다. 이때 교사는 유아가 자료에 흥미를 가지고 탐색하며, 놀이를 통해 새로운 의미를 부여하며 놀이에 몰입할 때 이를 수용해 주어야 한다. 즉, 교사가 의도한 결과를 얻기 위해 계획한 활동으로 이끌기보다는 유아가 자료를 어떻게 놀이에 활용하는지 관찰하고 스스로 선택한 방법 속에서 배움이 일어나도록 지원하고 격려해야 한다.

2) 자연물이나 자연현상을 자료로 활용하기

유아를 둘러싼 자연환경 역시 훌륭한 놀이자료가 될 수 있다. 바깥놀이를 하거나 유아교육기관 주변을 산책하는 과정에서 만나는 곤충, 풀, 꽃과 같은 자연물은 유아들에게는 즐거움과 놀라움 등의 감정을 느끼게 하는 놀이자료가 된다. 유아는 자연물로 놀이하는 과정에서 자연물이 가진 속성과 아름다움을 인식하고 생명 존중 등을 자연스럽게 배우게 된다. 또한 빛과 그림자, 눈, 비, 바람과 같은 자연현상 역시 놀이의 매개 또는 주제가 될 수 있다. 이처럼 자연은 매일의 삶 속에서 탐색, 관찰, 몰입을 통해 배움이 일어나도록 매개하는 훌륭한 놀이자료로 활용가능하다.

3) 다양한 일상의 사물을 놀이자료로 활용하기

상업화된 놀잇감 이외에 유아가 주변에서 쉽게 찾아볼 수 있는 일상의 사물을 놀이자료로 활용할 수 있다. 때로는 놀이방법과 놀이주제가 정형화된 놀잇감보다 박스, 단추, 실과 같은 다양한 일상의 사물들이 유아의 놀이를 보다 풍부하게 해 주기도 한다. 유아는 일상의 사물을 놀이자료로 활용하면서 색, 질감, 형태와 같은 물질 고유의 특성을 탐색하게 되고, 이를 본래의 용도와는 다르게 활용하는 창의적인 아이디어를 산출해 내기도 한다. 이에 교사는 상품화되어 있거나 정형화된 놀잇감 이외에도 주변에서 흔히 볼 수 있는 다양한 일상의 사물을 놀이자료를 활용할 수 있도록 지원하도록 한다.

4) 자료 없이 놀이하기

유아는 교재나 교구와 같은 상업화된 놀잇감 없이 자유롭게 놀이할 수 있다. 특히 몸으로 놀이하는 과정에서 주변 세계를 알아 가고, 자신의 감정과 생각을 표출하게 된다. 유아는 놀잇감 없이 자신의 몸으로 놀이를 혼자 또는 친구와 함께 놀이하면서 놀이자료를 가지고 놀이할 때와는 다른 놀이경험을 하게 된다. 따라서 교사는 실외는 물론이고 실내에서도 안전을 위협하지 않는 범위 내에서 유아의 신체 움직임을 지나치게 통제하지 않아야 하며 유아가 자료 없이 놀이하는 가운데 색다른 놀이경험을 할 수 있도록 지원할 수 있어야 한다.

5) 기존의 자료도 새롭게 활용하기

생활주제와 관련된 기존의 많은 놀이자료 역시 유아에게는 흥미로운 놀이자료가 될 수 있다. 교사는 유아가 기존의 놀이자료를 자신의 놀이 안에서 새롭게 활용하는 것을 허용하고 격려해 주어야 한다. 2019 개정 누리과정에서는 유아 · 놀이중심 교육과정을 표방하기 때문에 주제를 정한 후 주제에 맞추어 놀이자료를 제공하여 주어진 방식에 따라 놀이하는 것을 지양한다. 이에 교사는 유아가 자신의 관심과 흥미에 따라 놀이하는 것을 격려하고 지원하되, 기존 생활주제에 따른 놀이자료를 유아만의 방식대로 새롭게 활용하는 것 역시 허용하는 것이 좋다.

3 상호작용의 지원

유아 · 놀이중심 교육과정에서 교사는 유아의 흥미와 관심을 이해하며, 놀이의 흐름에 따라 상호작용할 수 있어야 한다. 즉, 교사는 놀이의 시작과 더불어 관찰하기, 질문하기, 제안하기, 함께 참여하기, 정서 지원하기 등의 방법으로 유아와 상호작용하면서 놀이를 직접적 또는 간접적으로 지원할 수 있다(교육부, 보건복지부, 2019b).

1) 유아와 유아의 상호작용 지원하기

교사는 유아가 놀이 안에서 또래와 긍정적 정서를 나누고, 자신의 생각과 감정을 표현하는 격려함으로써 유아와 유아의 상호작용을 격려할 수 있다. 유아가 누구와 놀이하는지, 어떻게 놀이하는지, 어떤 관계를 맺으며 놀이하는지를 관찰함으로써 유아의 성향, 사회적 능력, 대인 관계 등을 파악하여 지원할 수 있다. 특히 또래와의 놀이에 참여하고 싶지만 그러지 못하고 혼자놀이만 하는 유아, 어쩔 수 없이 같은 친구와만 놀이하는 유아, 놀이 상대가 의미 없이 계속 바뀌는 유아, 그리고 놀이에서 갈등을 빈번하게 경험하는 유아의 경우 조금 더 적극적으로 유아 간 상호작용을 지원해 줄 필요가 있다.

2) 유아와 환경의 상호작용 지원하기

유아가 놀이하는 실내외 모든 공간과 놀이자료는 유아가 보고, 듣고, 만지며, 자유롭게 표현할 수 있는 중요한 교육적 자원, 즉 놀이 환경이 된다. 이러한 놀이 환경은 유아가 선호하는 놀이 내용과 몰입 정도에 따라 다양하게 영향을 미친다. 동일한 환경이 주어지더라도 유아의 개별성과 고유성에 따라 다른 방식으로 놀이자료, 즉 환경과 상호작용하기 때문에 교사는 이러한 차이를 비교하면서 관찰한 후 상호작용을 지원해 줄 수 있어야 한다. 주어진 자료를 반복적으로 한 가지 방식으로만 탐색하는지, 다양한 놀이자료를 즐기는지 등을 관찰함으로써 이에 따른 상호작용을 지원해 줄 필요가 있다.

3) 놀이지원을 위해 관찰하기

유아 · 놀이중심 교육과정의 원활한 운영을 위해 교사는 유아의 놀이를 관찰하며 적절하게 지원할 수 있어야 한다. 유아의 놀이를 지원하기 위해서는 즉각적인 개입보다는 유아가 놀이에서 보이는 감정, 호기심, 흥미 등을 우선 관찰할 필요가 있다. 교사는 이처럼 유아의 놀이가 진행되는 과정을 관찰하며 배움이 일어날 수 있도록 상호작용하기에 적절한 순간과 방법을 결정할 수 있어야 한다.

4) 제안하며 놀이지원하기

유아·놀이중심 교육과정에서 교사는 유아의 흥미와 관심에 상관없이 새로운 놀이자료를 일방적으로 제안하거나 교사 주도로 새로운 놀이방법을 제시하기보다는 유아의 놀이를 관찰한 후 적절하게 지원해 줄 것을 강조한다. 교사는 유아의 놀이를 지원하기 위해 다양한 제안을 할 수 있지만, 유아들이 진행하고 있는 놀이가 잘 지속될 수 있도록 공간, 자료, 시간 등 다양한 측면에서 지원하는 것이 좋을지 고민하며 적절하게 제안하여야 하며, 유아가 긍정적으로 허용하는 것을 살펴본 다음 적극적으로 지원을 반영하는 것이 바람직하다. 하지만 교실 안에서 정해야 할 약속이 규칙이 있을 때, 즉 안전이나 교육적 가치에 기반한 경우 유아가 필요성을 느끼고 활동을 진행할 수 있도록 적극적으로 제안해야 하는 경우도 있다.

5) 유아의 놀이에 참여하며 지원하기

교사는 유아가 주도적으로 이끄는 놀이를 일과의 가장 중요한 부분으로 인식하고 필요한 경우 유아와 동등한 놀이 파트너로서의 역할을 수행하는 공동 놀이자로 참여할 수 있다. 이러한 과정을 통해 교사는 유아들의 놀이를 더 잘 이해하게 되며 보다 효과적으로 지원할 수 있게 된다. 교사는 놀이에서 손님, 환자, 승객과 같은 작은 역할을 맡아 놀이의 흐름을 따라가되 유아가 주도적으로 역할과 시간을 조절할 수 있도록 지원할 수 있다. 공동 놀이자로 참여하게 되는 경우는 놀이상황에서의 아이디어 결핍, 유아 간 의견 충돌, 공간 및 자료 점유를 위한 갈등으로 인해 놀이가 자연스럽게 진행되지 않는 경우에 주로 이루어지게 된다.

6) 질문하며 놀이지원하기

유아는 놀이하면서 끊임없이 "왜?", "어떻게 해?"와 같은 질문을 자신에게 던지며 이에 대한 해답을 찾기 위해 놀이에 몰입한다. 교사는 유아가 놀이에 몰입하며 스스로에게 던지는 질문에 대한 답을 찾을 수 있도록 돕기 위해 질문할 수 있다. "이것은 무엇일까?", "선생님은 이렇게 생각하는 데 너는 어떻게 생각하니?", "또 다른 방법은 없을까?" 등과 같이 유아와 함께 능동적으로 생각을 나눌 수 있는 질문을 통해 놀이를 지원할 수 있으며 이러한 질문은 유아의 상상력, 문제해결력, 그리고 고차원적인 사고력을 증진시키는 원동력으로 작용하게 된다.

7) 정서적으로 지원하기

교사는 유아가 자신이 주도하는 놀이 안에서 성취감을 경험할 수 있도록 정서적으로 지원해야 한다. 미소, 눈맞춤, 고개 끄덕이기 등과 같은 비언어적인 상호작용과 함께 "정말 멋진 생각을 했구나!", "이렇게도 만들 수 있구나!", "파랑색으로 칠하니 시원한 느낌이 들어" 등 언어적 상호작용 역시 유아의 정서를 지원해 주는 좋은 방법이 될 수 있다. 교사의 정서적 지원을 통해 유아는 놀이에 더욱 몰입하게 되며, 그러한 과정에서 한층 더 높은 수준의 배움을 경험하게 된다.

한편 교사는 놀이 안에서 경험하게 되는 유아의 부정적인 정서에도 관심을 기울일 수 있어야 하는 데, 유아가 놀이 과정에서 느끼게 되는 좌절감, 걱정, 분노, 불안 등의 감정을 스스로 인지하고 받아들일 수 있도록 공감해 주는 정서적 지원 역시 필요하다.

4 놀이와 안전의 균형적 지원

유아기는 대 · 소근육의 조화로운 발달로 인해 모험놀이와 적극적인 대근육 활동이 크게 증가하는 시기이나 유아 스스로 위험에 대처하거나 안전한 생활을 영위하는 능력을 갖추고 있지 않다. 이러한 발달적 특성으로 인해 유아는 위험에 쉽게 노출되므로 지속적인 안전에 대한 배려가 필요하다. 뿐만 아니라, 유아는 놀이 중 일어나는 다툼과 충돌, 과격하게 부딪치는 거친 신체놀이로 인해 안전사고에 항상 노출되어 있다. 무엇보다 안전이 중요하기에 교사는 안전한 놀이를 보장하기 위하여 물리적 환경의 안전성을 점검하고 위해를 가할 수 있는 사물이나 물질을 사전에 차단하여야 한다. 물리적 안전성이 확보된 후에는 유아 스스로 놀이를 진행하면서 자신의 안전을 확보할 수 있는 방법에 대해 고민하고, 놀이를 제한하지 않는 범위에서 규칙을 정하는 것이 필요하다(교육부, 보건복지부, 2019b).

1) 안전을 이유로 놀이를 제한하였는지 검토하기

교사는 위험 요소에 대한 민감성을 가지고 있어야 한다. 하지만 위험 요소가 있는 놀이상황에 대해 무조건 놀이를 금지하고 제한하기보다는 놀이를 제한할 필요성에 대한 이유와 요소에 대해 유아들과 의견을 나누는 것도 좋다. 안전을 이유로 무조건 놀이를 제한할 필요는 없으며, 제거가 가능하다면 위험 요소를 제거하는 방법에 대해 고민하고, 다른 방안을 유아와 함께 찾아봄으로써 보다 다양하고 정교한 놀이가 이루어질 수 있도록 지원해 볼 수 있다.

2) 유아 스스로 위험한 요소가 있는지 살펴볼 시간과 기회 제공하기

유아의 흥미와 관심에 따라 놀이가 진행되는 상황에서 교사는 항상 안전에 대해 민감해야 한다. 특히 유아가 안전성이 확보된 놀잇감 이외에 자연물, 일상적 사물을 놀이자료로 활용하는 경우, 교사가 먼저 위험 요소가 있는지 점검해야 한 후 이를 유아에게 직접 알려 줄 수 있지만, 유아가 스스로 안전하게 놀이하는 방법을 터득할 수 있도록 새로운 놀이공간과 놀이자료를 충분히 살펴볼 수 있는 시간과 기회를 제공하는 것이 더 좋다. 친숙하지 않은 놀이자료와 공간의 위험성을 스스로 살펴보는 경험을 통해 유아는 자신의 안전에 대해 더욱 민감해지며 스스로를 위험 요소로부터 보호하는 능력을 자연스럽게 키우게 되며 놀이의 범위 또한 긍정적으로 확장시킬 수 있게 된다.

3) 유아와 함께 새로 찾은 놀이공간의 안전 점검하기

새로운 놀이자료 뿐 아니라, 교실이 아닌 새로운 놀이공간을 발견한 경우, 그 공간이 안전한지 우선 확인해야 한다. 위생과 안전 등의 문제가 있는지 교사가 먼저 점검해야 하며, 유아와 함께 새로운 놀이공간의 안전을 점검하고, 위험 요소를 제거하는 방법에 대해 함께 고민해 보는 과정이 필요하다. 새로 발견한 공간이 놀이공간으로 가능한지에 대해, 안전하게 사용하는 방법이 있는지에 대해 유아 스스로 탐색하고 터득할 수 있도록 지원할 수 있어야 한다.

4) 모든 구성원과 함께 놀이와 안전에 대해 소통하기

유치원과 어린이집은 유아가 놀이경험을 통해 환경을 탐색하고 자신의 생각과 감정을 조절하며 안전하게 생활하게 된다는 것을 학부모와 소통하여야 한다. 즉, 놀이의 중요성은 물론이고 놀이를 진행하는 과정에서 함께 수반될 수 있는 위험 요소를 무조건 제거하고 통제하기보다는 유아 스스로 검토하고 점검하는 과정에서 얻게 되는 배움에 대해 학부모와 소통할 필요가 있다. 최소한의 규칙을 지키면서 자유롭게 놀이하면서 안전을 보장받기 위해서는 기관 내 구성원 간의 안전에 대한 공감과 함께 학부모와의 공감 역시 중요하다. 학부모가 놀이와 안전에 대한 기관의 철학을 공유하게 되면 교사의 자율적인 학급운영에 대한 적극적인 지지자가 되어 줄 수 있다.

5 가정과 지역사회 연계를 통한 지원

유아가 속해 있는 가정, 기관, 지역사회가 함께 협력할 때 교육과정 운영이 보다 원활해질 수 있다. 유아 · 놀이중심 교육과정을 지향하는 2019 개정 누리과정에서는 유아를 포함하여 가정, 기관, 지역사회 등 다양한 주체가 협력하여 교육과정을 만들어 나갈 것을 강조하고 있다. 이 중에서도 특히 학부모의 놀이의 가치 및 중요성에 대한 이해 그리고 나아가 가정 및 기관에서의 놀이에 대한 지원 역할은 유아 · 놀이중심 교육과정 운영에 있어 매우 중요하다. 교사와 학부모의 놀이에 대한 공감이 이루어질 때 유아의 놀이를 더 잘 지원할 수 있으며 놀이를 배움으로 이끄는 데 더욱 효과적일 수 있다. 이에 교사는 학부모와 소통하고 협력함으로써 능동적이고 긍정적으로 교육과정 운영에 참여할 수 있도록 지원할 필요가 있다. 한편 지역사회는 유아의 삶을 더욱 풍요롭게 해주는 다양한 경험을 지원하는 풍부한 자원을 갖추고 있다. 따라서 교사는 유아 · 놀이중심 교육과정의 효율적인 운영을 위해 지역사회의 다양한 문화예술 단체, 시설, 공공기관, 지역 인사 등을 활용하여 유아가 다채로운 경험을 할 수 있도록 지원해야 한다. 2019 개정 누리과정에서는 가정 · 지역사회와 함께할 수 있는 방안으로 놀이 이해를 돕는 학부모 모임 구성하기, 학부모와 소통하며 놀이 정보 공유하기, 유아의 경험 확장을 위해 지역사회 자원 활용하기를 제안하고 있다(교육부, 보건복지부, 2019b).

1) 놀이 이해를 돕는 학부모 모임 구성하기

유아 · 놀이중심 철학의 실현을 위해 기관과 학부모는 놀이에 대한 교육적 관점을 공유해야 한다. 이를 위해서 유아교육기관에서는 교실에서 일어나는 놀이에 초점을 맞춰 학부모 소모임을 진행함으로써 유아의 놀이를 이해하고 가정에서 이를 지원해 줄 수 있는 역할에 대해 고민해 보는 기회를 제공해 줄 수 있도록 지원할 수 있다. 이때 학부모들이 가지고 있는 놀이에 대한 관점을 한 번에 바꾸려 하기보다는 놀이의 교육적 가치를 공유하고 점진적 변화를 모색할 수 있도록 하는 것이 좋다.

2) 학부모와 소통하며 놀이 정보 공유하기

유아의 놀이를 이해하고 가정에서 이를 지원해 줄 수 있는 역할을 증진시키기 위해, 가정통신문이나 알림장 등과 함께 홈페이지, 어플리케이션 등 다양한 방법을 활용하여 놀이에 대해 의사소통하고 정보를 공유하는 것이 좋다. 교실 안에서 이루어지는 자연스러운 놀이 속에서 관찰되는 놀이내용, 놀이자료, 놀이의 의미를 학부모와 공유함으로써 학부모가 자연스럽게 놀이의 중요성과 가치를 이해하도록 하는 것이 바람직하다.

3) 유아의 경험 확장을 위해 지역사회 자원 활용하기

유아가 속해 있는 가정과 기관뿐 아니라, 가정과 기관이 속해 있는 지역사회 역시 유아의 놀이경험을 위한 매력적인 매개가 될 수 있다. 교사는 지역사회의 물적 · 인적 자원을 최대한 이용함으로써 유아의 놀이를 보다 확장하고 적극적으로 지원해 줄 필요가 있다. 지역사회에 있는 여러 공공기관, 놀이터, 박물관, 과학관, 체험관, 공원, 숲 등의 다양한 시설과 자연환경, 그리고 그 안의 지역인사들은 유아의 경험의 폭을 넓혀 줄 수 있으며, 이는 유아의 놀이 안에 녹아 한층 수준 높은 배움으로 이끌게 된다.

6 놀이와 연계한 일상생활 및 활동지원

교사는 일상생활과 활동에도 유아의 흥미와 관심을 반영하여 유아가 즐겁게 경험하며 배우도록 지원할 수 있다. 교사가 활동을 운영할 때 유아가 주도하는 놀이의 내용과 연계하여 유아가 즐겁게 배울 수 있도록 지원하는 것이 중요하다.

1) 일상생활

유아기는 평생 동안 지속될 기본적인 생활 습관이 형성되는 중요한 시기이다. 이에 기본생활습관은 일상생활 속에서 유아기부터 지속적으로 실시되어야 하며, 생활하는 모든 공간과 시간 속에서 통합적인 과정으로 이루어져야 한다(교육부, 보건복지부, 2015a). 이를 위해 유아교육기관에서는 건강하고 안전한 생활에 필요한 지식과 기술 및 태도를 익힐 수 있는 충분한 기회를 제공해야 한다.

(1) 등원

등원은 교사가 유아와 처음 만나는 시간으로 하루 일과의 시작을 의미한다. 이때 교사는 유아에게 개별적인 관심을 보이며 따뜻하고 편안하게 맞이함으로써 부모와 자연스럽게 헤어져 하루를 즐겁게 시작할 수 있도록 배려해야 한다. 교사는 유아의 건강상태를 점검하고 등원 전 특별한 일이 있었는지, 또는 진행되는 주제에 대해 이야기를 나누는 등 개별적인 관심을 표현한다. 인사를 나눈 후, 유아가 자신의 사진을 찾아 출석을 표시하도록 하며, 하루 일과를 건강하고 즐겁게 지내도록 격려한다.

(2) 안전

유아교육기관의 등원 및 귀가, 통학버스 이용, 횡단보도 사용 등 교통안전에 대해 올바른 지식과 행동을 체계적이고 지속적으로 지도하여 습관화시키는 것이 중요하다. 교사는 평소 유아들과 화재안전교육을 지속적으로 실시해서 대피방법을 완전히 익히도록 해야 한다.

(3) 식사 및 간식

유아기는 신체적인 성장과 운동능력이 급속히 이루어지는 시기이므로 균형 잡힌 영양 섭취는 그 어느 때보다 중요하다. 또한 식습관이 형성되어 고착화될 수 있는 중요한 시기이므로 하루 일과를 통하여 올바른 식습관을 형성하여야 한다.

식사 및 간식

손을 씻고, 편식하지 않고 골고루 먹을 수 있도록 하고 즐거운 분위기에서 식사할 수 있도록 하며 식사를 다 한 후에는 자신의 자리를 정리하고 이 닦기를 하도록 지도한다.

식사 시간에는 유아들이 먼저 손을 씻고, 편식하지 않고 골고루 먹을 수 있도록 하고 즐거운 분위기에서 식사할 수 있도록 하며 식사를 다 한 후에는 자신의 자리를 정리하고 이 닦기를 하도록 한다.

간식 시간에는 식사만으로는 부족한 영양소를 제공해야 하는 데, 식사에 지장을 주지 않는 범위로 계획하고, 간식 시간에는 하루 일과 및 놀이로 인한 긴장을 풀고 또래와 편안하게 상호작용할 수 있도록 격려한다.

(4) 위생 및 청결

유아 스스로 자기 몸과 주변을 깨끗하게 하는 것은 중요한 하루 일과 중 하나이다. 학기 초에 손 씻기, 이 닦기, 화장실 가기 등을 세심하게 지도하고, 이후에도 지속적이고 규칙적으로 지도함으로써 습관화될 수 있도록 한다. 또한 놀이 후, 급 · 간식 후 자신이 먹거나 활동한 것을 치우고 주변 환경을 정리할 수 있도록 한다(김진영, 백혜리, 최윤정, 2011).

(5) 낮잠 및 휴식

낮잠 및 휴식은 하루 동안 건강한 생활 리듬 형성을 위하여 반드시 필요하다(황해익, 최혜진, 정혜영, 권유선, 2014). 그러나 유아들은 발달 특성 상 휴식의 필요성을 인식하기 어려우므로 교사는 규칙적으로 휴식시간을 제공해 주어야 한다. 하루 일과 안에 규칙적으로 낮잠 및 휴식 시간을 계획함으로써 유아 스스로 휴식의 필요성을 인식하고 낮잠이나 휴식을 취할 수 있도록 한다. 특히 8시간 이상 유아교육기관에 머무는 유아일 경우 점심식사 후 1~2시간 정도 낮잠 및 휴식 시간을 가질 수 있도록 하는 것이 좋다.

낮잠 및 휴식 시간의 효율적인 운영을 위해, 교사는 조명이나 커튼 등을 이용하여 잠자는 분위기를 조성해 주어야 한다. 낮잠을 자지 않는 유아가 있다면 다른 유아의 낮잠을 방해하지 않도록 지도해야 한다. 그리고 유아 개인별 잠자는 습관을 파악하여 잠자기를 도와야 하며, 규칙적으로 낮잠을 자거나 휴식을 취하는 습관을 기를 수 있도록 매일 일정하게 낮잠 및 휴식 시간을 계획해야 한다.

(6) 기본생활습관

기본생활습관

이야기 나누기, 극놀이, 토론하기 등의 활동 및 일상생활을 토대로 예절, 청결, 절제, 배려 등에 대한 기본적인 생활습관을 형성할 수 있도록 한다.

유아기는 일상생활을 토대로 예절, 청결, 절제, 배려 등에 대한 기본적인 생활습관을 형성할 수 있는 중요한 시기로, 유아기에 형성된 기본생활습관은 성인기까지 유의미한 영향을 미친다(김정원, 김유정, 이효정, 2013). 교사는 하루 일과 중 매일 반복되는 일상생활에서 자연스럽게 모델링을 통해 기본생활습관을 지도할 수 있으며, 지속적으로 문제가 되는 상황에 대해서는 이야기 나누기, 극놀이, 토론하기 등의 활동으로 지도할 수 있다. 또한 가정과의 연계를 통해 교육적 효과를 높일 수 있다.

2) 활동

유아중심 · 놀이중심 교육과정에서 활동은 놀이를 지원하기 위해서 교사가 유아의 흥미나 욕구 의도를 고려하고 놀이맥락 내에서 계획을 실행하는 것을 말한다. 이외에도, 하루 일과 경험에서 활동은 교사가 교육적으로 의미 있다고 판단하여 계획하고 유아들에게 제안 또는 안내하는 것들도 포함된다. 예를 들어, 안전지도라든지, 국가적 행사, 명절 등이 있다. 무엇보다도 교사가 활동을 운영할 때 유아가 주도하는 놀이의 내용과 연계하여 유아가 즐겁게 배울 수 있도록 지원하는 것이 중요하다. 즉, 현재 교실 안에서 진행되고 있는 놀이의 맥락 내에서 유아의 흥미 및 관심과 관련된 이야기 나누기, 동화 · 동극 · 동시, 음악, 신체, 게임, 조형, 음악, 요리, 현장체험 활동을 제안하여 교사와 유아가 함께 과정을 만들어 가는 활동을 진행할 수 있다.

(1) 이야기 나누기

이야기 나누기

서로의 말과 생각을 존중해 주는 분위기를 조성함으로써, 즐겁게 배우고 기꺼이 생각을 나누는 과정을 즐길 수 있도록 한다.

이야기 나누기는 유아와 교사가 함께 모여 앉아 주말 지낸 이야기, 새로운 소식, 새로운 놀이자료 및 활동 소개, 하루 일과 계획 및 평가, 놀이주제에 대한 생각이나 느낌 등을 이야기하고 듣는 시간이다. 이야기 나누기의 효율적인 운영을 위해, 교사는 집단의 크기, 대상연령에 따라 소요시간, 장소와 대형을 고려하고(서동미, 엄은나, 이혜경, 박성희, 2015) 유아와 교사가 서로의 말과 생각을 존중해 주는 분위기를 조성함으로써, 유아들이 즐겁게 배우고 기꺼이 생각을 나누는 과정을 즐길 수 있도록 한다.

(2) 동화 · 동극 · 동시

동화, 동시, 동극은 유아교육기관에서 대 · 소집단 활동으로 경험할 수 있는 문학 활동이다(김정원, 김유정, 이효정, 2013). 동화 들려주기를 위해 교사는 아름다운 그림과 글로 꾸며져 있으며, 문학성, 예술성, 교육성이 담겨 있는 좋은 그림책을 선정한 후, 그림책의 분위기와 내용에 어울리는 다양한 매체동화를 선정한다. 구연동화, 그림동화, 융판 동화, 퍼펫 동화, 텔레비전 동화, 앞치마 동화, PPT 동화, 테이블 인형 동화, 막대 인형 동화 등 매체를 선택한 후, 동화를 듣는 유아들의 반응을 살피며 들려준다.

동극은 유아들이 동화의 내용과 대사를 중심으로 극화해 보는 활동이다. 동화 감상, 동화 회상, 무대 구성 및 소품 준비, 배역 선정, 규칙 정하기, 동극 공연, 평가, 재공연, 마무리하기의 순서로 진행한다(박찬옥, 서동미, 곽현주, 2015).

동시는 언어의 반복과 운율, 유머러스한 표현, 서정성과 상상력을 경험할 수 있는 문학이다. 대집단으로 동시 활동을 운영하기 위해 교사는 유아들이 쉽게 접할 수 있는 짧고 분명하고 반복적인 동시를 선정한 후, 이야기로 들려주기, 암송하기, 녹음하여 들려주기 등의 방법들 중에서 각 동시에 적합한 방법을 선택하여 동시를 들려준 후, 함께 낭송하고, 동시 내용의 일부분을 재구성해 보는 활동을 전개할 수 있다.

(3) 음악

대 · 소집단으로 실시할 수 있는 음악활동으로 새 노래 배우기와 음악 감상이 있다. 새 노래 배우기는 주제, 흥미, 일상생활 경험과 관련된 가사로 구성된 새 노래를 배우는 활동이다. 새 노래 배우기 활동에 앞서 교사는 노래의 가사와 음을 정확히 알고 있어야 하며, 새 노래에 대한 흥미를 높이기 위해 가사판과 같은 자료를 이용하여 노랫말을 전달할 수 있다. 노래의 정확한 음을 들려주기 위해 반주 없이 멜로디로 노래를 들려준 후, 한 음으로 부르면서 멜로디를 익히게 한 후 노래를 배우게 한다. 노래에 익숙해지면 노래 가사를 바꾸어 부르거나 가사에 어울리는 율동을 만들어 부르거나 악기 연주하기, 친구들 앞에 나와 노래 부르기 활동을 시도할 수 있다.

음악 감상은 유아가 다양한 음악을 주의 깊게 듣고 음악의 아름다움을 느끼고 음악을 해석해 볼 수 있는 시간이다. 교사는 주제와 관련된 음악을 선정한 후, 유아가 음악을 들으면서 음악의 셈여림과 빠르기 등 음악적 요소를 발견하고 이를 신체나 그림으로 표현해 보도록 할 수 있다. 음악 감상을 위해, 이야기가 있는 곡, 성악곡, 고전음악, 민속음악, 동요, 영화음악 등 다양한 장르의 음악을 선정하고 음악 감상에 몰입할 수 있는 분위기를 조성하는 것도 중요하다.

(4) 신체

유아에게 적합한 신체 활동에는 기본운동능력을 중심으로 한 동작 활동과 신체표현 활동이 있다. 동작활동은 유아가 자신의 몸과 동작에 대한 탐색 과정을 거친 후, 충분히 넓고 안전한 공간에서 기본 이동 동작과 비이동 동작, 그리고 도구를 활용한 동작 활동에 참여할 수 있도록 한다.

신체표현 활동은 주제와 관련된 내용 및 대상물의 특성과 움직임을 탐색하고, '내가 만약 ~가 된다면' 이라고 가정한 후 창의적으로 표현해 보는 대 · 소집단 활동이다. 효율적인 신체표현 활동을 위해, 교사는 집단의 크기, 활동 시간, 창의적 신체표현을 돕는 자료를 준비하여야 한다.

(5) 게임

게임은 규칙에 따라 과제를 수행하고 성공하기 위해 경쟁하는 활동으로, 자유대형게임, 원 게임, 편 게임 등이 있다. 게임의 원활한 운영을 위해 계획단계에서 유아의 신체적 조건이나 인지능력과 흥미를 고려해서 연령과 발달수준에 맞는 게임을 선택하여야 한다. 편 게임의 경우, 게임선정, 교재 · 교구 준비 등을 위한 사전 준비, 양 팀으로 나누어 앉기, 팀별 인원 수 확인하기, 팀 이름 정하기, 응원해 보기, 게임방법 정하기, 게임 시 지켜야 할 약속 정하기, 게임하기, 승부 확인하기, 평가하기의 순서로 진행할 수 있다.

(6) 조형

조형

3~5명이 공동으로 작업하는 대 · 소집단 활동으로 운영할 경우, 주제에 대한 의견을 나누고 역할을 정해 함께 완성해 나가는 협의의 과정을 즐길 수 있도록 한다.

유아에게 적합한 조형 활동은 다양한 재료, 매체, 도구에 대한 예술적 요소를 탐색하는 '탐색', 그림 그리기, 만들기, 꾸미기 등 생각과 느낌을 표현하는 '표현', 주변 환경이나 미술 작품에 대한 생각과 느낌을 공유하는 '감상'으로 구분할 수 있다(심성경, 백영애, 이영희, 이효숙, 박지애, 박주희, 2007). 대부분의 조형 활동은 미술영역에서 개별적으로 이루어지지만 3~5명이 공동으로 작업하는 대 · 소집단 활동으로 운영할 경우, 주어진 주제에 대해 서로의 의견을 나누고 역할을 정해 함께 완성해 나가는 협의의 과정을 즐길 수 있도록 한다.

(7) 요리

요리 활동은 다양한 음식 재료와 도구를 탐색한 후, 요리 도구를 활용하여 조리하고 만든 요리를 먹어보는 대 · 소집단 활동이다. 효율적인 요리 활동을 위해, 교사는 요리 종류에 따라 집단 형태와 유아의 참여 정도를 결정해야 하며, 청결하게 요리할 수 있도록 유의해야 하며, 사진이나 요리 동영상으로 PPT를 만드는 등 요리 순서도를 제공하여 유아가 요리과정을 이해하도록 돕는다. 요리활동은 사전준비, 요리재료 탐색하기, 요리도구 탐색하고 사용방법 알아보기, 요리순서도 보며 요리방법 알아보기, 요리과정에 필요한 약속 정하기, 앞치마와 머릿수건 착용하기, 손 씻기, 요리순서에 따라 요리활동하기, 완성된 요리 먹기, 평가하기의 순서로 운영할 수 있다.

(8) 현장체험

현장체험
현장체험의 효과를 높이기 위해, 사전 활동, 본 활동, 사후 활동에 이르는 일련의 경험을 제공해야 한다.

현장체험은 유아가 자신을 둘러싼 세계에서 대해 직접적이고 구체적인 경험을 제공하는 활동이다. 현장체험은 유아를 지역사회와 연결하고, 책, 그림, 토의로는 경험할 수 없는 생생한 경험을 제공함으로써 교실 학습에 특별함을 더해 준다(김진영, 백혜리, 최윤정, 2011). 교사는 현장체험의 효과를 높이기 위해, 사전 활동, 본 활동, 사후 활동에 이르는 일련의 경험을 제공해야 한다(서동미 외, 2015). 사전 활동은 유아들이 현장 체험의 구체적인 목표를 인식하고 살펴볼 내용과 그 이유를 이해하며, 현장체험에 대한 흥미와 관심을 갖도록 돕는 다양한 활동을 의미한다. 본 활동은 현장체험의 핵심이 이루어지는 단계로 유아들이 알아보고자 하는 내용을 충분히 경험할 수 있는 시간을 주고, 유아들이 관찰 및 탐색, 체험활동에 적극적으로 참여할 수 있도록 해야 한다. 사후활동은 유아들이 현장체험을 통해 경험하고 이해한 내용을 교실에서의 활동으로 연장시키는 단계로 이야기 나누기, 창의적 표현활동, 현장체험 관계자에게 편지쓰기, 관련 인사 초빙하기, 가정 연계 활동을 전개할 수 있다.

연습문제

(1–7) 다음 문장을 읽고 옳으면 ○, 그르면 ×로 표시하시오.

1. 2019 개정 누리과정은 교사가 놀이공간, 놀이자료, 상호작용을 긍정적으로 변화시킴으로써 놀이 안에서 유아가 배움을 구성할 것을 강조한다. (　　)
2. 유아가 스스로가 놀이를 주도하기보다는 교사가 준비한 재료를 중심으로 한 교사 주도의 놀이를 하도록 지도한다. (　　)
3. 유아는 놀이자료를 재창조하는 과정을 통해서 사물에 대한 탐색, 심미적인 경험, 또래와의 상호작용, 성취감 등을 얻는다. (　　)
4. 간식 시간에는 식사만으로 부족한 영양소를 제공해 주어야 하며, 유아가 원한다면 식사를 대체할 수 있는 범위에서도 제공해 줄 수 있어야 한다. (　　)
5. 유아기는 일상생활을 토대로 예절, 청결, 절제, 배려 등에 대한 기본적인 생활습관을 형성할 수 있는 중요한 시기이다. (　　)
6. 유아는 발달 특성상 이 닦기, 화장실 가기 등 스스로 자기 몸과 주변을 깨끗하게 하는 것이 어려우므로 교사가 대신해 주는 것이 좋다. (　　)
7. 이야기 나누기, 동화 듣기, 현장체험, 외부 인사 초빙 등을 실시하여 역할놀이 주제에 대한 이해를 높이고 확장된 역할놀이가 진행될 수 있도록 도와야 한다. (　　)

(8–11) 다음 문장을 읽고 적절한 활동 및 영역 이름을 적으시오.

8. 다양한 크기와 모양의 블록과 소품을 이용하여 특정한 구조물을 구성하여 놀이하는 영역은? (　　　　　　)
9. 기초적인 수놀이와 소근육을 활용해서 놀잇감을 맞추고 분류하고 배열하는 등의 놀이를 하는 영역은? (　　　　　　)
10. 유아와 교사가 함께 모여 앉아 주말 지낸 이야기, 새로운 소식, 새로운 교구 및 활동 소개, 하루 일과 계획 및 평가, 주제에 대한 생각이나 느낌 등을 이야기하고 듣는 대 · 소집단 활동 유형은? (　　　　　　)
11. 다양한 재료, 매체, 도구에 대한 예술적 요소에 대한 탐색, 그림 그리기, 만들기, 꾸미기 등 생각과 느낌을 표현하는 표현, 주변 환경이나 미술 작품에 대한 생각과 느낌을 공유하는 감상으로 구분되는 유아를 위한 대 · 소집단 활동 유형은? (　　　　　　)

연습문제

(12-15) 다음 질문을 읽고 서술하시오.

12. 놀이공간 구성 시 교사가 고려해야 할 사항을 제시하시오.

13. 유아를 위한 교수학습 실행에서 교사가 변화시켜야 하는 놀이공간, 놀이자료, 상호작용에 대해 간략하게 서술하시오.

14. 유아를 위한 활동 운영 시 유의점을 서술하시오.

연습문제

15. 유아를 위한 현장체험 활동의 의미와 현장체험 효과를 높이기 위한 방안을 간략하게 서술하시오.

chapter

10

유아 교수학습 평가

유아 교수학습의 계획 및 운영의 마지막 단계인 평가는 교육과정의 운영이 잘 이루어졌는지 되돌아보고 개선해 가는 과정으로, 특히 2019 개정 누리과정에서는 유치원과 어린이집에서 유아·놀이중심 교육과정의 효율적인 운영을 위해 평가를 간략화할 것을 강조하고 있다. 또한 평가의 목적, 대상, 방법, 결과의 활용을 바탕으로 누리과정 평가를 자율적으로 실시하도록 하고 있다.

2019 개정 누리과정에서는 다음 사항에 중점을 두어 평가를 실시할 것을 강조한다(교육부, 보건복지부, 2019a).

첫째, 누리과정 운영의 질을 진단하고 개선하기 위해 평가를 계획하고 실시한다.

둘째, 유아의 특성 및 변화 정도와 누리과정의 운영을 평가한다.

셋째, 평가의 목적에 따라 적합한 방법을 사용하여 평가한다.

넷째, 평가의 결과는 유아에 대한 이해와 누리과정 운영 개선을 위한 자료로 활용할 수 있다.

1 평가의 목적

유아교육에서의 평가의 목적

- 유아 개개인의 특성 진단
- 유아의 발달과 성취 수준 이해
- 유아의 동기 유발과 학습 촉진
- 교육의 목표 달성 및 의사 결정
- 교수학습 방법 개선
- 부모 면담 자료 제공

유아교육에서의 평가의 목적은 영유아의 발달 정도, 유아교육 프로그램의 효과, 영유아 개개인의 능력 및 특성과 잠재력에서의 개인차 등을 평가하여 교육에 반영시킴으로써 개인 발달의 최대화를 도모하기 위한 것이다(황해익, 2000). 따라서 유아의 지식, 흥미, 성향, 기술, 태도 등을 지속적으로 평가하고 나아가 발달과 학습을 지원하는 경험을 제공해 줌으로써 교육과정을 보다 발달시킬 수 있어야 한다. 유아교육에서 평가의 목적은 다음과 같이 정리할 수 있다(김희진, 박은혜, 이지현, 2011; 임재택, 1995; 최일선, 조운주, 2016; 황해익, 2000; Gullo, 2004).

첫째, 유아 개개인의 특성을 진단하는 데 그 목적이 있다. 유아가 지닌 기질, 성향, 잠재력 혹은 개별적인 요구를 진단함으로써 그에 적절한 교수학습 활동 계획 수립에 자료를 제공할 수 있어야 한다. 유아의 개별적인 특성을 진단하고 이에 따른 효과적인 지도를 위한 기초 자료를 제공함으로써 학습자인 유아의 특수성을 반영한 개별화된 교육이 이루질 수 있다.

둘째, 유아의 발달과 성취 수준을 이해하는 데 그 목적이 있다. 유아에 대한 이해 증진을 위해 현재 발달 수준 및 성취 정도를 파악하고, 발달 영역마다 어떤 양상을 보이는지 파악함으로써 발달상의 개인 차이와 개인 내 발달 영역 간 차이를 발견할 수 있다.

셋째, 유아의 동기 유발과 학습을 촉진하는 데 그 목적이 있다. 평가 결과에 근거하여 유아의 발달 수준과 특성을 고려한 상호작용, 다양한 교수법 등을 사용함으로써 유아의 동기를 유발하여 학습 의욕을 촉진시킬 수 있다.

넷째, 교육의 목표 달성 및 의사 결정에 그 목적이 있다. 설정한 교육목표를 얼마나 성취하였는지 여부를 확인하고 교육계획에 필요한 자료를 제공하여 추후 전반적인 교육과정을 계획할 수 있다. 즉, 평가는 유아를 위한 교육과정 운영과 학급 경영 개선 및 향상을 위해 계획을 수립하고 의사 결정을 위한 유용한 기초 자료나 정보를 제공할 수 있다.

다섯째, 교수학습 방법의 개선에 그 목적이 있다. 객관적이고 타당한 평가의 결과는 교사의 교수 방법에 대한 반성의 기회를 제공하여 교수학습 방법을 개선하는 좋은 자료를 제공한다.

여섯째, 부모 면담 자료를 제공하는 데 그 목적이 있다. 평가 결과를 활용하여 부모와 면담하고 부모에게 평가 자료를 제공하여 유아에 대한 이해를 높일 수 있다.

특히, 2019 개정 누리과정에서는 유아가 중심이 되고 놀이가 살아나는 누리과정 운영을 자체적으로 평가하며, 누리과정 운영의 질을 진단하고 누리과정 운영을 보다 나은 방향으로 개선하는 데 평가의 목적을 두고 있다. 이를 위해 유치원과 어린이집에서는 지역 특성, 각 기관 및 학급의 상황과 요구를 고려하여, 누리과정 운영을 개선할 수 있도록 자율적으로 평가 계획을 수립할 것을 강조하고 있다.

2 평가의 대상

평가대상
유아교육에서 평가 대상은 유아 평가, 누리과정 운영 평가로 구분된다.

유아교육에서 평가의 대상은 크게 유아 평가와 누리과정 운영 평가로 구분 가능하다.

1) 유아 평가

유아 평가
일상생활 및 놀이과정에서 유아의 놀이에 대한 기록 등을 통해 유아의 특성과 발달 정도, 흥미와 관심사, 또래와의 상호작용 등을 평가할 수 있어야 한다.

유아교육에서 평가의 궁극적인 목적은 영유아의 행복과 전인적인 발달을 증진시키는 것에 있다. 이에 교사는 유아의 놀이, 일상생활, 활동 속에서 유아의 고유한 특성이나 의미 있는 변화를 발견하고, 그것을 바탕으로 유아의 배움이 나타나는 놀이, 일상생활, 활동에서 유아가 가장 즐기고 잘하는 것, 놀이의 특성, 흥미와 관심, 친구관계, 놀이를 이어가기 위한 자료의 활용 등에 주목하여 유아 놀이를 관찰하고 이를 통해 유아의 특성과 변화를 이해하도록 한다(교육부, 보건복지부, 2019a).

유아의 발달 정도, 놀이, 행동 이해를 위한 평가는 객관적이고 매우 상세하게 이루어져야 한다. 그러나 유아는 환경이나 상황에 따라 자신의 능력을 발휘하는 정도가 다르며, 주의집중 시간도 짧고 지필 평가 역시 불가능하다.

이에 유아를 평가할 때 우선, 일상적인 관찰, 부모와의 면담, 일화기록, 체크리스트, 작품분석, 표준화 검사 실시 등 다양한 상황을 고려한 자료 수집을 통해 객관적으로 평가해야 하며, 둘째, 성공과 실패 혹은 순위를 정하기 위한 상대적 비교가 아닌 영유아 개인 내 평가를 통해 현재 발달 수준을 이해함으로써 발달을 증진시키기 위한 개인 내 평가가 되도록 해야 하며, 셋째, 언어, 인지, 사회, 정서, 신체 발달에 관한 전 영역의 과정에 초점을 두어 지속적으로 평가해야 해야 한다(교육과학기술부, 2008; Bredekamp & Rosegrant, 1992).

이에 유아 평가는 일상생활 및 놀이 과정에서 이루어질 수 있으며, 교사는 계획안, 유아의 실제 놀이 모습, 놀이 결과물, 사진이나 동영상 등과 같은 놀이 관련 결과물을 통해 유아의 흥미와 관심, 선호하는 놀이, 또래와의 상호작용 등 유아의 특성과 변화를 평가할 수 있다. 교사는 이때 누리과정 5개 영역의 내용이 놀이에서 어떻게 배움으로 연계되는지 민감하게 관찰한 후, 이를 추후 놀이지원에 적용할 수 있어야 한다. [그림 10-1]은 쌓기 놀이 중 유아가 표상한 그림에 기반하여 유아가 지렛대 놀이의 원리를 발견하게 되는 것을 이해하는 예이다.

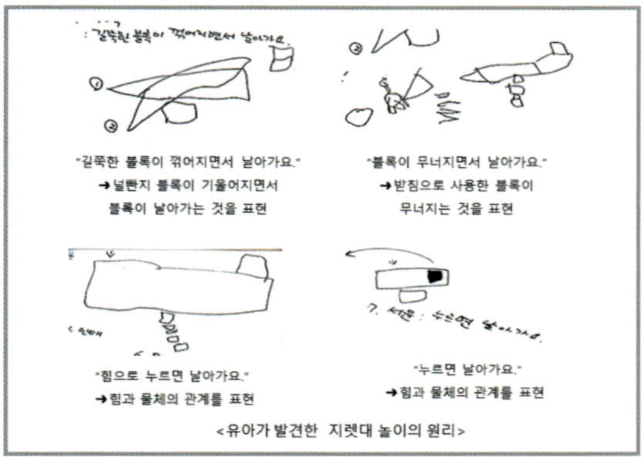

[그림 10-1] 놀이과정에서 유아가 표상한 그림에 기반하여 유아 이해하기

출처: 교육부, 보건복지부(2019b).

정리하자면, 유아 평가는 일상생활 및 놀이과정에서 유아의 놀이에 대한 기록 등을 통해 유아의 특성과 발달 정도, 흥미와 관심사, 또래와의 상호작용 등을 평가할 수 있어야 한다.

2) 누리과정 운영 평가

유치원과 어린이집의 교육과정이 유아 · 놀이 중심으로 적절하게 운영되고 있는지 평가하는 데 목적을 두는 누리과정 운영 평가(교육부, 보건복지부, 2019a)는 일과 구성이 적절하였는지, 일상생활이나 활동이 놀이를 지원하는 방식으로 진행되었는지, 놀이를 통해 어떤 경험이 일어났는지 등에 반성적으로 들여다보는 과정이다(교육부, 보건복지부, 2019b). 이를 위해 놀이시간을 충분히 운영하였는지, 유아 주도적인 놀이와 배움이 이루어지고 있는지, 놀이 지원이 적절한지 등을 평가할 수 있어야 한다. 적절한 누리과정 운영 평가를 위해서는 놀이 속에서

누리과정 운영 평가

놀이, 일상생활, 활동이 잘 연계되어 유아에게 의미 있는 통합적 경험의 내용으로 운영되었는지를 알아보는 것이다.

나타나는 유아의 특성 및 변화 정도와 연계하여 파악할 수 있어야 하며, 필요에 따라 부모와의 협력, 행정적·재정적 지원이 적절하게 이루어지고 있는지 등을 평가할 수도 있다. 정리하자면 누리과정 운영 평가는 놀이, 일상생활, 활동이 잘 연계되어 유아에게 의미 있는 통합적 경험의 내용으로 운영되었는지를 알아보는 데 그 목적이 있다.

이를 위해 교사는 누리과정 운영 평가 시 학급 내 놀이의 내용, 놀이를 통해 학습에서 일어나고 있는 유아들의 배움과 참여 등에 대한 기록을 바탕으로 교육과정을 평가하고 교육과정 개선 계획에 이를 반영할 수 있어야 하는 데, 예는 〈표 10-1〉과 같다.

〈표 10-1〉 유아 놀이관찰 내용과 누리과정 운영 평가를 함께 기록한 예

구분	내 용
유아 놀이관찰 내용	주현이가 봄나물로 가방을 만들었다. 서진: 이거 가방! 가방이야! 서진이 거야. 주현: 서진아 너도 만들래? 주현이가 서진이에게 지퍼백을 준다. 서진이가 가방 만들기를 어려워하자 주현이, 교사가 도움을 주어 완성한다. 가방이 완성되자 서진이는 주현이에게 가방을 보여 준다. 교사: 이거 가방이야. 서진: 이거 가방이야. 교사는 서진이가 주현이에게 언어로 표현할 수 있도록 지원한다.
누리과정 운영 평가	• 친구의 놀이를 관심 있게 지켜보는 장애 유아를 관찰하던 중, 일반 유아가 장애 유아의 놀이참여를 유도하는 상호작용이 일어났고, 긍정적인 통합놀이의 모습을 관찰할 수 있었음. • 장애 유아가 어려워하는 부분에 대해서는 교사가 신체적 촉진, 언어적 모델링 등을 통해 지속적인 놀이지원을 하였음. • 놀이전반에서 장애 유아와 일반 유아의 놀이가 즐겁게 이루어졌으며 친구의 이야기에 집중하고 모방하여 표현하는 장애 유아를 관찰할 수 있었음. • 바깥놀이에서 할 수 있는 통합활동을 계획해 보고자 함.

출처: 교육부, 보건복지부(2019b).

더불어 교사는 누리과정 운영 평가 시 놀이를 통해 누리과정 5개 영역을 경험하고 있는지 돌아볼 필요가 있다. 누리과정의 5개 영역은 유아가 놀이를 통해 경험해야 할 내용으로, 교사는 놀이상황에서 5개 영역과 관련한 경험이 어떻게 이루어졌는지 연계할 수 있으며, 일상생활 및 활동과 같은 일과 후 혹은 하나의 놀이흐름이 마무리되었을 때 5개 영역의 경험이 어떻게 나타났는지 검토하고 지원을 계획할 수 있어야 한다(교육부, 보건복지부, 2019b).

한편, 유아교육평가에 있어서 교사 평가 역시 필요하다. 교사 평가는 교사가 하는 일의 가치를 판단하기 위해 교수활동에 관한 정보를 수집하고 수집된 정보에 의해 해석하고 가치를 매기는 행위이다(임승렬, 2001). 이에 유아 교사 평가는 교육과정 개발과 실행 등 교수 활동에 관한 다양한 정보와 학급 운영, 유아지도, 부모 및 대인 관계에 대한 정보를 수집하고, 이에 근거하여 교사의 역할에 대한 가치를 매기며, 유아교사의 전문성을 증진시키고 책무성을 강화시키기 위해 지원과 피드백을 제공해 준다(황해익, 2000; 황해익, 송연숙, 최혜진, 남미경, 고은미, 정명숙, 2010). 이러한 평가를 통해, 교사는 자신의 수업 방식, 유아와의 상호작용 방식, 부모 면담 방식 등에 대한 정보를 얻음으로써 교수학습 과정을 개선시킬 수 있으며, 잠재된 능력을 발휘할 기회를 통해 교사로서의 유능성과 전문성을 증진시킬 수 있다.

이러한 유아 교사 평가의 목적은 교사, 유아, 기관의 측면에서 살펴볼 수 있다(최일선, 조운주, 2016). 첫째, 유아 교사의 측면에서는 유아 교사의 개인적인 특성 및 성향, 전문적 지식, 기술, 태도 등을 평가하고 반성하게 하여 개인적인 자질 및 교수 능력 등의 전문성을 향상시키는 것이다. 둘째, 유아 측면에서는 교사의 전문성 향상을 통해 질 높은 유아교육 서비스를 유아들에게 제공하여 교육의 질을 향상시키는 것이다. 셋째, 기관의 측면에서는 교사 서비스의 향상을 통해 기관의 신뢰성을 향상시키는 것이다.

유아 교사 평가의 목적
- 개인적인 자질 및 교수 능력 등의 전문성을 향상
- 질 높은 유아교육 서비스를 영유아들에게 제공
- 교사 서비스의 향상을 통해 기관의 신뢰성 향상

유아 교사 평가에서 사용되는 대표적인 준거(황해익, 2000)는 〈표 10-2〉와 같다.

〈표 10-2〉 유아 교사의 평가 준거

하위 영역	내용
신체	신체적 건강 상태, 활동성, 예의바른 태도, 바른 자세
인성	적극성, 정서적 안정감, 자제력, 협동심, 융통성, 성실성, 사려성, 긍정적인 인간관, 공정성, 부모 및 동료교사와의 원만한 관계, 자신에 대한 긍지
교양 및 지적 능력	다방면에 걸친 풍부한 지적 능력, 순발력, 유창하고 명료한 언어 사용 능력, 창의력
교직에 관한 태도	영유아 교사직에 대한 사명감, 유아교육활동에 대한 열의, 전문성 신장을 위한 노력, 책임감, 수용적인 태도, 적합성, 신념 및 직업윤리
유아교육기술	유아교육과정 재구성 능력 및 실천 능력, 평가 능력 및 활용, 교재·교구 제작 및 다양한 활용 능력, 적절한 자극 및 개입, 융통성 있게 유아교육활동을 운영하는 능력
전문적 지식	소속기관의 유아교육철학에 대한 이해, 유아교육과정에 대한 지식, 생활지도 및 상담지식, 다양한 교수방법에 대한 지식, 평가에 대한 지식

교사 평가방법으로는 자기평가, 상급자 및 동료 교사 평가, 외부관찰자 평가, 부모 평가, 유아의 수행능력 평가 등이 있다(이은해, 1995; Goodwin & Driscool, 1980). 그중 가장 널리 활용되는 자기평가는 가장 바람직한 교사 평가방법으로 인식되는데 반성적 사고를 기초로 저널쓰기, 수업사례분석, 포토폴리오 활용 및 자기평가척도 등을 통해 이루어질 수 있다. 또한 상급자 및 동료교사 평가는 현장에서 공개수업, 연구수업, 시범수업 등을 통해 이루어지는 데, 사전에 어떠한 준거에 의해 평가되는지에 대해 협의가 필요하며, 최소 2회 이상의 직접적인 관찰과 자발적인 참여 및 적절한 피드백이 제공되어야 공평하고 객관적인 평가가 가능해진다.

3 평가 방법

2019 개정 누리과정에서는 기관 및 학급 수준 교육과정 운영의 자율성을 강화하므로 평가 방법 역시 자율성을 가지게 되는데, 교사는 관찰과 기록, 수집,

부모 설문지 등의 다양한 방법을 이용하여 유아와 누리과정 운영에 대한 평가를 실시할 수 있다.

1) 평가를 위한 자료 모으기

유아의 놀이, 일상생활, 활동 속에서 교육과정이 이루어지므로 교사는 유아의 특성과 변화 정도를 파악하기 위해 유아들의 실제 놀이 과정을 관찰하여 평가를 위한 자료를 모을 수 있다. 이때 유아의 말, 몸짓, 표정 등에 드러나는 놀이의 의미에 집중하여 실제 놀이 모습을 계획안에 기록할 수 있으며, 일상적으로 놀이 결과물과 작품 등을 수집할 수도 있다. 한편 교사는 평가를 위한 자료를 모으는 과정에서 많은 자료의 수집을 위한 부담감을 가질 필요는 없다. 그러나 유아 이해 및 놀이지원에 중요하다고 판단되는 의미 있는 자료를 선별할 수 있어야 하며, 필요한 내용을 메모나 사진 등 가장 쉬운 방법으로 기록하는 것이 좋다.

특히, 2019 개정 누리과정에서는 유아의 놀이 관찰기록, 유아 평가와 누리과정 운영 평가 등 평가 자료를 만들고 수집하는 데 과도한 노력을 기울이기보다는 유아의 놀이에 더 집중하고 지원하는 것이 더 중요함을 강조하고 있는데, [그림 10-2]와 같이 핵심 단어 위주 메모, 평가란이나 일지 양식을 변형한 관찰 및 평가 등 다양한 방식으로 기록할 수 있음을 제시하고 있다(교육부, 보건복지부, 2019a).

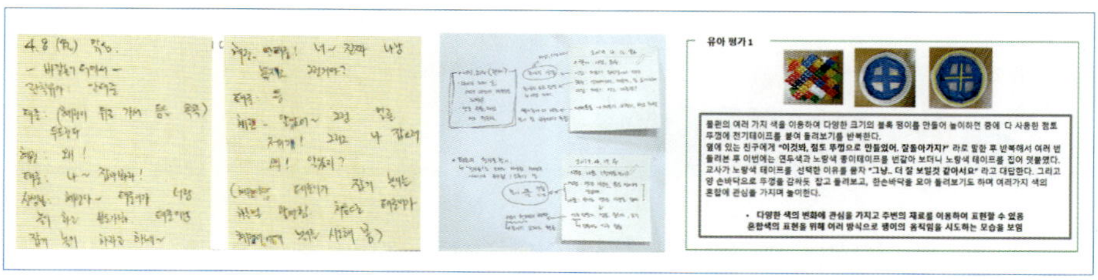

[그림 10-2] 평가를 위해 다양한 형태로 기록한 예

출처: 교육부, 보건복지부(2019b).

2) 자료 활용하여 평가하기

유아들의 실제 놀이 과정을 관찰하여 다양하게 수집된 자료를 통해 유아의 흥미와 관심, 놀이 선호, 또래와의 상호작용 등 유아의 특성과 변화 정도를 평가할 수 있다. 그리고 일과 구성이 적절하였는지, 일상생활이나 활동이 놀이를 지원하는 방식으로 진행되었는지, 놀이를 통해 어떤 경험이 어떻게 일어났는지 등의 누리과정 운영의 질을 평가할 수 있다. 나아가 놀이에서 누리과정 5개 영역을 경험하였는지 평가할 수 있다.

4 평가결과의 활용

평가결과의 활용

평가의 결과는 유아에 대한 이해와 누리과정 운영 개선을 위한 자료로 활용할 수 있다.

유아의 놀이, 일상생활, 활동을 통해 수집한 자료는 평가의 목적에 따라 종합하여 평가의 결과를 활용할 수 있어야 한다(교육부, 보건복지부, 2019a).

유아 평가의 결과는 유아가 행복감을 느끼고 전인적으로 발달하는 데 도움을 주고, 유아의 배움과 성장을 지원하는 데 활용되며, 나아가 부모와의 면담 자료 및 유아의 생활지도 등에 활용할 수 있다. 또한 기관 및 학급수준에서 자율적으로 실시한 누리과정 운영 평가의 결과는 유아 · 놀이 중심 교육과정의 운영이 보다 나은 방향으로 개선될 수 있도록 활용되어야 한다. 즉, 평가의 결과는 유아에 대한 이해와 누리과정 운영 개선을 위한 자료로 활용할 수 있다.

생각해 보기

'평가'하면 떠오르는 생각을 모두 포스트잇에 적고, 4~5명이 함께 포스트잇에 적은 것을 모두 모아서 유사한 것끼리 분류하여 범주화한 후, 범주화한 것에 제목을 붙이고, '평가'에 대한 주제망을 만들어 보세요. 또한 범주화된 것들 중 긍정적인/부정적인 것은 무엇인지 토의해 보세요!

연습문제

(1–5) 다음 문장을 읽고 옳으면 ○, 옳지 않으면 ×로 표시하시오.

1. 유아 평가 시 성공과 실패 혹은 순위를 정하기 위한 상대적 비교가 필요하다. ( )

2. 유아 평가는 일상생활 및 놀이과정에서 유아의 놀이에 대한 기록 등을 통해 유아의 특성과 발달 정도, 흥미와 관심사, 또래와의 상호작용 등을 평가할 수 있어야 한다. ( )

3. 유아를 평가할 때에는 관찰, 부모와의 면담, 일화기록, 작품분석, 표준화 검사 등 다양한 상황을 고려한 자료수집이 필요하다. ( )

4. 유아를 평가한 결과는 부모 면담 자료로 제공되어서는 안 된다. ( )

5. 누리과정 운영 평가는 놀이, 일상생활, 활동이 잘 연계되어 유아에게 의미 있는 통합적 경험의 내용으로 운영되었는지를 알아보는 데 그 목적이 있다. ( )

(6–7) 다음 문장을 읽고 답하시오.

6 유아교육에서 평가해야 하는 대상 2가지는? ( )

7. 유아의 고유한 특성이나 의미 있는 변화를 발견할 수 있는 교육과정이 이루어지는 시간은? ( )

(8–10) 다음 질문을 읽고 서술하시오.

8. 2019 개정 누리과정에서 중점을 두어 평가해야 할 것을 서술하시오.

연습문제

9. 유아의 특성과 변화 정도를 평가할 때, 놀이에서 경험하였는지 확인해야 할 누리과정 5개 영역에 대해 서술하시오.

10. 유아 평가의 결과를 활용할 수 있는 방법에 대해 서술하시오.

PART

V

영유아 교수학습활동의 실제

영유아교육(보육) 현장에서 영유아와 교사 간에 역동적 상호작용, 즉 교수학습활동이 효율적으로 이루어지기 위해서는 국가수준의 누리과정 및 표준보육과정이 제시하는 지침과 함께 영유아의 발달적 적합성을 고려하는 것이 중요하다. 누리과정 및 표준보육과정은 현재와 미래를 살아가는 영유아에게 적합한 교육(보육)의 방향과 내용 및 방법을 제시하고 있기 때문이다. 아울러, 영유아의 발달적 적합성은 영유아의 연령에 따른 보편적 발달 특성 및 영유아의 개인적 특성 그리고 영유아의 생활환경 등을 통합적으로 고려하여 즐겁고 신나는 하루 일과가 되도록 운영할 것을 가리키고 있기 때문이다.

제5부에서는 2019 개정 누리과정과 2024 개정 표준보육과정에 기초하여 하루 일과를 중심으로, 영유아의 교수학습활동 실제를 알아보기로 한다.

학습목표

- 영유아의 발달수준과 흥미에 기초한 교수학습활동에 대해 이해할 수 있다.
- 영유아의 일상생활지도에 대해 알고 적용할 수 있다.
- 영유아의 실내 · 외 자유놀이지원에 대해 알고 적용할 수 있다.
- 유아 대 · 소집단활동 지원에 대해 알고 적용할 수 있다.

학습내용

지식	기술	태도
• 일상생활과 기본생활지도 방법 • 실내 · 외 자유놀이지원 • 대 · 소집단활동 지원	• 일상생활지도능력 • 실내 · 외 자유놀이 지원능력 • 대 · 소집단활동 지원능력 • 교육계획안 작성능력	• 영유아의 발달수준과 흥미를 존중하는 태도 • 다양한 교수학습활동에 대한 적극적인 태도 • 영유아의 교수학습활동에 대한 중요성 인식 • 영아의 일상생활과 자유놀이 과정에서 영아를 관찰하고 이해하여 의미 있는 해석을 하려는 노력

주요용어

- 일상생활, 기본생활, 실내놀이, 바깥놀이, 이야기 나누기, 전이활동, 문학, 음악, 신체, 수 · 과학, 미술, 체험활동, 2019 개정 누리과정, 2024 개정 표준보육과정
- 일상생활지도, 신체영역, 감각탐색영역, 역할놀이, 쌓기놀이 영역, 언어영역, 미술영역, 음률영역, 등 · 하원, 수유 및 이유, 식사 및 간식, 기저귀 갈이, 낮잠

chapter

11

2019 개정 누리과정과 2024 개정 표준보육과정

1 2019 개정 누리과정

1) 2019 개정 누리과정의 이해

2019 개정 누리과정은 3~5세 유아를 위한 국가 수준의 공통 교육과정으로 2020년 3월 1일부터 시행되었다. 교육부 고시 제2019-189호 유치원 교육과정 고시문의 내용을 바탕으로 2019 개정 누리과정의 성격, 인간상, 목적과 목표, 구성의 중점 내용을 제시하면 다음과 같다.

(1) 성격

첫째, 국가 수준의 공통성과 지역, 기관 및 개인 수준의 다양성을 동시에 추구한다.

둘째, 유아의 전인적 발달과 행복을 추구한다.

셋째, 유아 중심과 놀이 중심을 추구한다.

넷째, 유아의 자율성과 창의성 신장을 추구한다.

다섯째, 유아, 교사, 원장(감), 학부모 및 지역사회가 함께 실현해 가는 것을 추구한다.

(2) 인간상

누리과정은 3~5세 모든 유아에게 적용할 수 있도록 하며, 추구하는 인간상 구현을 위한 지식, 기능, 태도 및 가치를 반영하여 구성되었다. 2019 개정 누리과정에서 추구하는 인간상은 건강한 사람, 자주적인 사람, 창의적인 사람, 감성이 풍부한 사람, 더불어 사는 사람이다.

[그림 11-1] 2019 개정 누리과정 추구하는 인간상

(3) 목적과 목표

2019 개정 누리과정의 목적은 유아가 놀이를 통해 심신의 건강과 조화로운 발달을 이루고 바른 인성과 민주 시민의 기초를 형성하는 데에 있다. 이를 실현하기 위한 목표는 다음과 같다(교육부, 2019).

첫째, 자신의 소중함을 알고, 건강하고 안전한 생활 습관을 기른다.
둘째, 자신의 일을 스스로 해결하는 기초능력을 기른다.
셋째, 호기심과 탐구심을 가지고 상상력과 창의력을 기른다.
넷째, 일상에서 아름다움을 느끼고 문화적 감수성을 기른다.
다섯째, 사람과 자연을 존중하고 배려하며 소통하는 태도를 기른다.

(4) 구성의 중점

2019 개정 누리과정은 유아교육의 기본인 놀이를 중심으로 유아들의 배움을 지원하는 유아 놀이 중심교육과정으로 제시되었다. 신체운동 · 건강, 의사소통, 사회관계, 예술경험, 자연탐구의 5개 영역을 중심으로 3~5세 유아가 경험해야 할 내용을 중심으로 구성되었으며 0~2세 보육과정 및 초등학교 교육과정과의 연계성이 고려되었다. 2019 개정 누리과정 구성의 중점은 다음과 같다(교육부, 2019).

첫째, 3~5세 모든 유아에게 적용할 수 있도록 구성한다.

둘째, 추구하는 인간상 구현을 위한 지식, 기능, 태도 및 가치를 반영하여 구성한다.

셋째, 신체운동 · 건강, 의사소통, 사회관계, 예술경험, 자연탐구의 5개 영역을 중심으로 구성한다.

넷째, 3~5세 유아가 경험해야 할 내용으로 구성한다.

다섯째, 0~2세 보육과정 및 초등학교 교육과정과의 연계성을 고려하여 구성한다.

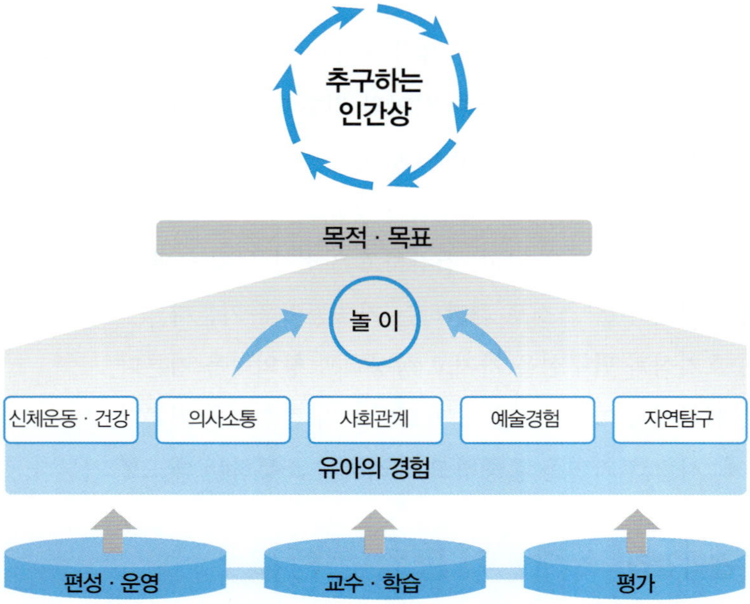

[그림 11-2] 2019 개정 누리과정의 구성

출처: 2019 개정 누리과정 해설서 p. 21.

2) 영역별 목표 및 내용

2019 개정 누리과정에서는 신체운동 · 건강, 의사소통, 사회관계, 예술경험, 자연탐구의 5개 영역별 목표 및 내용으로 제시되었다.

(1) 신체운동 · 건강

신체운동 · 건강 영역은 유아가 다양한 신체활동에 즐겁게 참여하고, 청결과 위생, 즐거운 식사, 적당한 휴식을 통해 건강한 생활습관을 기르며, 일상에서 안전하게 생활하는 방법을 배우고 실천하는 내용을 다루는 영역이다. 신체운동 · 건강 영역의 목표와 내용은 다음과 같다.

① 목표

실내외에서 신체활동을 즐기고, 건강하고 안전한 생활을 한다.

첫째, 신체활동에 즐겁게 참여한다.

둘째, 건강한 생활습관을 기른다.

셋째, 안전한 생활습관을 기른다.

② 내용

〈표 11-1〉 신체운동 · 건강 영역의 내용

내용 범주	내용
신체활동 즐기기	신체를 인식하고 움직인다.
	신체 움직임을 조절한다.
	기초적인 이동운동, 제자리 운동, 도구를 이용한 운동을 한다.
	실내외 신체활동에 자발적으로 참여한다.
건강하게 생활하기	자신의 몸과 주변을 깨끗이 한다.
	몸에 좋은 음식에 관심을 가지고 바른 태도로 즐겁게 먹는다.
	하루 일과에서 적당한 휴식을 취한다.
	질병을 예방하는 방법을 알고 실천한다.
안전하게 생활하기	일상에서 안전하게 놀이하고 생활한다.
	TV, 컴퓨터, 스마트폰 등을 바르게 사용한다.
	교통안전 규칙을 지킨다.
	안전사고, 화재, 재난, 학대, 유괴 등에 대처하는 방법을 경험한다.

(2) 의사소통

의사소통 영역은 유아가 일상생활에서 다른 사람의 말이나 이야기를 듣고 말하기를 즐기며, 주변의 상징을 읽고 글자와 비슷한 형태로 써 보기에 관심을 가지며, 다양한 책과 이야기를 통해 상상하기를 즐기는 내용으로 구성되었다. 의사소통 영역의 목표와 내용은 다음과 같다.

① 목표

일상생활에 필요한 의사소통 능력과 상상력을 기른다.

첫째, 일상생활에서 듣고 말하기를 즐긴다.

둘째, 읽기와 쓰기에 관심을 가진다.

셋째, 책이나 이야기를 통해 상상하기를 즐긴다.

② 내용

〈표 11-2〉 의사소통 영역의 내용

내용 범주	내용
듣기와 말하기	말이나 이야기를 관심 있게 듣는다.
	자신의 경험, 느낌, 생각을 말한다.
	상황에 적절한 단어를 사용하여 말한다.
	상대방이 하는 이야기를 듣고 관련해서 말한다.
	바른 태도로 듣고 말한다.
	고운 말을 사용한다.
읽기와 쓰기에 관심 가지기	말과 글의 관계에 관심을 가진다.
	주변의 상징, 글자 등의 읽기에 관심을 가진다.
	자신의 생각을 글자와 비슷한 형태로 표현한다.
책과 이야기 즐기기	책에 관심을 가지고 상상하기를 즐긴다.
	동화, 동시에서 말의 재미를 느낀다.
	말놀이와 이야기 짓기를 즐긴다.

(3) 사회관계

사회관계 영역은 유아가 자신을 이해하고 존중하며, 친구와 가족 또는 다른 사람들과 사이좋게 지내며, 유아가 속한 지역사회와 우리나라, 다양한 문화에 관심을 갖는 내용으로 구성되었다. 사회관계 영역의 목표와 내용은 다음과 같다.

① 목표

자신을 존중하고 더불어 생활하는 태도를 가진다.

첫째, 자신을 이해하고 존중한다.

둘째, 다른 사람과 사이좋게 지낸다.

셋째, 우리가 사는 사회와 다양한 문화에 관심을 가진다.

② 내용

〈표 11-3〉 사회관계 영역의 내용

내용 범주	내용
나를 알고 존중하기	나를 알고 소중히 여긴다.
	나의 감정을 알고 상황에 맞게 표현한다.
	내가 할 수 있는 것을 스스로 한다.
더불어 생활하기	가족의 의미를 알고 화목하게 지낸다.
	친구와 서로 도우며 사이좋게 지낸다.
	친구와의 갈등을 긍정적인 방법으로 해결한다.
	서로 다른 감정, 생각, 행동을 존중한다.
	친구와 어른께 예의 바르게 행동한다.
	약속과 규칙의 필요성을 알고 지킨다.
사회에 관심 가지기	내가 살고 있는 곳에 대해 궁금한 것을 알아본다.
	우리나라에 대해 자부심을 가진다.
	다양한 문화에 관심을 가진다.

(4) 예술경험

예술경험 영역은 유아가 자연, 생활, 예술에서 아름다움을 느끼고, 음악, 움직임과 춤, 미술, 극놀이 등의 예술에서 자신의 느낌과 생각을 창의적으로 표현하는 과정을 즐기며, 다양한 예술 작품을 감상하며 다른 사람의 예술 표현을 존중하는 내용으로 구성되었다. 예술경험 영역의 목표와 내용은 다음과 같다.

① 목표

아름다움과 예술에 관심을 가지고 창의적 표현을 즐긴다.

첫째, 자연과 생활 및 예술에서 아름다움을 느낀다.

둘째, 예술을 통해 창의적으로 표현하는 과정을 즐긴다.

셋째, 다양한 예술 표현을 존중한다.

② 내용

〈표 11-4〉 예술경험 영역의 내용

내용 범주	내용
아름다움 찾아보기	자연과 생활에서 아름다움을 느끼고 즐긴다.
	예술적 요소에 관심을 갖고 찾아본다.
창의적으로 표현하기	노래를 즐겨 부른다.
	신체, 사물, 악기로 간단한 소리와 리듬을 만들어 본다.
	신체나 도구를 활용하여 움직임과 춤으로 자유롭게 표현한다.
	다양한 미술 재료와 도구로 자신의 생각과 느낌을 표현한다.
	극놀이로 경험이나 이야기를 표현한다.
예술 감상하기	다양한 예술을 감상하며 상상하기를 즐긴다.
	서로 다른 예술 표현을 존중한다.
	우리나라 전통 예술에 관심을 갖고 친숙해진다.

(5) 자연탐구

자연탐구 영역은 유아가 호기심을 가지고 궁금한 것을 적극적으로 탐구하는 과정을 즐기며, 생활 속의 문제를 수학적, 과학적으로 탐구해 보면서, 생명과 자연환경을 존중하는 내용으로 구성되었다. 자연탐구 영역의 목표와 내용은 다음과 같다.

① 목표

탐구하는 과정을 즐기고, 자연과 더불어 살아가는 태도를 가진다.

첫째, 일상에서 호기심을 가지고 탐구하는 과정을 즐긴다.

둘째, 생활 속의 문제를 수학적, 과학적으로 탐구한다.

셋째, 생명과 자연을 존중한다.

② 내용

〈표 11-5〉 자연탐구 영역의 내용

내용 범주	내용
탐구과정 즐기기	주변 세계와 자연에 대해 지속적으로 호기심을 가진다.
	궁금한 것을 탐구하는 과정에 즐겁게 참여한다.
	탐구과정에서 서로 다른 생각에 관심을 가진다.
생활 속에서 탐구하기	물체의 특성과 변화를 여러 가지 방법으로 탐색한다.
	물체를 세어 수량을 알아본다.
	물체의 위치와 방향, 모양을 알고 구별한다.
	일상에서 길이, 무게 등의 속성을 비교한다.
	주변에서 반복되는 규칙을 찾는다.
	일상에서 모은 자료를 기준에 따라 분류한다.
	도구와 기계에 대해 관심을 가진다.
자연과 더불어 살기	주변의 동식물에 관심을 가진다.
	생명과 자연환경을 소중히 여긴다.
	날씨와 계절의 변화를 생활과 관련짓는다.

2 2024 개정 표준보육과정

[표준보육과정의 성격]

표준보육과정은 0~5세 영유아를 위한 국가 수준의 보육과정이며 0~1세 보육과정, 2세 보육과정, 3~5세 보육과정(누리과정)으로 구성한다.

가. 국가 수준의 공통성과 지역, 기관 및 개인 수준의 다양성을 동시에 추구한다.

나. 영유아의 전인적 발달과 행복을 추구한다.

다. 영유아 중심과 놀이 중심을 추구한다.

라. 영유아의 자율성과 창의성 신장을 추구한다.

마. 영유아, 교사, 원장, 부모 및 지역사회가 함께 실현해 가는 것을 추구한다.

제1장 총론

Ⅰ. 표준보육과정의 구성 방향

1. 추구하는 인간상

표준보육과정이 추구하는 인간상은 다음과 같다.

가. 건강한 사람

나. 자주적인 사람

다. 창의적인 사람

라. 감성이 풍부한 사람

마. 더불어 사는 사람

2. 목적과 목표

표준보육과정의 목적은 영유아가 놀이를 통해 심신의 건강과 조화로운 발달을 이루고, 바른 인성과 민주 시민의 기초를 형성하는 데에 있다.

이를 실현하기 위한 목표는 다음과 같다.

가. 0~1세 보육과정 및 2세 보육과정 목표

1) 자신의 소중함을 알고, 건강하고 안전한 환경에서 즐겁게 생활한다.

2) 자신의 일을 스스로 하고자 한다.

3) 호기심을 가지고 탐색하며 상상력을 기른다.

4) 일상에서 아름다움에 관심을 가지고 감성을 기른다.

5) 사람과 자연을 존중하고 소통하는 데 관심을 가진다.

나. 3~5세 보육과정 목표

1) 자신의 소중함을 알고, 건강하고 안전한 생활 습관을 기른다.
2) 자신의 일을 스스로 해결하는 기초능력을 기른다.
3) 호기심과 탐구심을 가지고 상상력과 창의력을 기른다.
4) 일상에서 아름다움을 느끼고 문화적 감수성을 기른다.
5) 사람과 자연을 존중하고 배려하며 소통하는 태도를 기른다.

3. 구성의 중점

표준보육과정은 영유아가 개별적인 특성을 지닌 고유한 존재임을 전제로 다음 사항에 중점을 두고 구성한다.

가. 0~5세 모든 영유아에게 적용할 수 있도록 구성한다.
나. 추구하는 인간상 구현을 위한 지식, 기능, 태도 및 가치를 반영하여 구성한다.
다. 신체운동 · 건강, 의사소통, 사회관계, 예술경험, 자연탐구의 5개 영역을 중심으로 구성한다.
라. 0~5세 영유아가 경험해야 할 내용으로 구성한다.
마. 초등학교 교육과정과의 연계성을 고려하여 구성한다.

Ⅱ. 표준보육과정의 운영

1. 편성 · 운영

다음의 사항에 따라 표준보육과정을 편성 · 운영한다.

가. 각 기관의 운영 시간에 맞추어 편성한다.
나. 표준보육과정을 바탕으로 각 기관의 실정에 적합한 계획을 수립하여 운영한다.
다. 하루 일과에서 바깥 놀이를 포함하여 영유아의 놀이가 충분히 이루어지도록 편성하여 운영한다.
라. 성, 신체적 특성, 장애, 종교, 가족 및 문화적 배경 등에 따른 차별이 없

도록 편성하여 운영한다.

마. 영유아의 발달과 장애 정도에 따라 조정하여 운영한다.

바. 가정과 지역사회와의 협력과 참여에 기반하여 운영한다.

사. 교사 연수를 통해 표준보육과정의 운영을 개선할 수 있도록 한다.

2. 교수학습

교사는 다음 사항에 따라 영유아를 지원한다.

가. 영유아가 흥미와 관심에 따라, 놀이에 자유롭게 참여하고 즐기도록 한다.

나. 영유아가 놀이를 통해 배우도록 한다.

다. 영유아가 다양한 놀이와 활동을 경험할 수 있도록 실내외 환경을 구성한다.

라. 영유아와 영유아, 영유아와 교사, 영유아와 환경 사이에 능동적인 상호작용이 이루어지도록 한다.

마. 5개 영역의 내용이 통합적으로 영유아의 경험과 연계되도록 한다.

바. 개별 영유아의 요구에 따라, 휴식과 일상생활이 원활히 이루어지도록 한다.

사. 영유아의 연령, 발달, 장애, 배경 등을 고려하여 개별 특성에 적합한 방식으로 배우도록 한다.

3. 평가

평가는 다음 사항에 중점을 두고 실시한다.

가. 표준보육과정 운영의 질을 진단하고 개선하기 위해, 평가를 계획하고 실시한다.

나. 영유아의 특성 및 변화 정도와 표준보육과정의 운영을 평가한다.

다. 평가의 목적에 따라 적합한 방법을 사용하여 평가한다.

라. 평가의 결과는 영유아에 대한 이해와 표준보육과정 운영 개선을 위한 자료로 활용할 수 있다.

제2장 0~1세 영역별 목표 및 내용

Ⅰ. 신체운동 · 건강

1. 목표

실내외에서 신체활동을 즐기고, 건강하고 안전한 일상생활을 경험한다.

1) 감각경험과 신체활동을 즐긴다.

2) 건강한 일상생활을 경험한다.

3) 안전한 일상생활을 경험한다.

2. 내용

내용 범주	내용
신체활동 즐기기	• 다양한 감각을 경험한다. • 신체와 주변을 탐색한다. • 대소근육을 조절한다. • 기본운동을 시도한다. • 실내외 신체활동을 즐긴다.
건강하게 생활하기	• 도움을 받아 몸을 깨끗이 한다. • 음식에 관심을 가진다. • 하루일과를 편안하게 경험한다. • 건강한 배변습관을 갖는다.
안전하게 생활하기	• 안전한 상황에서 놀이하고 생활한다. • 안전한 상황에서 교통수단을 이용해본다. • 위험하다는 말에 주의한다.

Ⅱ. 의사소통

1. 목표

일상생활에서 의사소통 능력을 기른다.

1) 일상생활에서 듣기와 말하기를 즐긴다.

2) 읽기와 쓰기에 관심을 가진다.

3) 책과 이야기에 재미를 느낀다.

2. 내용

내용 범주	내용
듣기와 말하기	• 표정, 몸짓, 말과 주변의 소리에 주의를 기울인다. • 상대방의 이야기를 들으면서 말소리를 낸다. • 표정, 몸짓, 말소리로 의사를 표현한다.
읽기와 쓰기에 관심 가지기	• 주변의 그림과 상징에 관심을 가진다. • 끼적이기에 관심을 가진다.
책과 이야기 즐기기	• 책에 관심을 가진다. • 말놀이와 이야기에 재미를 느낀다

Ⅲ. 사회관계

1. 목표

나를 알아가며, 더불어 생활하는 경험을 한다.

1) 나를 알고 긍정적으로 여긴다.

2) 함께 지내는 즐거움을 경험한다.

2. 내용

내용 범주	내용
나를 알고 존중하기	• 나의 고유함을 알아간다. • 나의 욕구와 감정을 표현한다. • 나에게 친숙한 것을 안다.
더불어 생활하기	• 안정적인 애착을 형성한다. • 또래에게 관심을 가진다. • 다른 사람의 감정과 행동에 관심을 가진다. • 반에서 편안하게 지낸다.

Ⅳ. 예술경험

1. 목표

아름다움을 느끼고 즐긴다.

1) 자연과 생활에서 아름다움을 경험한다.

2) 자유롭게 예술표현을 한다.

2. 내용

내용 범주	내용
아름다움 찾아보기	• 자연과 생활에서 아름다움을 느낀다. • 예술에서 아름다움을 느낀다.
창의적으로 표현하기	• 소리와 리듬, 노래로 표현한다. • 움직임으로 표현한다. • 다양한 미술재료를 경험한다. • 모방하기를 즐긴다.

V. 자연탐구

1. 목표

주변 환경과 자연을 탐색하는 과정을 즐긴다.

1) 일상에서 탐색하는 과정을 즐긴다.

2) 주변 환경에 관심을 가지고 탐색한다.

3) 생명과 자연에 관심을 가진다.

2. 내용

내용 범주	내용
탐구 과정 즐기기	• 주변 환경과 자연에 대해 호기심을 가진다. • 사물과 자연 탐색하기를 즐긴다.
생활 속에서 탐구하기	• 친숙한 물체를 감각으로 탐색한다. • 일상에서 수에 관심을 가진다. • 공간과 모양을 탐색한다. • 규칙성을 경험한다.
자연과 더불어 살기	• 주변의 동식물에 관심을 가진다. • 날씨의 변화를 느낀다.

제3장 2세 영역별 목표 및 내용

Ⅰ. 신체운동 · 건강

1. 목표

실내외에서 신체활동을 즐기고, 건강하고 안전한 일상생활을 경험한다.

1) 감각경험과 신체활동을 즐긴다.

2) 건강한 일상생활을 경험한다.

3) 안전한 일상생활을 경험한다.

2. 내용

내용 범주	내용
신체활동 즐기기	• 다양한 감각을 경험한다. • 신체를 인식하고 움직인다. • 대소근육을 조절한다. • 기본운동을 즐긴다. • 실내외 신체활동을 즐긴다.
건강하게 생활하기	• 자신의 몸과 주변을 깨끗이 해 본다. • 음식을 즐겁게 먹는다. • 하루일과를 즐겁게 경험한다. • 건강한 배변습관을 갖는다.
안전하게 생활하기	• 안전하게 놀이하고 생활한다. • 안전한 상황에서 교통수단을 이용해 본다. • 위험은 상황에 대처하는 방법을 경험한다.

Ⅱ. 의사소통

1. 목표

일상생활에서 의사소통 능력을 기른다.

1) 일상생활에서 듣기와 말하기를 즐긴다.

2) 읽기와 쓰기에 관심을 가진다.

3) 책과 이야기에 재미를 느낀다.

2. 내용

내용 범주	내용
듣기와 말하기	• 표정, 몸짓, 말에 주의를 기울여 듣는다. • 상대방의 이야기를 듣고 말한다. • 자신의 요구와 느낌을 말한다.
읽기와 쓰기에 관심 가지기	• 주변의 그림과 상징에 관심을 가진다. • 끼적이며 표현하기를 즐긴다.
책과 이야기 즐기기	• 책에 관심을 가지고 상상한다. • 말놀이와 이야기에 재미를 느낀다.

Ⅲ. 사회관계

1. 목표

나를 알아가며, 더불어 생활하는 경험을 한다.

1) 나를 알고 긍정적으로 여긴다.

2) 함께 지내는 즐거움을 경험한다.

2. 내용

내용 범주	내용
나를 알고 존중하기	• 나의 고유함을 알아간다. • 나의 욕구와 감정을 표현한다. • 내가 좋아하는 것을 해 본다.
더불어 생활하기	• 가족에게 관심을 가진다. • 또래와 함께 놀이한다. • 다른 사람의 감정과 행동에 관심을 가진다. • 지켜야 할 약속이 있음을 안다.

Ⅳ. 예술경험

1. 목표

아름다움을 느끼고 즐긴다.

1) 자연과 생활에서 아름다움을 경험한다.

2) 자유롭게 예술표현을 한다.

2. 내용

내용 범주	내용
아름다움 찾아보기	• 자연과 생활에서 아름다움을 느낀다. • 예술에서 아름다움을 느낀다.
창의적으로 표현하기	• 익숙한 노래와 리듬을 표현한다. • 움직임과 춤으로 표현한다. • 다양한 미술 재료와 도구로 표현한다. • 상상놀이를 한다.

V. 자연탐구

1. 목표

주변 환경과 자연을 탐색하는 과정을 즐긴다.

1) 일상에서 탐색하는 과정을 즐긴다.

2) 주변 환경에 관심을 가지고 탐색한다.

3) 생명과 자연에 관심을 가진다.

2. 내용

내용 범주	내용
탐구 과정 즐기기	• 주변 환경과 자연에 대해 호기심을 가진다. • 사물과 자연 탐색하기를 즐긴다.
생활 속에서 탐구하기	• 친숙한 물체를 감각으로 탐색한다. • 일상에서 수에 관심을 가진다. • 공간과 모양을 탐색한다. • 규칙성에 관심을 가진다. • 사물을 같고 다름에 따라 구분한다. • 생활 도구에 관심을 가진다.
자연과 더불어 살기	• 주변의 동식물에 관심을 가진다. • 날씨와 계절의 변화를 느낀다.

제4장 3~5세 영역별 목표 및 내용

Ⅰ. 신체운동 · 건강

1. 목표

실내외에서 신체활동을 즐기고, 건강하고 안전한 생활을 한다.

1) 신체활동에 즐겁게 참여한다.

2) 건강한 생활습관을 기른다.

3) 안전한 생활습관을 기른다.

2. 내용

내용 범주	내용
신체활동 즐기기	신체를 인식하고 움직인다.
	신체 움직임을 조절한다.
	기초적인 이동운동, 제자리 운동, 도구를 이용한 운동을 한다.
	실내외 신체활동에 자발적으로 참여한다.
건강하게 생활하기	자신의 몸과 주변을 깨끗이 한다.
	몸에 좋은 음식에 관심을 가지고 바른 태도로 즐겁게 먹는다.
	하루 일과에서 적당한 휴식을 취한다.
	질병을 예방하는 방법을 알고 실천한다.
안전하게 생활하기	일상에서 안전하게 놀이하고 생활한다.
	TV, 컴퓨터, 스마트폰 등을 바르게 사용한다.
	교통안전 규칙을 지킨다.
	안전사고, 화재, 재난, 학대, 유괴 등에 대처하는 방법을 경험한다.

Ⅱ. 의사소통

1. 목표

일상생활에 필요한 의사소통 능력과 상상력을 기른다.

1) 일상생활에서 듣고 말하기를 즐긴다.

2) 읽기와 쓰기에 관심을 가진다.

3) 책이나 이야기를 통해 상상하기를 즐긴다.

2. 내용

내용 범주	내용
듣기와 말하기	말이나 이야기를 관심 있게 듣는다.
	자신의 경험, 느낌, 생각을 말한다.
	상황에 적절한 단어를 사용하여 말한다.
	상대방이 하는 이야기를 듣고 관련해서 말한다.
	바른 태도로 듣고 말한다.
	고운 말을 사용한다.
읽기와 쓰기에 관심 가지기	말과 글의 관계에 관심을 가진다.
	주변의 상징, 글자 등의 읽기에 관심을 가진다.
	자신의 생각을 글자와 비슷한 형태로 표현한다.
책과 이야기 즐기기	책에 관심을 가지고 상상하기를 즐긴다.
	동화, 동시에서 말의 재미를 느낀다.
	말놀이와 이야기 짓기를 즐긴다.

Ⅲ. 사회관계

1. 목표

자신을 존중하고 더불어 생활하는 태도를 가진다.

1) 자신을 이해하고 존중한다.

2) 다른 사람과 사이좋게 지낸다.

3) 우리가 사는 사회와 다양한 문화에 관심을 가진다.

2. 내용

내용 범주	내용
나를 알고 존중하기	나를 알고 소중히 여긴다.
	나의 감정을 알고 상황에 맞게 표현한다.
	내가 할 수 있는 것을 스스로 한다.

내용 범주	내용
더불어 생활하기	가족의 의미를 알고 화목하게 지낸다.
	친구와 서로 도우며 사이좋게 지낸다.
	친구와의 갈등을 긍정적인 방법으로 해결한다.
	서로 다른 감정, 생각, 행동을 존중한다.
	친구와 어른께 예의바르게 행동한다.
	약속과 규칙의 필요성을 알고 지킨다.
사회에 관심 가지기	내가 살고 있는 곳에 대해 궁금한 것을 알아본다.
	우리나라에 대해 자부심을 가진다.
	다양한 문화에 관심을 가진다.

Ⅳ. 예술경험

1. 목표

아름다움과 예술에 관심을 가지고 창의적 표현을 즐긴다.

1) 자연과 생활 및 예술에서 아름다움을 느낀다.
2) 예술을 통해 창의적으로 표현하는 과정을 즐긴다.
3) 다양한 예술 표현을 존중한다.

2. 내용

내용 범주	내용
아름다움 찾아보기	자연과 생활에서 아름다움을 느끼고 즐긴다.
	예술적 요소에 관심을 갖고 찾아본다.
창의적으로 표현하기	노래를 즐겨 부른다.
	신체, 사물, 악기로 간단한 소리와 리듬을 만들어 본다.
	신체나 도구를 활용하여 움직임과 춤으로 자유롭게 표현한다.
	다양한 미술 재료와 도구로 자신의 생각과 느낌을 표현한다.
	극놀이로 경험이나 이야기를 표현한다.
예술 감상하기	다양한 예술을 감상하며 상상하기를 즐긴다.
	서로 다른 예술 표현을 존중한다.
	우리나라 전통 예술에 관심을 갖고 친숙해진다.

V. 자연탐구

1. 목표

탐구하는 과정을 즐기고, 자연과 더불어 살아가는 태도를 가진다.

1) 일상에서 호기심을 가지고 탐구하는 과정을 즐긴다.
2) 생활 속의 문제를 수학적, 과학적으로 탐구한다.
3) 생명과 자연을 존중한다.

2. 내용

내용 범주	내용
탐구과정 즐기기	주변 세계와 자연에 대해 지속적으로 호기심을 가진다.
	궁금한 것을 탐구하는 과정에 즐겁게 참여한다.
	탐구과정에서 서로 다른 생각에 관심을 가진다.
생활 속에서 탐구하기	물체의 특성과 변화를 여러 가지 방법으로 탐색한다.
	물체를 세어 수량을 알아본다.
	물체의 위치와 방향, 모양을 알고 구별한다.
	일상에서 길이, 무게 등의 속성을 비교한다.
	주변에서 반복되는 규칙을 찾는다.
	일상에서 모은 자료를 기준에 따라 분류한다.
	도구와 기계에 대해 관심을 가진다.
자연과 더불어 살기	주변의 동식물에 관심을 가진다.
	생명과 자연환경을 소중히 여긴다.
	날씨와 계절의 변화를 생활과 관련짓는다.

chapter

12

2024 개정 표준보육과정에 기초한
영아 교수학습 활동의 실제

영아의 학습은 일상생활 속에서 이루어진다. 그러므로 교사는 영아 일상생활의 의미를 이해하고 적절하게 지도하는 것이 중요하다. 본 장에서는 영아의 일상생활지도를 등 · 하원지도, 수유 및 이유지도, 식사 및 간식지도, 기저귀 갈이 및 배변지도, 낮잠지도로 나누어 실제 접근방법을 보여 주고자 한다. 더불어 영아기는 기본생활습관이 형성되는 중요한 과정에 있다. 영아의 일상생활을 통해 반복적으로 기본생활지도가 이루어질 때 바른 습관이 형성될 수 있다.

등 · 하원은 어린이집의 하루를 시작하고 마치는 중요한 시간으로 영아가 편안하게 어린이집에 들어와 편안하고 안전하게 가정으로 돌아갈 수 있도록 도와야 한다. 수유시간은 영아가 자신의 욕구를 충족하고 교사에게 안겨 편안함과 안정감을 느낄 수 있는 시간이다. 그러므로 교사는 단순히 영아의 먹는 양에만 중점을 둘 것이 아니라 안정된 분위기 속에서 영아와 눈 마주침이나 정서적 상호작용 등을 통해 영아와 친밀한 관계를 형성하는 데도 주의를 기울여야 한다. 식사 및 간식시간 또한 영아의 생리적 욕구와 관련되어 있으며, 영아의 영양과 건강을 위해서도 아주 중요한 시간이므로 교사는 간식 및 식사시간이 즐거운 시간과 성취의 시간이 될 수 있도록 지원해야 한다. 기저귀 갈기와 배변지도는 영아의 욕구만족과 관련되어 있다. 어린이집에서 교사가 영아의 배변활동과정에서 영아가 자신의 욕구가 잘 충족될 수 있도록 하고, 교사와 일대일로 즐겁게 상호작용하고 놀이하는 시간으로 구성할 때 아주 의미 있고 즐거운 시간이 될 수 있다. 낮잠 자기는 영아들이 지치고 피곤한 몸을 달래는 시간이기도 하다. 교사는 영아 개개인의 특성을 잘 반영하여 각 영아에게 가장 적합한 환경을 제공하고 지원하기 위해 노력해야 한다. 이외에 영아의 하루 일과는 자유놀이가 대부분을 차지한다. 실내와 실외에서 다양한 자유놀이를 하게 된다. 영아들의 흥미와 관심에 따라 자유롭게 놀이를 선택하고 교사는 영아의 놀이에 관심을 갖고 적절한 반응을 보이며 상호작용함으로써 실내놀이와 바깥놀이는 의미 있게 이루어질 수 있다. 실내놀이는 0세 영아반은 신체, 언어, 감각 · 탐색영역, 1세반은 신체, 언어, 감각 · 탐색과 역할 쌓기 영역, 2세반은 신체, 언어, 감각 · 탐색과 역할 쌓기 영역, 미술과 음률영역으로 구성된다. 바깥

놀이는 놀이기구와 다양한 탈 것들을 타며 자연을 관찰하고 가꾸는 등의 놀이가 이루어진다. 영아들이 다양한 영역에서 자신의 흥미와 리듬에 맞게 놀이할 수 있도록 환경을 구성하고 놀이모습을 관찰하여 교사의 중재가 필요할 때 적절히 개입함으로써 영아의 자연스러운 학습을 지원할 수 있다.

1 일상생활지원 실제

활동 1 등원-즐거운 마음으로 만나요!

(놀이) 상황	영아가 아침에 부모와 함께 등원하고 있다. 등원하며 부모와 교사를 보고 어린이집을 살피고 있다.  
교사의 기대	영아는 등원 시 긴장감과 불안감을 기본적으로 갖고 있다. 이때 급하게 영아와 부모를 떨어지게 하고 영아를 들어오게 하면 그 불안감과 긴장감이 더할 수 있다. 영아가 편안한 마음으로 자연스럽게 어린이집 일과에 관심을 가지고 보육실로 들어오도록 지원하고 영아가 하루 일과를 즐겁게 주도적으로 경험할 수 있는 안정감을 가질 수 있기를 기대한다.
지원방법	상호작용(정서적 지원)
	1. 영아에게 관심을 보이며 인사하고 부모와도 인사를 나눈다. – ○○이 안녕하세요. 어서와. – ○○이 어머님도 안녕하세요. – ○○이 기분이 어떤가요? – ○○이 어제밤에 잘 지냈나요? – 아침은 잘 먹고 왔어요? **2. 영아와 대화를 나누며 부모와 편안하게 헤어질 수 있도록 돕는다.** – ○○이 오늘 뭘하고 놀까? – (평소 영아가 좋아하는 놀잇감을 이야기하며) 블록 갖고 놀까? 인형 갖고 놀까? – 엄마랑 인사하고 우리 놀잇감 갖고 놀까요? – 선생님이랑 손잡고 인사해 볼까?

	3. 교사가 영아를 안은 뒤 부모와 인사를 나누도록 하고 부모도 영아에게 인사를 할 수 있도록 기다려 준다. – (영아의 입장에서)엄마 나중에 만나요! ○○이는 장난감 갖고 놀고 있을께요! – 엄마도 ○○이에게 인사해 주시네. 같이 인사해요. **4. 부모와 헤어진 후 영아의 감정을 공감해 주고 영아의 흥미에 맞는 놀잇감이나 장소 등을 안내해 준다.**
(놀이) 경험의 결과	교사의 정서적 지원을 통해 등원을 한 영아는 하루 일과를 자연스럽게 시작하고 일과 내내 편안한 마음으로 자신이 원하는 놀이를 할 수 있게 되었다. 표준보육과정 관련 내용(0–1세) 신체운동 · 건강영역〉건강하게 생활하기〉하루 일과를 편안하게 경험한다. 사회관계영역〉더불어 생활하기〉반에서 편안하게 지낸다.
다음지원 계획	등원은 매일 이루어진다. 그래서 등원 시 지원에 소홀할 수 있다. 영아는 매일 등원 시 긴장할 수 있으므로 교사는 매일 반복되는 등원 과정에 집중하고 편안하게 어린이집으로 들어올 수 있도록 지원해야 한다. 영아의 개별적인 특성과 상황 등을 고려하여 양육자와 헤어지고 자연스럽게 어린이집에 들어와 일과를 시작할 수 있도록 정서적 지원을 계속한다. 이를 통해 영아는 보육실에 편안하게 들어와 일과에 집중하고 안정되게 생활할 수 있을 것이다.

활동 2 낮잠자기-토닥토닥 잠을 자요!

<table>
<tr><td>(놀이)
상황</td><td>영아가 낮잠 준비를 하고 자려고 하고 있다.
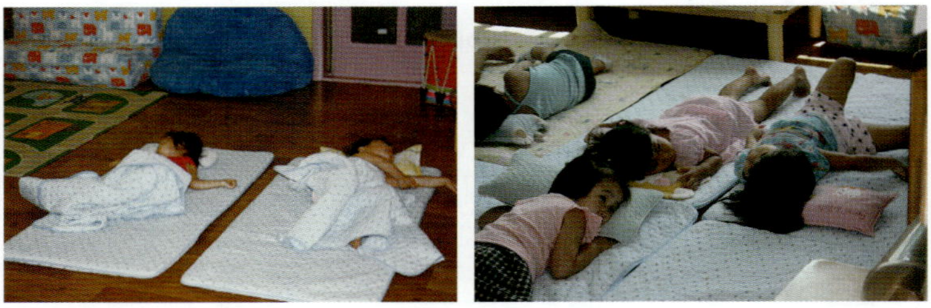</td></tr>
<tr><td>교사의
기대</td><td>영아의 하루 일과 중 낮잠자기는 영아가 쉴 수 있는 시간으로 피곤한 몸을 달래는 시간이다. 영아가 편안한 환경에서 잠이 들 수 있도록 하고 충분한 수면을 취해서 신체적으로도 편안해지고 오후 일과에도 활동적으로 임할 수 있게 되는 것을 기대한다.</td></tr>
<tr><td rowspan="2">지원방법</td><td>상호작용(영아와 환경과의 상호작용 지원, 정서적 지원)</td></tr>
<tr><td>1. 영아가 잠자리에 누울 수 있도록 돕고 개별적인 상호작용을 한다.
– (영아를 쓰다듬으며) ○○이 미끄럼틀도 잘 타고 밥도 잘 먹고 예뻐요.
– 이제 코 자자.
– 코 자고 일어나서 맛있는 간식도 먹고 장난감 갖고 놀자.

2. 영아 신체의 다양한 부분을 토닥거려 준다.
– ○○이 잘 자요. ○○이 배를 토닥토닥.
– ○○이 엉덩이 토닥토닥.
– ○○이 어디를 토닥토닥할까?
– ○○이 손을 토닥토닥 해 줘요.

3. 잠들지 못하고 있는 영아가 있는 곳에 가서 자리에 눕도록 도와주고 신체 부위를 토닥거려 준다.
– (영아를 눕혀 주고 미소를 지으며) ○○이가 잘 준비가 되었구나.
– 선생님이 토닥토닥해 줄게.
– 어디 보자. 등을 토닥토닥해 줄께요. 토닥토닥.

4. 영아들이 잠이 드는 것을 지켜보며 전체적으로 살펴본 후 뒤척이거나 하는 영아 곁에서 잠이 들 수 있도록 개별적으로 도와준다.</td></tr>
</table>

(놀이) 경험의 결과	교사의 편안한 환경제공과 정서적 지원을 통해 영아가 편안하게 잠이 들었고 오후 일과에도 즐겁게 참여할 수 있었다. 표준보육과정 관련 내용(2세) 신체운동 · 건강영역〉건강하게 생활하기〉하루 일과를 즐겁게 경험한다.
다음지원 계획	낮잠을 준비하고 잠자리에 드는 과정에서 영아의 개별적인 특성을 파악하여 좀 더 개별적으로 편안하게 잠이 들 수 있는 환경과 방법으로 지원해야겠다. 혹시 잠을 많이 못자는 영아나 잠이 드는 데 시간이 많이 걸리는 영아들을 위한 환경과 방법에 대해 이해하고 영아의 개별적 특성에 맞추어 최대한 영아가 충분하게 잘 수 있도록 지원해야겠다.

활동 3 기저귀 갈기-뽀송뽀송 기저귀를 갈아요!

(놀이) 상황	영아의 기저귀가 젖어 있어 기저귀가 불편하다는 신호를 보내고 있고 영아는 기저귀 가는 곳에 누워 교사가 기저귀를 갈고 있다. 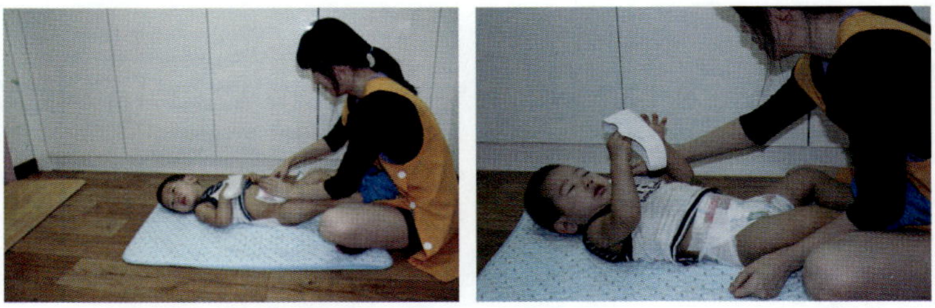
교사의 기대	기저귀 갈기는 영아의 생리적 욕구를 충족시키는 중요한 일과이다. 교사는 배변과정에서 영아가 자신의 욕구가 잘 충족될 수 있도록 하고 교사와 일대일로 즐겁게 상호작용하고 놀이하는 시간으로 구성해서 의미 있는 영아와 교사 간 개별적 관계가 이루어질 수 있기를 기대한다.
지원방법	상호작용(정서적 지원)
	1. 기저귀 매트에 영아를 눕히고 눈을 맞추며 기저귀를 갈아 준다. – (영아와 눈을 맞추며) 어디 보자. 우리 ○○이 쉬야를 얼마나 했나요? – (엉덩이를 들어 주며) 많이 축축했겠네. 선생님이 깨끗하고 뽀송한 기저귀로 갈아 줄게. **2. 새로운 기저귀로 갈아 준 후 물휴지나 미지근한 물로 엉덩이를 깨끗하게 닦아 준다.** – 뽀송뽀송해졌지. – (영아의 움직임을 보며) 어이구 기분이 좋아요. 상쾌해요. **3. 영아의 이름과 눈맞춤을 반복하며 영아의 팔과 다리를 마사지해 준다.** – ○○아 선생님이 다리를 만져 주고 있어. 쭉쭉쭉 키가 커져라. – ○○이 발은 보드랍고 예쁘기도 해라. **4. 기저귀를 간 후 영아가 보이는 다양한 움직임에 반응하며 상호작용해 준다.**

(놀이) 경험의 결과	기저귀 갈기를 통해 영아는 만족감을 느끼고 상쾌한 기분으로 움직임이 활발해지고 긍정적 정서 표현을 했다. 표준보육과정 관련 내용(0-1세) 신체운동 · 건강영역〉건강하게 생활하기〉건강한 배변습관을 갖는다. 신체운동 · 건강영역〉건강하게 생활하기〉하루 일과를 편안하게 경험한다.
다음지원 계획	기저귀를 갈면서 영아가 보이는 관심을 좀 더 잘 이해하여 신체인식, 놀잇감과의 상호작용, 교사와의 애착관계 등을 지원하는 의미 있는 시간이 될 수 있도록 지원해야겠다.

활동 4 식사-맛있게 먹어요!

<table>
<tr><td>(놀이) 상황</td><td>영아가 식사 준비과정을 살피며 식사를 하려고 자리에 앉아 있다.
 </td></tr>
<tr><td>교사의 기대</td><td>식사시간은 영아의 생리적 욕구 충족과 더불어 건강을 위해서도 아주 중요하다. 식사는 즐거운 분위기에서 할 수 있도록 하며 강요에 의해 하기보다는 자신의 자발적 의도로 이루어질 수 있도록 지원해서 영아 스스로 식사시간을 즐기며 건강한 식습관을 가질 수 있기를 기대한다.</td></tr>
<tr><td rowspan="2">지원방법</td><td>상호작용(정서적 지원, 영아와 환경과의 상호작용 지원)</td></tr>
<tr><td>1. 영아가 자신의 자리에 앉을 수 있도록 돕고 식사준비를 한다.
– 오늘은 무슨 반찬이 나왔을까?
– 와, 콩나물도 있고, 고기도 있고, 김도 있네요.
– (음식에 가까이 다가가며) 음, 냄새도 나는 데.
– ○○이도 맡아 볼까?

2. 영아에게 밥과 반찬을 나누어 주며 먹어 보도록 돕는다.
– (교사가 먼저 먹으며) 고기가 맛있어요.
– (영아가 먹는 모습을 보며) ○○이도 먹어 보자. 뭘 먼저 먹을까?
– (영아가 가리키는 것을 보며)어, 김 먹을 거야. 선생님이랑 먹어 보자.

3. 영아가 먹는 모습에 대해 격려해 준다.
– ○○이가 콩나물을 참 잘 먹네요.
– ○○이는 고기를 잘 먹는구나. 고기가 고소해요.
– 김도 잘 먹어요. 바삭바삭.
– ○○이는 미역국 먹어요. 튼튼해지겠네.

4. 영아들이 식사를 마칠 때까지 격려해 주며 잘 먹지 못하는 영아는 교사가 함께 먹으며 지속적으로 격려한다.</td></tr>
</table>

(놀이) 경험의 결과	영아가 식사 시간과 음식에 관심을 가지고 즐겁게 식사했다. 반찬을 가리키며 교사와 반찬 얘기도 하고 냄새도 맡으며 식사에 대해 관심이 많아졌으며 좀 더 적극적으로 식사를 하게 되었다. 새 음식에 거부감을 느끼거나 잘 먹지 못하는 영아는 음식에 관심을 가져 보는 기회를 가졌고 거부감 없이 식사 시간을 보낼 수 있었다. 표준보육과정 관련 내용(0–1세) 신체운동 · 건강영역〉건강하게 생활하기〉음식에 관심을 가진다.
다음지원 계획	식사 준비과정에서 좀 더 밥과 반찬에 관심을 가질 수 있도록 지원하고 특히 새로운 반찬이 나왔을 때는 이러한 시간을 더 가질 것이다. 새 반찬은 처음부터 많은 양을 다 먹게 하기보다 조금씩 늘려 가며 반복적으로 경험할 수 있도록 어린이집 전체가 의논해서 결정해야겠다. 좀 더 즐거운 분위기가 될 수 있도록 식사가 즐거운 놀이가 될 수 있도록 지원해야겠다.

활동 5 수유-선생님에게 안겨 우유를 먹어요!

<table>
<tr><td>(놀이)
상황</td><td>영아가 우유를 먹고 싶다는 신호를 교사에게 보내고 교사는 안아서 수유하려고 하고 있다.
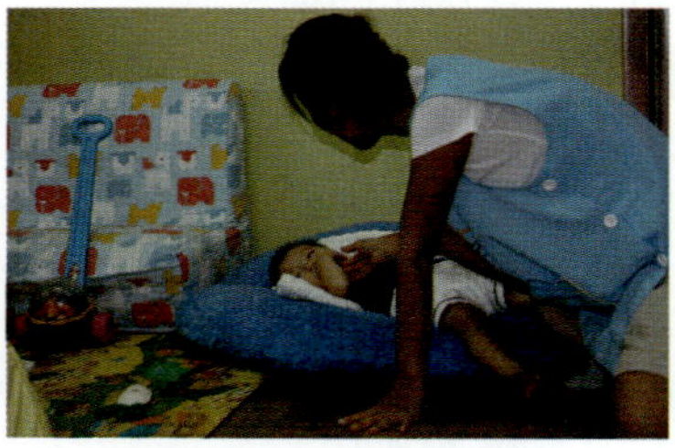</td></tr>
<tr><td>교사의
기대</td><td>수유 시간은 영아가 자신의 욕구를 충족하고 교사에게 안겨 편안함과 안정감을 느낄 수 있는 시간이다. 교사는 단순히 영아의 먹는 양에만 중점을 둘 것이 아니라 안정된 분위기 속에서 영아와 눈 마주침이나 정서적 상호작용을 통해 친밀한 관계를 맺는 데도 신경을 써야 하며 이를 통해 영아가 안정감과 편안함을 갖게 되고 만족감을 갖고 다음 일과에 활발하게 참여할 수 있기를 기대할 수 있다.</td></tr>
<tr><td rowspan="2">지원방법</td><td>상호작용(정서적 지원)</td></tr>
<tr><td>1. 영아를 편안한 자세로 안으며 이야기 나눈다.
- (영아를 안으며) ○○이 배고팠지.
- 맛있는 우유 먹자.

2. 우유병을 흔들어 보이며 우유 먹는 것에 관심을 가질 수 있도록 한다.
- 여기 봐. 맛있는 우유지.
- (우유병을 영아의 입에 대어 주며)○○이 우유 먹자. 선생님이 우유 줄게.

3. 영아가 우유를 먹을 때 영아의 먹는 모습과 관련된 다양한 이야기를 나눈다.
- (영아와 눈을 마주치며) ○○이 잘 먹네. 많이 배고팠어.
- 꿀꺽꿀꺽. 잘 먹어요.
- ○○이 우유 먹고 건강하게 자라요.
- ○○이 우유 먹고 튼튼해져라!

4. 영아가 다 먹으면 위로 안아 주며 트림을 시켜 준다.
- 다 먹었어요. 아이 배불러.
- (등을 쓸어 주며) 이제 트림해 보자.
- 배 아프지 않게 트림해 보자.
- (영아가 트림하는 것을 보며) 아이구 잘 했어요.

5. 영아의 다양한 표정과 움직임에 반응하며 상호작용해 주고 쓰다듬어 준다.</td></tr>
</table>

(놀이) 경험의 결과	영아는 우유를 먹으며 교사와 눈 마주치며 장난치기를 시도했고 교사가 반응해 주며 영아는 웃으며 우유를 먹었다. 우유를 먹고 난 후 만족스러운 표정으로 바로 놀이영역으로 가서 놀잇감을 만지기 시작했다. 표준보육과정 관련 내용(0–1세) 신체운동 · 건강영역〉건강하게 생활하기〉음식에 관심을 가진다. 신체운동 · 건강영역〉건강하게 생활하기〉하루 일과를 편안하게 경험한다.
다음지원 계획	수유하며 영아와 적극적으로 상호작용하고 영아가 하고 싶어 하는 놀이나 장난치기 등에 적극적으로 반응하며 수유시간이 즐거운 시간이 될 수 있도록 지원한다.

활동 6 손씻기-쓱싹쓱싹 손을 씻어요!

<table>
<tr><td>(놀이)
상황</td><td>영아가 바깥놀이 후 손씻기를 하러 화장실에 가서 세면대에 서서 손을 씻고 있다.
</td></tr>
<tr><td>교사의
기대</td><td>손씻기는 영아의 위생과 건강을 위해 필요한 기본생활 습관이다. 일과 중 간식과 식사를 하기 전과 바깥놀이와 다양한 놀이와 활동 후 손씻기를 일관되고 반복적으로 함으로써 영아 스스로 손씻기를 할 수 있도록 지원한다.</td></tr>
<tr><td rowspan="2">지원방법</td><td>상호작용(정서적 지원, 제안하며 지원)</td></tr>
<tr><td>1. 수돗물을 틀어 영아가 손을 대며 물을 느껴 볼 수 있도록 한다.
– (교사의 손을 대며) 물이 나오네.
– 아이, 시원해.

2. 영아가 손을 씻도록 돕는다.
– (교사가 시범을 보이며) 쓱싹쓱싹 이렇게 씻어요.
– (영아의 손 씻는 모습을 보며) 그래, 참 잘 씻는구나.
– 쓱싹쓱싹. 잘 씻어요.

3. 손을 닦아 주며 깨끗해진 손에 대해 이야기 나눈다.
– (수건으로 손을 닦아 주며) 와. ○○이 손 깨끗해졌네.
– (손을 쓰다듬으며) 손이 예뻐졌어요.
– ○○이 다음에도 바깥놀이 하고 나면 손 씻자.</td></tr>
<tr><td>(놀이)
경험의
결과</td><td>영아는 손씻기를 반복하며 일과 중 손씻기가 필요한 상황을 이해하여 자발적으로 손씻기를 하게 되었고, 손씻기를 하는 동안 손씻는 방법과 자신의 손에 대한 관심을 보였다.

표준보육과정 관련 내용(2세)
신체운동 · 건강영역〉건강하게 생활하기〉 자신의 몸과 주변을 깨끗이 해 본다.</td></tr>
<tr><td>다음지원
계획</td><td>교사가 영아의 손씻기를 제안하지 않고 영아 스스로 손씻기를 하는지 관찰하고 영아의 자발적인 손씻기에 적극적으로 칭찬해 주며 자연스럽게 일과 중 손씻기가 일어날 수 있도록 지원할 것이다.</td></tr>
</table>

2 놀이지원 실제

활동 1 신체영역-상자터널을 통과해요!

<table>
<tr><td>(놀이) 상황</td><td>영아가 신체영역에 놓여진 상자에 관심을 가지고 트여진 부분으로 기어가 통과해 보고 있다.
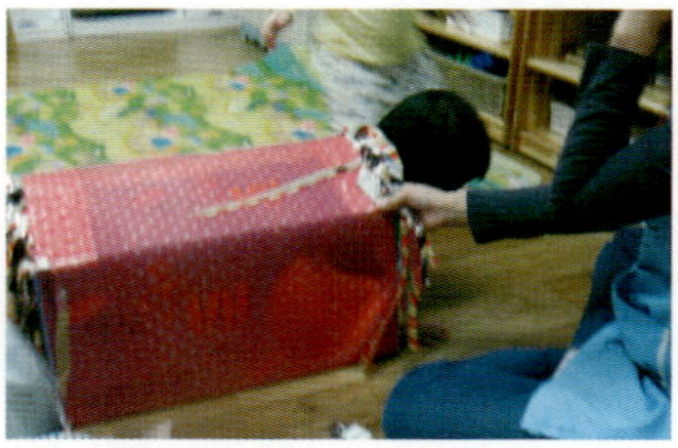</td></tr>
<tr><td>교사의 기대</td><td>영아의 관심을 반영하여 상자터널을 통과하며 신체를 조절하고 성취감을 느낄 수 있도록 한다.</td></tr>
<tr><td rowspan="2">지원방법</td><td>놀이공간(놀이공간 넓히기), 놀이자료(다양한 일상사물 활용), 상호작용(정서적 지원, 영아와 환경의 상호작용 지원, 제안하며 지원)</td></tr>
<tr><td>1. 영아와 상자를 탐색한다.
– 상자가 있지.
– (상자 안을 들여다보며) 구멍이 있어.
– (상자 안을 통해 영아를 보며) 저기 ○○이가 보이네.
– (상자를 살피는 영아를 격려하며) ○○이도 상자 안 보는 거야.

2. 상자를 통과해 보도록 한다.
– (상자 안에 손을 넣으며) 너희들이 여기로 들어가서 통과해 보는 거야.
– (영아가 자세를 잡도록 도와주며) 이렇게 들어가는 거야.
– (상자 안을 통과하는 영아를 격려하며) 그래, 그렇게 통과하는 거야.
– (반대쪽 구멍을 보며) 여기 ○○이가 왔네.

3. 시도해 보지 않은 영아들도 해 볼 수 있도록 격려한다.
– ○○이도 해 볼까?
– 해 볼 수 있어요. 그래, 해 보자.
– 잘하는구나.
– (영아의 반응을 보며) 아이, 신나.

4. 부모와 헤어진 후 영아의 감정을 공감해 주고 영아의 흥미에 맞는 놀잇감이나 장소 등을 안내해 준다.</td></tr>
</table>

(놀이) 경험의 결과	영아는 상자터널에 익숙해졌고 자신의 신체를 조절하여 상자 통과하기에 성공하고 자신감을 갖게 되었고 다양한 방법으로 상자를 통과해 보려고 시도했다. 표준보육과정 관련내용(0–1세) 신체운동 · 건강영역〉신체활동 즐기기〉대소근육을 조절한다. 신체운동 · 건강영역〉신체활동 즐기기〉실내외 신체활동을 즐긴다.
다음지원 계획	상자터널 외에 다양한 도구를 이용해서 영아가 자신의 신체를 조절해 보고 성공함으로써 성취감과 자신감을 가질 수 있도록 지원할 것이다.

활동 2 신체영역-공 톡톡!

(놀이) 상황	영아가 신체영역에 매달아 놓은 풍선과 헝겊 공을 만지며 놀고 있다. 다양한 방법으로 공이 멀리 갈 수 있게 반복적으로 시도하고 있다. 
교사의 기대	영아가 다양한 움직임을 통해 풍선과 공을 칠 수 있고 이를 통해 공을 치기 위해 자신의 신체를 조절하고 공을 멀리 날려 봄으로써 성취감과 만족감을 얻을 수 있도록 한다.
지원방법	놀이공간(놀이공간 넓히기), 놀이자료(다양한 일상사물 활용), 상호작용(정서적 지원, 영아와 환경의 상호작용 지원, 제안하며 지원)
	1. 헝겊 공을 줄에 묶어 천장에 영아 키높이로 매달아 둔다. – (헝겊공을 보며) 얘들아, 여기 공이 있어. – (교사가 헝겊공을 만지며) 공을 이렇게 만질 수 있어. **2. 영아가 다양한 동작으로 공을 쳐 볼 수 있도록 한다.** – 공이 좀 높이 매달려 있지. – (교사가 공을 치며) 공을 이렇게 치려면 어떻게 해야 할까? – (영아의 움직임을 보며) 그래, 그렇게 점프하면 돼. – 응, 맞아, 손도 뻗으면 돼. – 발 뒤꿈치를 들고 이렇게 높이 서도 되지. **3. 영아들이 공을 치는 모습을 보며 격려한다.** – 와, ○○이 키가 커졌네. 잘했어. – ○○이가 공을 톡톡 치니까 공이 저 멀리 날아갔어. – 점프해서도 쳐 볼까? 점프! – 잘했어. 세게 한 번 쳐 볼까? **4. 영아들이 공을 치는 모습을 보며 영아들의 동작을 언어적으로 상호작용해 준다.**

(놀이) 경험의 결과	영아는 풍선을 치고 멀리 보내는 것에 즐거움을 느끼고 계속 반복하였으며, 좀 더 정확하게 풍선을 치고 힘을 조절하여 풍선이 가는 방향이나 거리를 조절하려고 하였다. 표준보육과정 관련내용(0–1세) 신체운동 · 건강영역〉 신체활동 즐기기〉대소근육을 조절한다. 신체운동 · 건강영역〉 신체활동 즐기기〉실내외 신체활동을 즐긴다.
다음지원 계획	상자터널 외에 다양한 도구를 이용해서 영아가 자신의 신체를 조절해 보고 성공함으로써 성취감과 자신감을 가질 수 있도록 지원할 것이다.

활동 3 감각탐색-낙엽을 느껴 봐요!

(놀이) 상황	영아들이 산책에서 떨어진 나뭇잎에 관심을 가지고 보육실로 가져와 탐색하고 있다.  
교사의 기대	영아가 관심 가지는 나뭇잎을 오감각을 충분히 활용하여 탐색하고 이해할 수 있도록 지원한다.
지원방법	놀이공간(별도의 공간), 놀이자료(자연물 활용), 상호작용(정서적 지원, 질문하기)
	1. 영아가 낙엽을 자유롭게 탐색할 수 있도록 한다. – 낙엽이야. 만져 보기도 하고, 밟아 보기도 하고 그러자. – ○○이는 냄새 맡아 보는거야. – 손으로 만지니까 느낌이 어때? – 냄새는 어때? – 발로 밟아 보면 어떤 느낌이야? **2. 낙엽을 손으로 만지며 날려 볼 수 있도록 한다.** – 손으로 만지니까 바스락거리네. – (교사가 낙엽을 날리며) 이렇게 날려도 볼까? – ○○이가 날린 낙엽이 선생님 머리 위로 왔어. **3. 낙엽을 발로 밟아 볼 수 있도록 한다.** – 우리 낙엽을 발로도 밟아 볼까? – 와, 소리가 나. – 간지럽기도 하네. **4. 낙엽을 이용해서 자유롭게 놀이할 수 있도록 격려한다.**

(놀이) 경험의 결과	영아의 관심 대상인 나뭇잎을 충분한 시간을 두고 다양한 방법으로 탐색할 수 있도록 격려해 주어서 영아가 나뭇잎을 오감각을 활용하여 탐색하고 이해할 수 있게 되었다. 표준보육과정 관련내용(0-1세) 자연탐구영역〉 탐구과정 즐기기〉주변환경과 자연에 대해 호기심을 가진다. 자연탐구영역〉 탐구과정 즐기기〉사물과 자연 탐색하기를 즐긴다.
다음지원 계획	나뭇잎에 대한 관심이 지속되고 있으므로 나뭇잎을 좀 더 탐색할 수 있도록 놀이를 반복하고 나뭇잎을 활용하여 할 수 있는 놀이를 좀 더 계획하여 영아의 관심과 이해를 확장시켜 줄 수 있도록 한다.

활동 4 역할 쌓기 영역-가방을 메고 가요!

<table>
<tr><td>(놀이)
상황</td><td>영아가 가방을 메고 보육실을 걸어 다닌다. 가방을 메고 엄마 흉내를 낸다.
 </td></tr>
<tr><td>교사의
기대</td><td>영아가 가방을 메고 다니며 엄마 흉내를 내는 과정을 자세히 관찰하며 영아 역할 놀이의 내용을 좀 더 확장해 볼 수 있도록 한다.</td></tr>
<tr><td rowspan="2">지원방법</td><td>놀이공간(별도의 공간), 놀이자료(일상사물 활용), 상호작용(질문하며 지원)</td></tr>
<tr><td>1. 영아와 함께 가방을 탐색한다.
– 가방이네. 가방에 그림도 그려져 있구나.
– (가방 안을 열어 보며) 가방 안에는 뭐가 있을까?
– 가방에 끈도 매달려 있네. 이렇게 멜 수도 있어요.

2. 영아가 가방을 메고 다닐 수 있도록 격려한다.
– 이렇게 가방 메고 다닐 거예요.
– 줄을 어깨에 메고, 이건 손잡이를 잡고 가는 거야.
– 가방 메고 어디로 가 볼까요?
– 그래, 저기 갔다 오세요!

3. 가방을 메고 엄마, 아빠 흉내를 내 볼 수 있도록 격려한다.
– 와, ○○이 가방 메니까 엄마 같아.
– 엄마처럼 걸어 볼까?
– 가방 메고 엄마가 돼서 어디를 가 볼까?
– 마트 갈 거예요.
– 맛있는 거 많이 사 오자!

4. 영아들이 흉내 내는 모습을 언어적으로 상호작용해 준다.</td></tr>
</table>

(놀이) 경험의 결과	영아가 자신이 흉내 내는 엄마 역할에 대해 좀 더 확장해서 이해하고 놀이의 내용이 좀 더 풍부해졌으며 놀이가 더욱더 활발하게 이루어졌다. 표준보육과정 관련내용(2세) 예술경험영역〉창의적으로 표현하기〉상상놀이를 한다. 사회관계영역〉더불어 생활하기〉가족에게 관심을 가진다.
다음지원 계획	영아가 엄마 역할을 모방하며 엄마의 좀 더 다양한 역할에 관심을 가질 수 있도록 하고 이를 통해 엄마 모방 놀이가 좀 더 확장될 수 있도록 한다. 더불어 엄마 외 역할로도 확장될 수 있도록 자료를 제공하고 지원해 본다.

활동 5 역할 쌓기 영역-블록을 높이 쌓아요!

<table>
<tr><td>(놀이)
상황</td><td>영아가 블록을 쌓아 올리며 자신의 손으로 높이만큼 가리킨다.
 </td></tr>
<tr><td>교사의
기대</td><td>영아가 블록 쌓기에 자신감을 가지고 적극적으로 놀이를 할 수 있도록 지원하고 자신이 원하는 대로 쌓아 올렸을 때 칭찬해 주며 영아가 성취감을 느낄 수 있도록 한다. 또한 쌓기놀이를 통해 눈과 손의 협응력과 소근육 조절이 잘 이루어질 수 있도록 한다.</td></tr>
<tr><td rowspan="2">지원방법</td><td>놀이공간(놀이공간 넓히기), 놀이자료(자료활용방법 격려), 상호작용(정서적 지원, 영아와 환경과의 상호작용 지원)</td></tr>
<tr><td>1. 블록을 탐색한다.
– 이게 뭐야? 블록이네.
– 빨간색도 있고 노란색도 있네.
– 네모난 것도 있도 동그란 것도 있구나.
– 블록으로 무얼 만들어 볼까?

2. 블록을 높이 쌓아 본다.
– 블록을 쌓아 볼까요?
– 어떻게 하면 무너지지 않게 쌓을 수 있을까?
– 조심조심 쌓아 보자.

3. 영아가 블록을 쌓는 모습을 격려하며 다양한 방법으로 놀이할 수 있도록 격려한다.
– 와, 높아졌네. 잘했어. 멋져.
– ○○이 키만큼 높아졌구나.
– (블록에 손을 대며) 이걸 어떻게 할까?
– 무너뜨려 볼거야?
– (무너뜨리며) 와!

4. 영아들의 정서적 표현에 교사가 언어적으로 상호작용해 준다.</td></tr>
</table>

(놀이) 경험의 결과	영아가 쌓기놀이를 하며 자신이 구성한 것에 교사가 칭찬해 주고 격려하는 것에 만족하고 성취감을 느꼈으며 쌓기놀이를 좀 더 적극적으로 하게 되었다. 표준보육과정 관련내용(2세) 신체운동 · 건강영역〉신체활동 즐기기〉대소근육을 조절한다. 사회관계영역〉나를 알고 존중하기〉내가 좋아하는 것을 해본다.
다음지원 계획	영아가 블록 쌓기를 반복적으로 할 수 있도록 같은 블록을 제공하되 쌓기가 익숙해지면서 다른 블록으로도 쌓기를 해볼 수 있도록 다른 모양의 블록을 제공할 것이다. 영아가 쌓기를 하는 동안 블록의 모양과 구성에 대해 상호작용하고 영아의 정서적 표현에 적극적으로 반응하여 영아의 성취감과 유능감이 더해질 수 있도록 격려할 것이다.

활동 6 미술영역-돌멩이에 색깔 입히기

<table>
<tr><td>(놀이)
상황</td><td>영아가 미술영역에 있는 물감에 관심을 가지고 물감을 찍어 돌멩이에 찍어 보고 있다.</td></tr>
<tr><td>교사의
기대</td><td>영아가 색깔에 관심을 가지고 자신이 좋아하는 색깔로 돌멩이를 칠해 보고 색칠하며 다양한 색깔을 탐색하고 즐겨 본다.</td></tr>
<tr><td rowspan="2">지원방법</td><td>놀이자료(일상사물 활용), 상호작용(정서적 지원)</td></tr>
<tr><td>1. 돌멩이를 만져 본 후 그 느낌에 대해 이야기해 본다.
– 여기 돌멩이가 있어.
– 우리 산책 갔을 때 보기도 했지.
– 만져 보자.
– 느낌이 어때?
– 보들보들하기도 하고, 딱딱해.
– 까칠까칠하기도 해.

2. 좋아하는 색깔을 고르고 물감을 이용해 돌멩이를 색칠한다.
– 내가 좋아하는 색깔은 뭘까?
– 내가 좋아하는 색깔을 골라서 돌멩이를 칠해 보자.
– ○○이는 노란색을 좋아하는구나.
– 그래, 붓으로 색칠해 봐.
– 돌멩이 색깔이 변하고 있어요.

3. 색깔을 칠한 돌멩이들을 일회용 접시에 두고 어떤 색깔들이 있는지 탐색해 본다.
– ○○반이 멋지게 색칠해줬어.
– 무슨 색깔들이 보이니.
– 그래, 빨간색도 있고, 초록색도 있구나.
– 다른 친구들은 나랑 다른 색깔들을 칠하기도 하고 같은 색깔을 칠하기도 했구나.
– 무슨 색깔들이 있는지 ○○반이 찾아봐.</td></tr>
<tr><td>(놀이)
경험의
결과</td><td>물감과 돌멩이를 탐색하고 물감 색깔을 여러 개 칠해 보더니 점점 자신이 좋아하는 색깔을 중심으로 색칠하는 모습을 보였다. 색깔을 선택하면서 즐거워했고 돌멩이에 색칠하면서 돌멩이가 변하는 모습을 보고 만족해했다.

표준보육과정 관련내용(2세)
예술경험영역〉창의적으로 표현하기〉다양한 미술재료와 도구로 표현해 본다.
자연탐구영역〉생활 속에서 탐구하기〉친숙한 물체를 감각으로 탐색한다.
사회관계영역〉나를 알고 존중하기〉내가 좋아하는 것을 해본다.</td></tr>
<tr><td>다음지원
계획</td><td>영아가 물감으로 다양한 대상에 색칠해 볼 수 있도록 자료를 더 제공할 것이며 각 대상마다 색칠할 때 다르게 변화하는 것을 경험하며 즐거움과 만족감을 느낄 수 있도록 할 것이다.</td></tr>
</table>

활동 7 음률영역-소리를 탐색해요!

<table>
<tr><td>(놀이)
상황</td><td>영아가 교사가 만든 소리통(요구르트 통에 곡류를 넣은 것)을 흔들며 탐색하고 있다.
 </td></tr>
<tr><td>교사의
기대</td><td>영아가 소리통을 탐색하며 소리에 관심을 가지고 자신만의 방법으로 소리를 만들어 볼 수 있으며, 서로 다른 소리를 구분하고 다른 소리들을 적절하게 활용해 볼 수 있다.</td></tr>
<tr><td rowspan="2">지원방법</td><td>놀이공간(놀이공간을 넓히기), 놀이자료(일상사물 활용), 상호작용(정서적 지원)</td></tr>
<tr><td>1. 영아와 함께 소리상자를 탐색한다.
– 뭐가 있어? 그래 쌀이 들어 있어.
– 이건 팥이 들어 있어.
– 이건 콩이 들어 있어.

2. 영아가 소리상자를 흔들어 소리를 탐색해 보도록 한다.
– ○○이가 흔들어 봐!
– 소리가 나지.
– △△이도 흔들어 봐!
– ○○이와 △△이가 흔들어 본 상자에서 다른 소리가 나네.

3. 교사가 흔들어 내는 소리와 같은 소리상자를 찾아본다.
– 선생님이 흔들어 소리를 내 볼 테니까 같은 소리상자를 찾아봐!
– (소리상자를 흔들며) 이 소리는 무슨 소리일까?
– 같은 소리가 나는 상자가 어디에 있을까요?
– 그래, 같은 소리 같아. 다른 소리 같은데.

4. 음악에 맞추어 소리상자를 흔들어 본다.
– 소리를 잘 들어 보고 잘 맞추었어.
– 선생님이 신나는 음악 틀어 줄 테니까 신나게 흔들어 보자.
– 멋진 소리를 만들어 보자.</td></tr>
</table>

(놀이) 경험의 결과	영아는 소리에 관심을 가지고 탐색했으며 서로 다른 소리가 날 때 반복해서 비교해서 탐색했으며 자신이 좋아하는 소리통은 더 많이 흔들었다. 연주할 때는 즐겁게 흔들면서 음악과 맞춰 보려고 하는 시도를 보였다. 표준보육과정 관련내용(0–1세) 예술경험영역〉창의적으로 표현하기〉소리와 리듬 노래로 표현한다. 자연탐구영역〉탐구과정 즐기기〉사물과 자연탐색하기를 즐긴다.
다음지원 계획	좀 더 다양한 소리를 탐색해 볼 수 있도록 소리통을 다양하게 만들어 제공하여 소리를 더 이해할 수 있도록 하고 영아가 음악과 함께 자신만의 소리로 연주해 볼 수 있는 기회를 더 제공할 것이다.

활동 8 언어영역-책 속의 그림을 이야기해요!

(놀이) 상황	영아가 자신이 좋아하는 책을 보고 있다. 교사와 또래를 보며 같이 읽자는 신호를 보낸다.  
교사의 기대	영아가 책에 관심을 가지고 교사와 또래와 함께 읽고 보면서 책의 그림과 이야기를 즐긴다.
지원방법	상호작용(영아와 환경과의 상호작용, 정서적 지원)
	1. 영아가 관심 가지는 책에 교사가 반응해 준다. – 책 볼 거예요. – (책을 펼치며) 와, 그림이 있네. 토끼도 있고 꽃도 있어. – (영아가 손가락으로 짚는 그림을 보며) 그래, 토끼, 꽃. **2. 책 속에 있는 그림을 보며 대화를 나눈다.** – 책 속에 그림이 많이 있네. – ○○이는 어떤 그림이 좋아? – (영아가 가리키는 것을 보며) 어, 사과나무가 좋아요. – 여기 있는 사과를 ○○이 입에. 냠냠 **3. 영아가 책을 보며 가리키는 그림에 대해 이야기 나누고 영아가 하는 행동을 언어적으로 상호작용해 준다.**
(놀이) 경험의 결과	영아는 교사가 책을 읽어 주고 이야기를 나눌 때 집중했으며 그림과 글자를 가리키며 교사와 상호작용하려고 했다. 책을 읽어 줄 때 특정 단어 소리에 웃으며 반응했고 반복적으로 책을 읽으며 즐겼다. 표준보육과정 관련내용(0–1세) 의사소통영역〉책과 이야기 즐기기〉책에 관심을 가진다 의사소통영역〉책과 이야기 즐기기〉말놀이와 이야기에 재미를 느낀다.
다음지원 계획	영아가 좋아하는 책을 반복적으로 읽어 주고 영아가 가리키거나 소리 내어 보려고 하는 단어나 그림 등에 즉각적으로 언어적으로 반응해 주어 영아가 글과 글자와 말소리 등에 관심을 가질 수 있도록 지원할 것이다.

활동 9 실외놀이-미끄럼틀을 타요!

<table>
<tr><td>(놀이) 상황</td><td>영아가 선생님의 손을 잡고 조심스럽게 미끄럼 타기를 시도하고 있다.
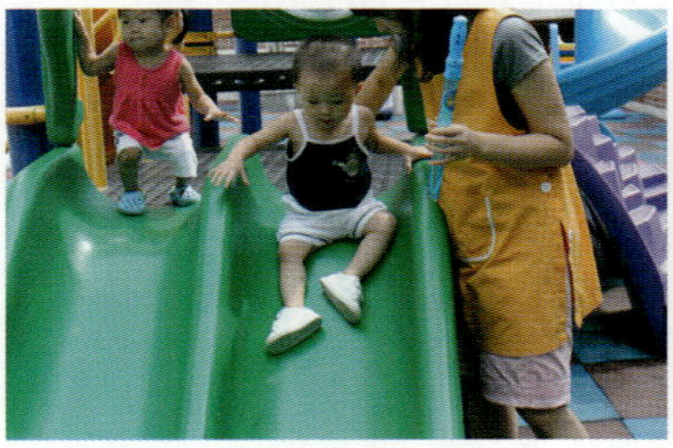 </td></tr>
<tr><td>교사의 기대</td><td>미끄럼틀 타는 것을 시도하는 영아가 긴장하고 아주 조심스럽게 시도하고 있다. 영아가 자신의 신체를 이해하고 미끄럼틀의 특성을 이해할 수 있도록 반복적으로 해 보도록 격려하여 영아가 미끄럼틀을 타며 자신의 신체를 조절해 보고 미끄럼틀을 안전하게 타 보도록 한다.</td></tr>
<tr><td rowspan="2">지원방법</td><td>놀이와 안전(안전에 대한 소통), 상호작용(영아와 환경과의 상호작용, 제안하며 지원하기, 정서적 지원)</td></tr>
<tr><td>1. 영아들이 미끄럼틀을 살펴보게 한다.
– 미끄럼틀이 있지.
– 높지. 쓩 타고 내려오는거야.

2. 교사와 함께 미끄럼틀 계단을 올라가 본다.
– (영아의 손을 잡으며) 같이 올라가 볼까?
– (미끄럼틀 계단을 올라가며) 잘 올라가는구나.
– 우리 재미있게 미끄럼틀 타고 내려오자.

3. 미끄럼틀 위에 앉도록 도와주며 영아가 안전하게 미끄럼틀을 타 볼 수 있도록 격려한다.
– 저기로 내려가는 거야.
– 선생님이 잡아 줄까?
– (교사는 미끄럼틀 아래로 내려가 영아에게 손을 뻗으며) ○○아, 내려와 보세요!
– (영아의 손을 잡아 주며) 그래, 잘 내려오는구나.
– 조심해서 다시 올라가서 내려와 보자.

4. 교사는 영아가 미끄럼틀 타는 것에 익숙해질 수 있도록 오르내리는 것을 함께 하며 영아 스스로 시도하는 것을 격려한다.</td></tr>
</table>

(놀이) 경험의 결과	영아는 미끄럼틀 타는 것을 반복하면서 미끄럼틀에 익숙해졌으며 교사의 손을 잡지 않고 시도해 보는 정도까지 경험하게 되었다. 반복할수록 더 즐거워했고 자신이 해냈다는 것에 만족감을 느끼는 표현을 했다. 영아는 미끄럼틀을 조심스럽게 타며 점점 교사의 도움없이 시도해 보려고 했고 반복적으로 미끄럼틀을 타면서 안전하게 타는 방법을 이해하고 즐겁게 타게 되었고 성취감과 만족감을 표현했다. 표준보육과정 관련내용(2세) 신체운동 · 건강영역〉신체활동 즐기기〉신체를 인식하고 움직인다. 신체운동영역〉신체활동 즐기기〉대소근육을 조절한다. 사회관계영역〉〉나를 알고 존중하기〉내가 좋아하는 것을 해본다.
다음지원 계획	시간과 공간을 충분히 제공하고 영아가 자신의 신체를 조절하고 미끄럼틀을 이해하여 좀 더 자유롭게 미끄럼틀을 타 볼 수 있도록 지원함으로써 영아가 좀 더 만족감과 성취감을 느낄 수 있을 것이다. 또한 대소근육 조절경험을 좀 더 해 봄으로써 조절능력이 향상될 수 있을 것이다.

활동 10 실외놀이-자전거 타기

<table>
<tr><td>(놀이)
상황</td><td>영아가 자전거 타기를 시도하고 있다.
 </td></tr>
<tr><td>교사의
기대</td><td>영아가 실외놀이터에서 자전거를 타며 즐거움을 느끼고 자신의 신체를 조절하여 자전거를 안전하게 타는 방법을 이해한다.</td></tr>
<tr><td rowspan="2">지원방법</td><td>놀이와 안전(안전에 대한 소통), 상호작용(영아와 환경과의 상호작용, 제안하며 지원하기, 정서적 지원)</td></tr>
<tr><td>1. 자전거를 살펴본다.
– 자전거야. 여기 바퀴가 있지.
– 여기 손잡이도 있어.
– 자전거를 잘 굴러가게 하려면 어떻게 할까?
– 그래 페달을 잘 밟아 줘야 해.
– 여기에 앉아서 손잡이를 잡고 페달을 밟는 거야.

2. 영아가 자전거를 타 볼 수 있도록 격려한다.
– ○○이가 여기에 앉아 보자.
– 손잡이 잡고, 페달을 밟아 봐.
– 그래 잘하는구나.
– 너무 세게 달리면 다른 친구들과 부딪힐 수 있어.
– 조심해서 타자.

3. 자전거를 자유롭게 타 볼 수 있도록 하고 지켜본다.
– 잘 타는구나. 그래, 그래, 페달을 잘 밟고 있어.
– 손잡이 잘 잡고 잘하는구나.
– 다른 친구들이 있는지 앞에도 잘 보자.

4. 영아들이 자유롭게 움직이며 충분히 자전거 타는 것을 즐길 수 있도록 지지한다.</td></tr>
</table>

(놀이) 경험의 결과	영아는 자전거를 조심스럽게 타며 점점 다양한 시도를 해 보았고 반복적으로 자전거를 타면서 안전하게 타는 방법을 이해하고 즐겁게 타게 되었고 성취감과 만족감을 표현했다. 표준보육과정 관련내용(0–1세) 신체운동 · 건강영역〉신체활동 즐기기〉실내외 신체활동을 즐긴다. 신체운동영역〉신체활동 즐기기〉대소근육 조절한다. 사회관계영역〉〉나를 알고 존중하기〉나에게 친숙한 것을 안다.
다음지원 계획	시간과 공간을 충분히 제공하고 영아가 자신의 신체를 조절하고 자전거를 이해하여 페달을 밟고 좀 더 자유롭게 자전거를 타 볼 수 있도록 지원함으로써 영아가 좀 더 만족감과 성취감을 느낄 수 있을 것이다.

chapter

13

2019 개정 누리과정에 기초한 유아 교수학습활동의 실제

유아들은 주도적인 놀이경험을 통해 놀이에 자율적으로 참여하고 즐거움을 느끼며 다양한 놀이경험을 하게 된다. 교사는 유아의 흥미에 따라 놀이에 자유롭게 참여하고 즐길 수 있도록 하며 다양한 놀이를 경험할 수 있도록 풍부한 환경을 제공해 준다. 유아들이 일상생활 속에서 놀이에 대한 즐거움을 느끼고 놀이를 통해 유아와의 충분한 상호작용이 이루어질 수 있도록 한다. 교사는 유아의 놀이를 적절하게 지원하기 위하여 다양한 활동과 연계할 수 있다.

유아교육기관에서 하루 일과는 유아의 놀이와 일상생활, 활동으로 구성된다. 유아의 놀이를 중심으로 일상생활 활동과 유아의 놀이를 지원하는 활동으로 이루어질 수 있다.

활동은 놀이를 지원하기 위해서 교사가 유아의 흥미와 욕구, 의도를 고려하고 놀이 맥락 안에서 계획을 실행하는 것을 말하며, 이전 놀이를 확장시키거나 유아에게 새로운 놀이로의 출발점이 될 수 있다(교육부, 보건복지부, 2019). 교사가 활동을 지원할 때는 유아가 주도하는 놀이의 내용과 연계하여 유아가 즐겁게 배울 수 있도록 지원하는 것이 중요하다. 활동은 놀이와 연계된 놀이지원으로서의 활동과 교육적 가치가 있는 다양한 지원활동으로 살펴볼 수 있다.

놀이와 연계된 활동을 지원할 때에는 유아의 현재 흥미나 놀이의 흐름과 관련이 되는 이야기 나누기, 노래, 요리, 동화, 게임 등이 이루어질 수 있다. 이러한 활동은 교사 주도적으로 계획되어 진행하기보다 유아의 흥미에 따라 놀이와 연계한 활동이 이루어질 수 있도록 한다. 또한, 교사는 놀이로부터 발현된 활동들이 유아들의 주도적인 참여를 통해 이루어질 수 있도록 지원하고 시공간의 확장이 유연하게 이루어질 수 있도록 지원한다. 교사가 예상한 놀이지원 방식과 달라지더라도 유아들이 결정한 자료나 놀이방식을 지지하고 활용할 수 있도록 한다.

활동을 교사가 지원할 때에는 유아의 흥미나 수준을 잘 고려하여 적절한 활동지원이 이루어질 수 있도록 한다. 안전이나 기본생활습관 등과 같은 교육이나 계절이나 명절 등과 같은 주제 외에도 사회적으로 요구가 있거나 유아들에게 제시되어야 할 주제 활동들을 교사의 지원으로 이루어질 수 있다.

특히, 일상생활 활동은 기본적인 습관과 태도형성에 영향을 미치기 때문에 무엇보다 중요하게 다루어져야 한다. 일상생활은 등하원, 점심, 배변 등을 포함하며 안전한 생활을 위해 일상에서 안전하게 놀이하고 생활할 수 있도록 지도해야 한다. 유아들이 올바른 습관을 형성하고 건강한 신체를 형성할 수 있도록 유아의 일상생활습관이나 안전을 위해 고려되어져야 하는 내용은 교사가 계획하여 운영할 수 있다. 유아가 생활 속에서 건강하고 안전하게 지낼 수 있도록 필요한 지도 내용을 계획하여 적절하게 이루어질 수 있도록 한다. 이를 통해 유아들이 일상생활에서 다양한 상황에 올바르게 대처할 수 있는 능력을 기를 수 있다.

본 장에서는 놀이지원으로서의 활동과 안전이나 기본생활습관지도활동의 예를 소개하고자 한다.

1 놀이지원 실제

활동 1 샌드위치 가게놀이

<table>
<tr><td>놀이경험</td><td colspan="2">역할놀이에서 음식모형을 가지고 놀이하는 유아가 다른 유아에게 샌드위치를 만들어 주며 놀이를 한다. 다른 유아들도 관심을 보이며 샌드위치 가게놀이로 놀이가 확장된다.</td></tr>
<tr><td>기대목표</td><td colspan="2">• 샌드위치 가게놀이를 하며 다양한 사회적 의사소통을 경험한다.
• 자신이 맡은 역할에 대해 이해하고 놀이에 즐겁게 참여한다.</td></tr>
<tr><td>놀이자료</td><td colspan="2">빵, 베이컨, 달걀, 치즈, 양상추, 토마토, 바구니, 도마, 칼 모형
가게놀이를 위해 유아들이 만든 자료
 </td></tr>
<tr><td>지원방법</td><td>• 교사는 놀이로부터 발현된 샌드위치 가게놀이가 유아들의 주도적인 참여를 통해 이루어질 수 있도록 지원한다.

1. 역할놀이의 샌드위치 모형을 가지고 놀이한다.
– 샌드위치를 먹어 본 적이 있니?
– 어떤 샌드위치를 만들어 볼까?
– 샌드위치에는 어떤 재료가 들어갈까?
– 샌드위치를 만들어 어떤 활동을 해 볼 수 있을까?

2. 유아들의 제안으로 샌드위치 가게놀이를 준비한다.
– 어떻게 샌드위치 가게놀이를 하고 싶니?
– 어떤 것이 필요할까? 어떤 역할이 필요할까?
– 가게 이름은 무엇으로 하고 싶니?
– 샌드위치 가게놀이 장소는 어디로 하면 좋을까?
– 주변의 사물 중 놀이자료로 활용할 수 있는 것은 무엇이 있을까?</td><td>• 상호작용(관찰하기)

• 상호작용(질문하기/놀이 참여하기)

• 공간의 변화(교실 내 공간 재구성)</td></tr>
</table>

<table>
<tr><td></td><td>3. 유아들이 제안한 방식으로 샌드위치 가게놀이를 한다.
– 가게놀이를 위해 필요시 유아가 주도성을 가지고 교실내외 공간 배치를 재구성할 수 있도록 지원한다.
– 다른 영역과 통합하여 활동을 전개한다.</td><td></td></tr>
<tr><td>다음지원 계획</td><td colspan="2">• 유아들이 다양한 방식으로 활동에 참여할 수 있도록 충분한 자료를 제공한다.
• 요리활동으로 실제 샌드위치 만들기 활동을 할 수 있다.
• 샌드위치 외에 다른 음식점 놀이로 확장할 수 있다.</td></tr>
<tr><td>누리과정 관련요소</td><td colspan="2">• 사회관계: 더불어 생활하기– 서로 다른 감정, 생각, 행동을 존중한다.
• 의사소통: 듣기와 말하기– 상대방이 하는 이야기를 듣고 관련해서 말한다.</td></tr>
</table>

활동 2 아기를 돌봐요

<table>
<tr><td>놀이경험</td><td colspan="2">동생이 생긴 유아가 친구들에게 동생사진을 보여 주며 아기와 놀아 준 경험을 이야기 한다. 반 유아들이 아기에 대해 관심이 높아지자 역할놀이 영역의 아기 인형놀이에 흥미를 보이며 다양한 놀이로 전개되고 있다.</td></tr>
<tr><td>기대목표</td><td colspan="2">• 상상놀이를 하며 자신의 경험, 느낌, 생각을 말한다.
• 더불어 생활하는 존재임을 느끼며 놀이에 즐겁게 참여한다.</td></tr>
<tr><td>놀이자료</td><td colspan="2">아기인형, 아기옷, 모자, 딸랑이, 턱받이. 젖병, 이불, 기저귀
 </td></tr>
<tr><td>지원방법</td><td>• 교사는 유아들이 아기돌보기에 대한 흥미가 발현되는 것을 보고 역할놀이 영역에 있는 아기인형뿐 아니라 아기돌보기와 관련한 다양한 실물 소품과 모형을 제공해 주고 놀이를 지원한다.

1. ○○ 동생 사진을 보며 아기에 대해 이야기한다.
– ○○이가 동생 이야기를 해 주었네
– ○○이에게 아기에 대한 더 물어 보고 싶은 것이 있니?
– 아기에 대해 이야기해 주고 싶은 것이 있니?

2. 아기 돌보기에 대해 이야기 나눈다.
– 다른 친구들도 아기를 돌본 적 있니?
– 아기가 울 때는 어떻게 해야 할 것 같니?
– 아기는 어떻게 재워 주어야 할까?
– 아기가 잘 때 어떤 것이 필요할까?

3. 유아들이 제안한 방법으로 아기돌보기 놀이를 한다.
– 아기를 돌보기 위해 필요한 것은 무엇일까?
– 아기돌보기 놀이를 어떻게 할 수 있을까?</td><td>• 상호작용
(정서적 지원하기)

• 상호작용
(질문하기
/놀이 참여하기)

• 자료의 변화
(교사가 자료제공)</td></tr>
</table>

다음지원 계획	• 유아가 아기였을 때의 사진, 교사가 아기였을 때의 사진을 전시하고 다양한 활동으로 전개할 수 있도록 지원할 수 있다. • 놀이를 위해 필요시 교사가 다양한 자료를 지원한다. 모형뿐 아니라 아기돌보기를 위한 실물 자료를 탐색할 수 있도록 한다.
누리과정 관련요소	• 의사소통: 듣기와 말하기– 자신의 경험, 느낌, 생각을 말한다. • 사회관계: 더불어 생활하기 – 가족의 의미를 알고 화목하게 지낸다.

활동 3 출동! 경찰관 놀이

놀이경험	유치원 등교할 때 매일 만나는 교통경찰관에 대한 관심을 보이며 경찰차와 경찰관의 옷이나 모자 등에 궁금해한다. 이에 역할놀이 영역에 경찰차와 경찰 모자 등이 제시되자 다양한 방식으로 탐색하며 다양한 놀이로 나타났다. 제공된 놀이자료에 흥미를 보이는 유아가 많아지자 갈등상황이 나타나기도 한다.	
기대목표	• 경찰관의 역할에 관심을 갖고 놀이를 통해 적절한 방식으로 말한다. • 서로 협력하며 친구와 사이좋게 놀이에 즐겁게 참여한다.	
놀이자료	경찰모자, 경찰차, 경찰 마크 배지  	
지원방법	• 교사는 유아들이 경찰관에 대한 관심이 높아지자 다양한 영역에 경찰관과 관련된 놀이자료를 지원하고 즐거운 놀이가 되도록 충분한 시간을 제공한다. **1. 유아들이 경찰차 모형을 가지고 놀이한다.** – 어떤 놀이를 하고 있니? – 경찰차 놀이를 하고 싶은 친구들이 많구나. – 어떤 방식으로 놀이하면 더 많은 친구들이 재미있게 놀이할 수 있을까? **2. 유아들이 경찰관 놀이를 제안한다.** – 경찰관 놀이는 어떻게 하는 걸까? – 경찰관을 본 적이 있니? 어디에서 보았니? – 경찰관은 어떤 일을 하는지 알고 있니? – 어떻게 놀이를 하면 좋을까? – 어떤 것이 더 필요할까? **3. 유아가 제안한 방식으로 경찰놀이를 한다.** – 친구들이 제안한 경찰놀이를 해 보니 어떠니? – 오늘 한 활동에서 더 필요한 것이 있었니?	• 일과의 변화 (놀이시간 확장) • 상호작용 (질문하기/ 놀이 참여하기)

다음지원 계획	• 경찰관놀이 활동을 통해 경찰관에 대해 관심을 갖고 감사한 마음을 경찰관 분들께 그림이나 글로 편지를 써서 보낼 수 있다. • 놀이활동이 확장되고 지속될 수 있도록 놀이상황을 관찰하고 지원을 한다.
누리과정 관련요소	• 사회관계: 더불어 생활하기– 친구와 서로 도우며 사이좋게 지낸다. • 의사소통: 듣기와 말하기– 상황에 적절한 단어를 사용하여 말한다.

활동 4 우리동네 구성하기

<table>
<tr><td>놀이경험</td><td colspan="2">유치원 오는 길에 대해 관심을 보이면서 유아들은 다양한 방식으로 길을 나타내고 있다. 수조작 영역에 있던 길과 모형을 활용하여 기존의 수놀이 방식이 아니라 다양한 방법으로 구성놀이를 한다.</td></tr>
<tr><td>기대목표</td><td colspan="2">• 방향과 위치에 관심을 갖고 다양한 모습의 우리동네 길을 구성한다.
• 친구와 협력하며 길 만들기 놀이에 즐겁게 참여한다.</td></tr>
<tr><td>놀이자료</td><td colspan="2">도로 판 20개, 자동차 4개, 유아들이 그린 도로, 유아가 활용하는 놀이 자료
</td></tr>
<tr><td>지원방법</td><td>• 교사는 우리동네 길만들기 활동이 유연하게 이루어질 수 있도록 교실 내외의 확장을 통한 공간의 변화를 지원한다. 기존의 놀이감 이외에도 유아가 결정한 자료를 활용하는 방식을 지지하고 지원한다.

1. 유아들의 길 놀이를 관찰하고 이야기를 나눈다.
– 우리 유치원 앞의 도로를 나타낸 것이니?
– 유치원 앞 도로와 다른 도로의 모습을 본 적이 있니?

2. 우리동네 도로 사진이나 그림을 살펴본다.
– 유치원 앞 도로의 모습이 어떠니?
– 또 다른 도로의 모습을 살펴보자.
– 친구들이 만들고 싶은 도로는 어떤 모양이니?
– 우리 동네에 어떤 도로가 있으면 좋을까?

3. 유아들이 제안한 우리동네 구성하기 활동을 한다.
– 도로 판으로 어떻게 도로를 만들 수 있을까?
– 또 어떤 우리동네 길을 만들어 보고 싶니?
– 우리동네를 구성하려면 공간이 더 필요하겠구나.
– 놀이에 더 제안하고 싶거나 변경하고 싶은 점이 있니?</td><td>• 공간의 변화(교실 밖으로 확장)

• 상호작용(질문하기/제안하기)

• 자료의 변화(유아가 결정한 자료 활용 방법 지지)</td></tr>
</table>

다음지원 계획	• 길을 만들 수 있는 다양한 매체를 탐색할 수 있는 시간을 충분히 제공한다. • 우리 동네의 도로를 종이로 그리거나 테이프를 활용하여 길을 나타낼 수 있다. 또는 다른 블록, 상자 등을 사용하여 도로를 만들 수 있다. • 우리동네 돌아 보기 산책 활동을 통해 실제 거리를 보고 관찰할 수 있는 기회를 제공한다.
누리과정 관련요소	• 사회관계: 더불어 생활하기– 친구와 서로 도우며 사이좋게 지낸다. • 자연탐구: 생활 속에서 탐구하기– 물체의 위치와 방향, 모양을 알고 구별한다.

활동 5 내얼굴 꾸미기

<table>
<tr><td>놀이경험</td><td colspan="2">거울놀이를 하며 자신의 얼굴을 관찰하던 유아가 자신의 얼굴을 그려 친구에게 소개하자 주변의 친구들이 여러 재료를 활용하여 자신의 얼굴을 표상한다. 그림으로 그리기도 하고 색칠을 하기도 한다. 미술영역에 새롭게 제공된 종이접시와 털실을 보자 재료에 대한 탐색을 한다.</td></tr>
<tr><td>기대목표</td><td colspan="2">• 자신을 소중히 여기고 다양한 방식의 표현을 즐긴다.
• 다양한 미술 재료와 도구로 자신의 생각과 느낌을 표현한다.</td></tr>
<tr><td>놀이자료</td><td colspan="2">거울, 유아 사진, 털실, 종이접시, 색종이, 다양한 종이, 스티커, 퐁퐁이, 반짝이, 수수깡, 단추, 모루 등 유아가 제안한 재료
 </td></tr>
<tr><td>지원방법</td><td>• 교사는 내얼굴 꾸미기 활동놀이가 재료에 대한 탐색과 창의적 표현이 이루어질 수 있도록 충분한 시간과 재료를 제공한다. 자신에 대한 관찰이 이루어질 수 있도록 거울이나 사진 등을 활용하여 관찰을 촉진하고 유아가 결정한 자료를 활용하는 방식을 지지하고 지원한다.

1. 여러 가지 미술재료를 탐색한다.
– 새롭게 찾은 재료들은 무엇이니?
– 이 재료를 사용해 본 적이 있니?
– 이 재료를 활용하여 무엇을 표현해 볼까?

2. 유아가 제안한 내얼굴 꾸미기 활동을 준비한다.
– 내얼굴은 어떻게 꾸며 보고 싶니?
– 어떻게 하면 더 잘 나타낼 수 있을까?
– 얼굴, 머리카락은 어떻게 표현해 보고 싶니?
– 눈은 어떤 재료로 표현해 볼까?

3. 유아가 결정한 자료를 활용하여 내얼굴을 꾸민다.
– 자신이 만든 얼굴을 친구들에게 소개해 볼 친구 있니?
– 또 어떤 다른 재료로 얼굴을 꾸며 보고 싶니?</td><td>• 자료의 변화
(유아가 결정한 자료 활용 방법 지지)

• 상호작용(관찰하기)</td></tr>
</table>

다음지원 계획	• 유아들이 미술놀이에 즐거움을 느끼고 몰입하여 참여할 수 있도록 지원하며 내얼굴 외에 친구얼굴이나 가족얼굴 꾸미기 활동으로 확장될 수 있다. • 종이접시로 만든 얼굴을 활용해서 언어영역이나 역할영역에서 극놀이를 할 수 있다.
누리과정 관련요소	• 의사소통: 나를 알고 존중하기– 나를 알고 소중히 여긴다. • 예술경험: 창의적으로 표현하기– 다양한 미술 재료와 도구로 자신의 생각과 느낌을 표현한다.

2 활동지원 실제

활동 1 건강밥상을 차려요

<table>
<tr><td>놀이경험</td><td colspan="2">식사 시간에 한 유아가 나물 반찬을 먹다가 "이건 맛이 없는 것 같아요"라고 이야기 하자 다른 유아가 "몸에 좋은 음식이야"라고 이야기한다. 유아들은 몸에 좋은 음식, 몸에 안 좋은 음식에 대해 서로의 경험을 이야기 나누며 식사를 한다.</td></tr>
<tr><td>기대목표</td><td colspan="2">• 몸에 좋은 음식과 몸에 나쁜 음식을 알고 자신의 경험을 말한다.
• 몸에 좋은 음식에 관심을 가지고 활동에 즐겁게 참여한다.</td></tr>
<tr><td>놀이자료</td><td colspan="2">밥상, 밥상음식, 손인형, 융판, 유아가 제안한 자료
 </td></tr>
<tr><td>지원방법</td><td>• 건강한 생활을 위한 몸에 좋은 음식에 대한 내용은 유아에게 교육적으로 가치가 있는 활동이다. 일상생활 속에서 유아들이 자연스럽게 활동의 의미를 이해하고 관심을 가질 수 있도록 지원한다.

1. 훈이와 철이가 들려주는 이야기를 들어 본다.
– 훈이는 왜 배가 아픈 걸까?
– 그 음식들을 먹고 왜 배가 아팠을까?
– 훈이는 어떤 음식을 좋아했었니?
– 철이는 어떤 음식을 좋아했었니?
– 친구들은 어떤 음식을 좋아하니?

2. 몸에 좋은 음식과 몸에 나쁜 음식에 대해 알아본다.
– 몸에 좋은 음식들은 어떤 걸까?
– 왜 몸에 좋은 음식이라고 생각하니?
– 몸에 나쁜 음식은 어떤 것일까?
– 왜 몸에 나쁜 음식이라고 생각하니?</td><td>• 자료의 변화(교사가 계획한 자료 제공)

• 일과의 변화(놀이를 지원하기 위한 활동)</td></tr>
</table>

	3. 자료를 활용하여 건강한 밥상을 차려 본다. – 훈이에게 맛있는 건강밥상을 차려 주고 싶은 사람 있니? – 다 차린 건강밥상을 친구들에게 소개해 줄 수 있겠니? – 어떤 음식들로 건강밥상을 차렸니? – 또 다른 건강밥상을 차려 주고 싶은 친구가 있니? – 훈이에게 건강밥상을 차려 주며 해 주고 싶은 이야기가 있니? **4. 실제 건강밥상에 대해 연계하며 활동을 마무리한다.** – 몸에 좋은 음식과 나쁜 음식에는 어떤 것들이 있었니? – 식사를 할 때에도 건강밥상으로 먹을 수 있겠니? – 더 궁금하거나 알아보고 싶은 점이 있니?	• 상호작용(질문하기/놀이 참여하기)
다음지원 계획	• 몸에 좋은 음식에 대한 활동 외에도 음식을 골고루 먹기, 식사예절 지키기 등의 다양한 활동으로 전개할 수 있다. • 주변에서 볼 수 있는 음식들을 통해 몸에 좋은 음식과 안 좋은 음식을 찾아보고 건강밥상을 차려 보는 활동으로 전개할 수 있다. • 판매되고 있는 음식의 식품첨가물을 찾아보는 활동을 할 수 있다. • 몸에 좋은 음식과 안 좋은 음식을 구별할 때 몸에 좋지 않은 이유에 대해 다양한 관점을 포함할 수 있도록 한다	
누리과정 관련요소	• 신체운동 · 건강: 건강하게 생활하기– 몸에 좋은 음식에 관심을 가지고 바른 태도로 즐겁게 먹는다. • 의사소통: 듣기와 말하기– 자신의 경험, 느낌, 생각을 말한다.	

활동 2 비 오는 날에는 밝은 옷을 입어요

<table>
<tr><td>놀이경험</td><td colspan="2">유아들이 비 오는 날 마당에서 우산을 쓰거나 우비를 입고 비 오는 날 바깥놀이터를 탐색하고 있다. 한 유아가 비가 오니 앞이 잘 보이지 않는다고 이야기하자 교사는 유아들과 비가 오는 날이 맑은 날씨보다 앞이 잘 보이지 않는지 살펴보기로 하였다.</td></tr>
<tr><td>기대목표</td><td colspan="2">• 비 오는 날 밝은 옷을 입어야 하는 이유에 대해 경험한다.
• 일상에서 안전하게 놀이하고 생활하는 태도를 갖는다.</td></tr>
<tr><td>놀이자료</td><td colspan="2">밝은색과 어두운색 우비, 투명, 검정 우산, 비 오는 날 사진자료, 자동차 핸들

출처: 키즈현대 홈페이지</td></tr>
<tr><td>지원방법</td><td>• 안전한 생활을 위해 일상에서 안전하게 놀이하고 생활하는 것은 유아에게 교육적으로 가치가 있는 활동이다. 일상생활 속에서 유아들이 경험해 보고 관심을 가질 수 있도록 지원한다.

1. 비 오는 날의 상황 사진을 보며 이야기 나눈다.
– 사진 속의 날씨는 어떤 거 같니?
– 검은 옷과 노란색 옷을 입고 걸어가는 사람이 보이니?
– 어떤 사람이 눈에 더 잘 보이니?
– 자동차를 운전하면서 보면 어떻겠니?

2. 어떤 색 옷이 눈에 더 잘 띄는지 실험한다.
– 비 오는 날 어떤 색 옷이 눈에 더 잘 띄는지 친구들이 이야기한 방법으로 직접 해 볼까?
– 밝은색(어두운색) 우비를 입어 볼 친구가 있니?
– 투명우산(검정우산)을 들고 걸어가 볼 친구 있니?
– 어떤 친구가 눈에 더 잘 띄니?

3. 활동을 마무리한다.
– 비 오는 날에는 왜 밝은색 옷을 입어야 할까?
– 새롭게 알게 된 점이나 더 알고 싶은 점은 있니?</td><td>• 자료의 변화(교사가 계획한 자료 제공)

• 상호작용(질문하기)

• 공간의 변화(교실 밖으로 확장)

• 기타(안전)</td></tr>
</table>

다음지원 계획	• 실제 비오는 날 우비를 입고 실외에서 활동해 본다. • 미술활동으로 안전 우산꾸미기 활동을 할 수 있다. • 교실의 조명을 어둡게 하여 밝은색 우비를 입은 유아와 어두운색 옷을 입은 유아가 잘 대비되도록 한다
누리과정 관련요소	• 신체운동 · 건강: 안전하게 생활하기– 일상에서 안전하게 놀이하고 생활한다. • 의사소통: 듣기와 말하기– 자신의 경험, 느낌, 생각을 말한다.

활동 3 유치원/어린이집에서 안전하게 지내요

<table>
<tr><td>놀이경험</td><td colspan="2">얼마전 계단에서 철이가 넘어져서 다리를 다치게 되어 반 친구들은 안전하게 지내는 방법에 대해 관심을 가지게 되었다. 교사가 제안하는 약속이 아닌 유아들이 주도적으로 약속을 정하고 기억할 수 있도록 하는 다양한 방법이 제안되었다.</td></tr>
<tr><td>기대목표</td><td colspan="2">• 유치원/어린이집에서 안전하게 지내는 방법을 알고 약속을 정한다.
• 일상에서 안전하게 놀이하고 생활하는 태도를 갖는다.</td></tr>
<tr><td>놀이자료</td><td colspan="2">상황 사진, 약속을 적을 수 있는 약속밴드, 펜
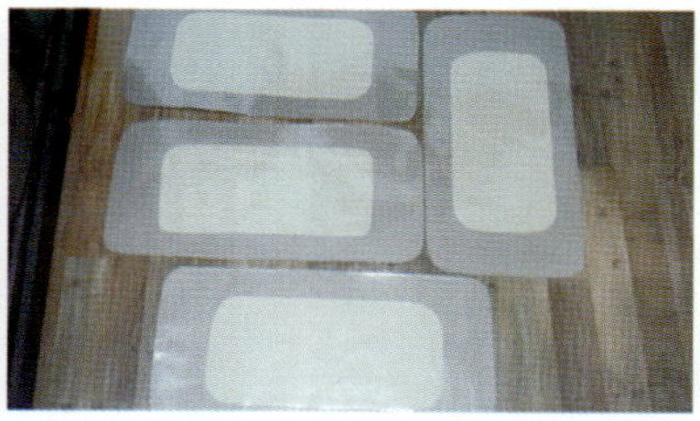</td></tr>
<tr><td>지원방법</td><td>• 안전한 생활을 위해 일상에서 안전하게 놀이하고 생활하는 것은 유아에게 교육적으로 가치가 있는 활동이다. 일상생활 속에서 필요한 약속을 정하고 지켜 볼 수 있는 경험을 할 수 있도록 한다.

1. 유치원(어린이집)에서 다쳤었던 경험을 이야기 나눈다.
– 지난주에 철이가 교실에서 무슨 일이 있었지?
– 계단에서 넘어졌었어요.
– 철이가 왜 계단에서 넘어졌었니?
– 너희들도 철이처럼 유치원에서 다친 적이 있니?
– 복도에서는 무엇을 하다가 다치게 되는 걸까?
– 화장실에서 위험한 일은 무엇이 있을까?

2. 유치원(어린이집)에서 안전하게 지내기 위한 약속에 대해 이야기 나눈다.
– 교실에서 친구들과 놀이할 때 안전하게 지내기 위해 어떤 약속이 필요할까?
– 복도에서 어떤 약속들이 있으면 좋을까?
– 화장실에서 지켜야 할 약속들은 어떤 것이 있을까?</td><td>• 자료의 변화(교사가 계획한 자료 제공)

• 상호작용(질문하기/제안하기)

• 기타(안전)</td></tr>
</table>

	3. 약속밴드를 작성하여 약속장소에 붙여 둔다. – 우리가 지금까지 이야기한 약속들을 어떻게 기억할 수 있을까? – 약속을 적은 이 약속밴드는 어디에 붙여 두면 좋을까? – 안전한 생활을 위해 우리가 어떤 약속을 정했지? – 약속을 잘 지키기 위해 어떤 노력이 필요할까?	
다음지원 계획	• 유치원/어린이집에서의 안전한 생활방법을 그림으로 그려 전시한다. • 위험하거나 주의가 필요한 곳에 안전마크를 만들어 붙여 둘 수 있다. • 정한 약속이 잘 지켜지는지에 대해 살펴보고 추후 활동이 이루어지도록 한다 • 안전한 생활을 위하여 가정과의 연계가 이루어지도록 한다	
누리과정 관련요소	• 신체운동 · 건강: 안전하게 생활하기– 일상에서 안전하게 놀이하고 생활한다. • 의사소통: 듣기와 말하기– 자신의 경험, 느낌, 생각을 말한다.	

활동 4 엄마를 잃어버렸어요

<table>
<tr><td>놀이경험</td><td colspan="2">주말을 지내고 놀이공원에 다녀온 이야기를 하던 유아가 놀이공원에 사람이 너무 많아 엄마를 잃어버릴까 봐 걱정되었다고 하였다. 다른 유아들은 엄마를 잃어버렸을 때 어떻게 하면 될지 자신이 생각하는 다양한 방법을 제안하였다.</td></tr>
<tr><td>기대목표</td><td colspan="2">• 실종상황 시 지켜야 할 약속을 알고 상황에 적절히 대처하는 방법을 경험한다.
• 자신의 상황을 적절히 말하고 상황에 맞게 표현한다.</td></tr>
<tr><td>놀이자료</td><td colspan="2">놀이공원 배경판, 엄마와 유아 막대인형, 약속 신호등, 코팅종이와 보드마커

</td></tr>
<tr><td></td><td>• 안전한 생활을 위해 일상에서 발생할 수 있는 다양한 상황에 대처하는 방법을 경험할 수 있도록 지원한다. 각 상황에 따른 필요한 약속을 정하고 실천할 수 있도록 한다.

1. 놀이공원에서 엄마를 잃어버린 영이에 대해 이야기 나눈다.
– 그림 속 영이는 왜 혼자있을까?
– 영이는 어떻게 해야 할까?
– 영이에게 무슨 말을 해 주고 싶니?
– 영이라면 이 상황에서 제일 먼저 어떻게 할 것 같니?
– 놀이공원처럼 사람이 많은 곳에서 엄마나 아빠를 찾기 어려웠던 경험이 있니?
– 그때 어떤 마음이었니?

2. 부모를 잃어버린 상황에서 지켜야 하는 약속에 대해 이야기 나눈다.
– 영이가 엄마를 찾는다고 이리저리 돌아다니면 엄마가 찾으러 올 수 있을까?
– 어떻게 해야 엄마가 영이를 찾을 수 있을까?
– 엄마와 만나기 위해서 기억하고 있어야 할 것은 무엇일까?</td><td>• 자료의 변화(교사가 계획한 자료 제공)

• 상호작용(정서적 지원하기)</td></tr>
</table>

<table>
<tr><td>지원방법</td><td>– 전화번호 말고 또 알고 있어야 할 것은 어떤 것이 있니?
– 제자리에서 엄마를 기다리고 기억해야 할 것을 생각하고 있어도 엄마가 오지 않는다면 어떻게 해야 할까?

3. '약속 신호등' 활동을 한다.
– 같이 간 어른을 잃어버렸을 때 어떻게 해야 할지 더 잘 기억할 수 있는 방법은 무엇일까?
– 기억해야 할 내용을 약속신호등에 적어 보자.
예) 제자리에서 기다리기, 전화번호 생각하기, 주변에 도움 요청하기
– '약속 신호등'을 생각하며 지켜 보도록 하자.

4. 활동을 마무리한다.
– 같이 간 어른을 잃어버렸을 때 어떻게 대처해야 하는지 잘 알 수 있었니?
– 더 궁금하거나 알고 싶은 것은 없니?
– 우리가 잘 기억하기 위해 어떻게 하면 좋을까?
– 다른 친구나 동생들에게도 이야기해 줄 수 있겠니?</td><td>• 상호작용(질문하기/제안하기)

• 기타(안전)</td></tr>
<tr><td>다음지원 계획</td><td colspan="2">• 실종상황극을 통해서 유아들이 실종상황에 대해 이해하고 대처방법에 대해 익혔는지 확인한다.
• 경찰서를 견학하거나 실종기관 관계자 분들께 직접 이야기를 들을 수 있다.
• 다양한 실종상황을 준비할 수 있다.
• 실종대처방법을 교사가 사전에 정확히 인지하고 지원할 수 있도록 한다.
• 다양한 가족구성원을 고려하여 엄마, 아빠, 조부모 등 다른 양육자가 포함될 수 있도록 한다.</td></tr>
<tr><td>누리과정 관련요소</td><td colspan="2">• 신체운동 · 건강: 안전하게 생활하기– 안전사고, 화재, 재난, 학대, 유괴 등에 대처하는 방법을 경험한다.
• 의사소통: 듣기와 말하기– 상황에 적절한 단어를 사용하여 말한다.</td></tr>
</table>

활동 5 종이봉지공주

<table>
<tr><td>놀이경험</td><td colspan="2">유아가 역할놀이 영역에서 놀이를 하다가 "공주는 머리가 길어야 해. 머리가 짧은 공주가 어디 있니?"라고 친구와 이야기를 나눈다. 공주이야기에 관심이 많아진 유아들이 서로 알고 있는 공주에 대해 이야기를 나누며 미술영역에서 공주 그리기 활동을 즐기고 있다.</td></tr>
<tr><td>기대목표</td><td colspan="2">• 동화에 관심을 가지고 다양한 상상을 즐긴다.
• 서로 다른 감정이나 생각, 행동을 존중한다.</td></tr>
<tr><td>놀이자료</td><td colspan="2">종이봉지공주 동화책, 종이봉지공주 동화자료(배경, 용, 공주 · 왕자 막대인형)
 </td></tr>
<tr><td></td><td>• 성역할 관련 활동은 유아 자신을 이해하고 성정체성을 형성하기 위한 활동으로 여러 상황을 공감하고 이해하기 위해 동화를 활용하여 활동을 지원한다.

1. '종이봉지공주' 동화를 듣는다.

[종이봉지공주] 종이봉지공주는 공주가 아닌 왕자가 못된 용에게 붙잡힌다. 공주는 용 때문에 불타 버린 옷 대신 길에서 종이를 주워 옷으로 만들어 입고 왕자를 구하러 떠나는 데 용이 사는 곳에 도착한 공주는 꾀를 내어 용을 잠재우고 왕자를 구해 낸다. 그렇지만 왕자는 자신을 구해 준 공주에게 고마워하지 않고 오히려 머리와 옷이 엉망이라며 다그치고 그런 왕자에게 공주는 혼인을 하지 않겠다고 말하고 떠나 버린다.

– 이 공주님은 왜 종이봉지 옷을 입고 있을까?
– 종이봉지공주에게 어떤 일이 있었니?</td><td>• 자료의 변화(교사가 계획한 자료 제공)</td></tr>
</table>

<table>
<tr><td>지원방법</td><td>2. 종이봉지공주에 대해 이야기를 나눈다.
– 공주의 행동에 대해 어떻게 생각하니?
– 종이봉지공주와 같은 상황이라면 어땠을 것 같니?
– 친구들이 종이봉지공주라면 어떤 일들을 할 수 있을까?
– 친구들이 어려움에 처했을 때 우리는 어떤 일을 할 수 있을까?

3. 종이봉지공주 동화 활동을 마무리한다.
– 동화에서 어떤 부분이 가장 재미있었니?
– 공주에게 더 해 주고 싶은 이야기가 있니?
– 왕자에게 해 주고 싶은 이야기가 있니?
– 그 뒤에 종이봉지공주는 어떻게 되었을까?</td><td>• 상호작용(정서적 지원하기)

• 상호작용(질문하기)</td></tr>
<tr><td>다음지원 계획</td><td colspan="2">• 종이봉지공주 동화를 들은 후 뒷이야기 짓기 활동을 하거나 공주나 왕자에게 편지 쓰기 활동을 한다.
• 종이봉지공주 동화 내용을 동극이나 인형극으로 확장한다.
• 영화나 다른 동화에서 표현되는 성역할에 대해 관심을 가지고 찾아본다.</td></tr>
<tr><td>누리과정 관련요소</td><td colspan="2">• 사회관계: 더불어 생활하기 – 서로 다른 감정, 생각, 행동을 존중한다.
• 의사소통: 책과 이야기 즐기기 – 책에 관심을 가지고 상상하기를 즐긴다.</td></tr>
</table>

참고문헌

강경희, 이대균(2011). 어린이집 만 1~3세 영유아의 점심시간 경험의 특성. 어린이미디어연구, 10(1), 141-164.

강경희, 전홍주(2012). 어린이집 교사의 식사지도 방법과 지도과정에서의 어려움. 유아교육학논집, 16(1), 275-303.

강인애(2000). 왜 구성주의인가? 서울: 문음사.

곽정희, 이정화(2002). 교사의 발문유형에 따른 이야기 나누기 프로그램이 유아의 창의성에 미치는 효과. 논문집, 51, 129-145.

교육과학기술부(2008). 유치원 평가 편람. 서울: 교육과학기술부.

교육과학기술부(2013a). 4세 누리과정 교사용 지도서 ① 총론, 유치원/어린이집과 친구. 서울: 교육부.

교육과학기술부(2013b). 5세 누리과정 교사용 지도서 ④ 동식물과 자연. 서울: 교육부.

교육부, 보건복지부(2015). 3-5세 연령별 누리과정: 해설서. 세종: 교육부, 보건복지부.

__________(2019). 2019 개정 누리과정 놀이이해자료. 세종: 교육부, 보건복지부.

__________(2019a). 2019 개정 누리과정 해설서. 세종: 교육부, 보건복지부.

__________(2019b). 2019 개정 누리과정 놀이실행자료. 세종: 교육부, 보건복지부.

권낙원, 김정규(1990). 교사와 교육. 서울: 형설출판사.

김도기(2015). 좋은 수업을 위한 수업컨설팅의 전략과 과제. 초등교육연구논총 31(1), 201-223.

김민환, 추광재(2015). 예비 · 현직교사를 위한 수업모형의 실제. 서울: 박영story.

김영관(1994). 교사의 발문선호와 발문행동과의 관계. 한국교원대학교 교육대학원 석사학위논문.

김재춘, 박소영, 김재현, 변호종, 최손환(2007). 교실수업개선을 위한 교수학습활동의 이론과 실제. 서울: 교육과학사.

김정원, 김유정, 이효정(2013). 영유아를 위한 교수-학습방법. 경기: 공동체.

김정희, 남기덕, 박영호, 송명자, 송인섭, 심응철, 윤가현, 윤영화, 이철원, 이현진(1999). 심리학의 이해. 서울: 학지사.

김진영, 백혜리, 최윤정(2011). 유아를 위한 교수학습방법론. 경기: 양서원.

김호권(1989). 현대교수이론. 서울: 교육출판사.

김희진, 박은혜, 이지현(2011). 영유아교육기관에서의 관찰. 서울: 창지사.
노희연(2008). 1세 영아의 분리과정과 양육자의 역할 탐색. 중앙대학교 대학원 박사학위 논문.
노희연(2010). 영아의 배변학습 과정에서 나타난 '놀이'의 의미탐색. 열린유아교육연구, 15(4), 23-52.
문기정(1990). 교과교재연구 및 지도법. 서울: 문경출판사.
문정욱, 서영숙(2008). 어린이집 점심시간의 의미와 운영에 관한 연구. 한국보육지원학회지, 4(1), 51-66.
문혁준, 권희경, 김명애, 김상희, 김정희, 김혜금, 김혜연, 안효진, 이경옥, 이윤경, 이희선(2016). 영유아 건강교육. 서울: 창지사.
박병학(1986). 발문법 원론. 경기: 세광출판사.
박숙희, 염명숙(2013). 교수학습과 교육공학. 서울: 학지사.
박윤자, 이대균(2011). 영아반의 낮잠시간이 갖는 의미. 유아교육학논집, 16(2), 187-214.
박찬옥(2017). 인간발달의 이론, 인간발달. 서울: 씨마쓰.
박찬옥, 구수연, 이옥임(2010). 영아-교사 상호작용의 이론과 실제. 경기: 정민사.
박찬옥, 서동미, 곽현주(2015). 유아교과교육론. 경기: 정민사.
박찬옥, 서동미, 곽현주, 박성희, 한남주, 홍찬의(2015). 유아교육과정. 경기: 정민사.
박찬옥, 정남미, 곽현주(2016). 놀이지도. 경기: 양성원.
보건복지부(2013). 어린이집 표준보육과정에 기초한 영아보육프로그램.
보건복지부(2014a). 어린이집 표준보육과정에 기초한 영아보육프로그램 운영의 이해.
보건복지부(2014b). 어린이집 표준보육과정에 기초한 영아보육프로그램 1세 ①.
보건복지부(2014c). 제3차 어린이집 표준보육과정 해설서.
서동미, 엄은나, 이혜경, 박성희(2015). 유아교과교육론. 경기: 공동체.
서울여성가족재단(2017). 보육과정이해 및 보육프로그램운영, 보육전문성.
성은영(2004). 저널쓰기를 통한 반성적사고 과정에서 나타난 교사 발문의 변화 탐색. 한국영유아교원교육학회, 8(3), 245-267.
손순복, 정진아, 박진옥(2015). 영유아교수방법론. 서울: 학지사
신지연, 신혜원, 서원경, 박원순(2016). 영유아교수학습방법. 경기: 파워북.
심성경, 류경희(2013). 어린이집 만 2세 학급의 어린이집 일과에 대한 연구. 육아지원연구, 8(1), 211-240.
심성경, 백영애, 이영희, 이효숙, 박지애, 박주희(2007). 유아미술교육. 경기: 공동체.
안혜준, 송승민, 조형숙, 권희경(2016). 놀이지도. 경기: 파워북.
양옥승, 최경애, 이혜원(2011). 영유아교육과정. 서울: 학지사.

염지숙, 김혜선, 김희태, 김경희, 이명순(2015). 영유아교수방법론. 경기: 정민사.

오숙현(1996). 교사의 탐구적 발문이 유아의 대인문제해결사고에 미치는 영향. 전남대학교 교육대학원 석사학위논문.

유희정, 이미화, 우현경, 신희연(2005). 영아보육프로그램. 서울특별시.

이기숙(2000). 유아교육과정. 서울: 교문사.

이기숙, 김정원, 이현숙, 전선옥(2013). 영유아교육과정. 경기: 공동체.

이원영, 박찬옥, 조형숙(2002). 0~3세 영아부모를 위한 자녀양육정보, 3, 4, 5세 유아부모를 위한 자녀양육정보.

이정환(1999). 유아교육 교수학습방법. 서울: 교문사.

이혜경, 박성희(2007). 이야기 나누기에 나타난 교사의 발문 수준과 사용에 관한 연구. 한국영유아교원교육학회, 11(4), 77-101.

임승렬(2001). 유아교사 평가의 새로운 접근. 유아교육연구, 21(1), 87-116.

임철일(2015). 교수설계 이론과 모형. 경기: 교육과학사.

장사형(2004). 유아교실에서의 교사-유아 담론의 도덕적함의 고찰. 열린유아교육연구, 9(4), 219-239.

전현주, 권경숙(2012). 학기중 입학한 영아의 초기적응과정 탐색. 한국유아교육 · 보육행정연구, 12(2), 42-67.

조성연, 강재희(2007). 영아교사의 직무실제 직무수행 실태와 인식 분석. 한국유아교육 · 보육행정연구, 11(3), 5-22.

조수연(2012). 영아의 기질에 따른 영아-교사의 어린이집 일과 내 상호작용. 한양대학교 대학원 석사학위논문.

조정숙, 이차숙, 노명완(1997). 유아언어교육. 서울: 한국방송통신대학교 출판부.

주은자, 이대균(2012). 만 1세 영아반에서 놀이중심 배변학습의 교육적 의미 탐색. 어린이 미디어연구, 12(1), 25-72.

천현정(2010). 보육교사의 교사효능감이 교사-영아의 상호작용에 미치는 영향. 경북대학교 대학원 석사학위논문.

최일선, 조운주(2016). 유아교육 평가의 이론과 실제. 서울: 창지사.

탁정화, 황해익(2012). 영아교사의 어려움과 전문성에 대한 인식 및 지원방안 탐색. 열린유아교육연구, 17(2), 73-103.

하란영(2011). 영아의 어린이집 초기적응에 대한 교사의 인식. 인제대학교 대학원 석사학위논문.

하유미(2013). 초등 사회 수업에서 교사들의 발문 유형에 대한 연구: 4학년 사회 경제 단원을 중심으로. 경인교육대학교 교육전문대학원 석사학위논문.

황정미(2012). 어린이집 영아의 일상생활 연구. 신라대학교 대학원 석사학위논문.

황해익(2000). 유아교육평가. 서울: 양서원.

황해익, 송연숙, 최혜진, 남미경, 고은미, 정명숙(2010). 영유아프로그램 개발과 평가. 경기: 공동체.

황해익, 최혜진, 정혜영, 권유선(2014). 아동관찰 및 행동연구. 경기: 공동체.

Albrecht, K. & Miller. L. G. (2000). *Infant & Toddler Development*. MD: Gryphon House, Inc.

Beane, J., Toepfer, C., Jr., & Alessi, S. Jr. (1986). *Curriculum Planning and Development*. Newton, MA: Allyn and Bacon, Inc.

Black, J. K., Puckett, M. B., & Bell, M. J. (1992). *The Young Child*. New York: Macmillan Publishing Company.

Bredekamp, S. (E.d.)(1996). *Devellopmentally appropriate practice in early childhood program serving children from birth through age 8*. Washington, D. C.: NAEYC.

Bredekamp, S., & Rosegrant, T. (1992). *Reading Potentials: Appropriate Curriculum and Assessment for Young Children*. Washington, DC: NAEYC.

Burtt, K. F., & Kallkstein, K. (1981). *Smart toys for babies from birth to two*. New York: Harper & Row.

Charner, K., Murphy, M. and Clark, C. (2010). *The encyclopedia of infant and toddler activities*. MD: Gryphone House.

Clouder, C. & Nicole, J. (2008). *Creative play for your toddler*. New York: Sterling Publishing Co.

Decker, C. A., & Decker, J. R. (2005). *Planning and Administering early childhood programs*(8th ed.). NJ ; Person Merrill-Prentice Hall.

Eisenberg, A., Murkoff, H. E., Hathaway, S. E. (1996). *What to expect the toddler years*. New York: Workman Publishing.

Essa, E. L., & Rogers, P. R. (1992). *An Early Childhood Curriculum: From Developmental Model to Application*. New York: Delmar Publishers.

Frost, J. L. (1992). *Play and Play Scapes*. Albany, NY: Delmar.

Gallagher, J. J. & Aschner, M. J. (1963). *A preliminary report on analysis of classroom interaction*. Merrill-Palmer Quarterly of Behavior and Development, 9, 183-194.

Gestwicki, C. (1994). *Developmentally Appropriate Practice*. New York: Delmar

Publishers Inc.

Goodwin, W. L., & Driscool, L. A. (1980). *Handbook of Measurement and Evaluation in Early Childhood Education*. San Francisco, CA: Jossey-Bass.

Gullo, D. F. (2004). *Understanding Assessment And Evaluation In Early Childhood Education*. New York: Teachers College Press.

Hoorn, J. V., Nourot, P. M., Scales, B. & Alward, K. R. (2011, 5d). *Play at the Center of the Curriculum*, Pearson.

Masi, W. S., & Leiderman, R. C. (2001). *Baby play*. Creative Publishing international.

Masi, W. S., & Leiderman, R. C. (2001). *Toddler play*. Creative Publishing international.

Miller, K. (2005). *Simple Transitions for Infants and Toddlers*. MD: Gryphone House.

Myhill, D. & Dunkin, F. (2002). *What's a good question*?, Literacy Today, 8-9.

Rogers, C. S., & Sawyers, J. K. (1988). *Play in the Lives of Children*. Washington, DC.: NAEYC.

Silberg, J. (2001). *Games to play with Babies*. MD: Gryphone House.

Silberg, J. (2001). *Games to play with Toddlers*. MD: Gryphone House.

찾아보기

〈인명〉

〈내용〉

❀ ㄱ

❀ ㄴ

※ ㅍ

※ ㅎ

저/자/소/개

■ **박찬옥**

문학박사(유아교육과정 전공)
현) 중앙대학교 유아교육과 명예교수
전) 중앙대학교 사범대학 부속유치원 원장

〈저서〉
유아교육과정, 놀이지도, 유아사회교육, 유아교과교육론

■ **최현정**

문학박사(유아교육과정 전공)
현) 수원여자대학교 유아교육과 교수
전) 경복대학교 유아교육과 교수

〈저서〉
유아과학교육, 교과교재 연구 및 지도법, 유아사회교육

■ **노희연**

문학박사(유아교육과정 전공)
현) 부천대학교 유아교육과 겸임교수
전) 중앙대학교 영유아교육복지 연구소 연구원
  인천대학교, 숭의여자대학교 강사

〈저서〉
영유아 프로그램 개발과 평가, 보육과정, 영아보육의 이해, 아동문학

■ **김성숙**

문학박사(유아교육과정 전공)
현) 대원대학교 유아교육과 교수
전) 안양대학교 유아교육과 교수
  예슬유치원 교사

〈저서〉
영아를 위한 창의적 교육활동, 유아 리더십교육의 이론과 실제

[4판]

2019 개정 누리과정 및 2024 개정 표준보육과정을 반영한

영유아교수방법론

1판 1쇄 발행 — 2018년 2월 28일
2판 1쇄 발행 — 2020년 8월 31일
3판 1쇄 발행 — 2023년 2월 10일
3판 2쇄 발행 — 2024년 1월 25일
4판 1쇄 발행 — 2025년 9월 10일

저 자 - 박찬옥 · 최현정 · 노희연 · 김성숙
발 행 인 - 강철원
발 행 처 - 양성원
주 소 - 경기도 파주시 검산로 173번길 29-12
전 화 - 031-946-3861(代)
팩 스 - 031-946-3864
이 메 일 - tnwpub@naver.com
홈페이지 - tnwpub.co.kr
출판등록 - 2015년 8월 31일 제 2015-000211 호

ISBN 979-11-6126-661-9

정가 23,000원